U0856575

解剖普通股民投资心态

解析经典理论及技术指标

解读经典K线形态的市场意义

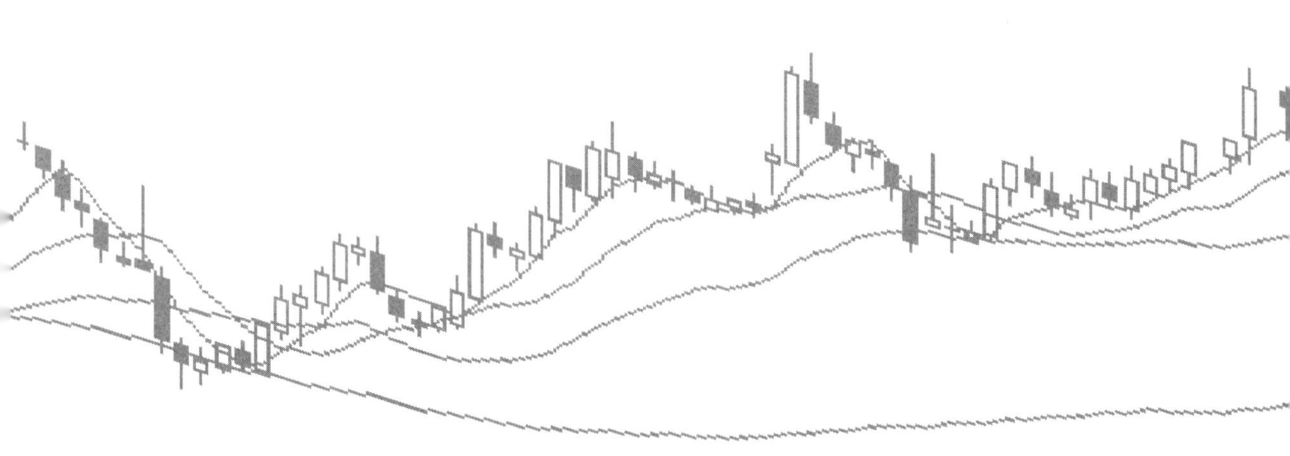

短线交易十万个为什么

DUANXIAN JIAOYI SHIWANGE WEISHENME

沈蓝 著

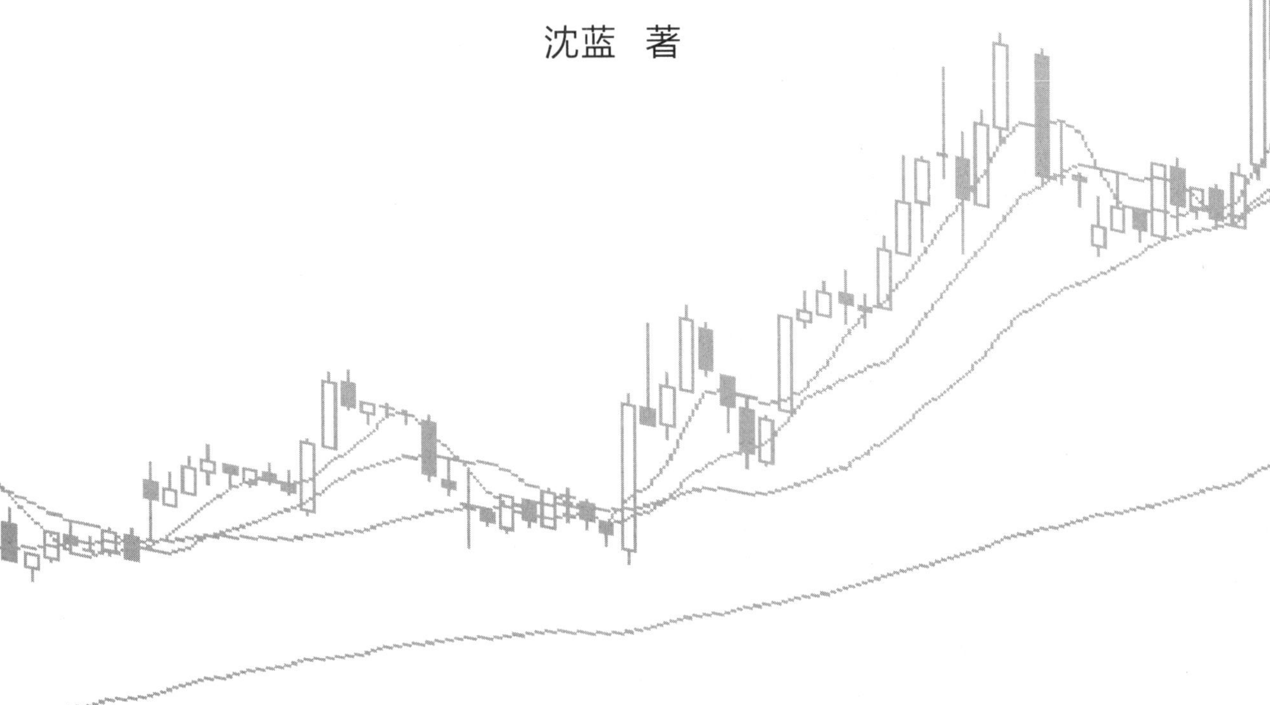

四川人民出版社

图书在版编目（CIP）数据

短线交易十万个为什么 / 沈蓝著. —成都：四川人民出版社，2017.12（2018.8重印）

ISBN 978-7-220-10418-3

Ⅰ. ①短… Ⅱ. ①沈… Ⅲ. ①股票交易—基本知识 Ⅳ. ①F830.91

中国版本图书馆CIP数据核字（2017）第247423号

DUANXIAN JIAOYI SHIWANGE WEISHENME

短线交易十万个为什么

沈 蓝 著

策　　划	何朝霞
责任编辑	吴焕姣　薛玉茹
封面设计	张　科
版式设计	戴雨虹
责任校对	袁晓红　申婷婷
责任印制	王　俊
出版发行	四川人民出版社（成都槐树街2号）
网　　址	http://www.scpph.com
E-mail	scrmcbs@sina.com
新浪微博	@四川人民出版社
微信公众号	四川人民出版社
发行部业务电话	（028）86259624　86259453
防盗版举报电话	（028）86259624
照　　排	四川胜翔数码印务设计有限公司
印　　刷	四川华龙印务有限公司
成品尺寸	185mm × 260mm
印　　张	19
字　　数	300千
版　　次	2017年12月第1版
印　　次	2018年8月第2次印刷
印　　数	5001-8000册
书　　号	ISBN 978-7-220-10418-3
定　　价	49.80元

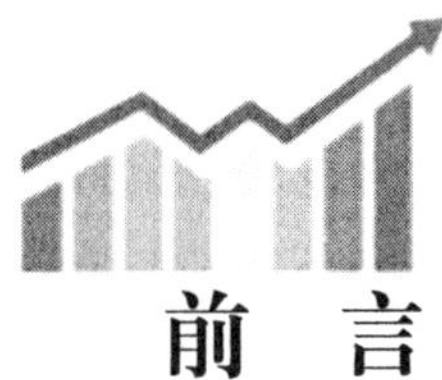

前　言

在经历了二十余载的股市风风雨雨后，我忽然间产生了一个挥笔疾书的想法。把一些不算是成熟的想法及经验告诉给有相同经历的股友，也算是一种抛砖引玉吧。相信每个股民在股市中都会有坎坎坷坷的不寻常的经历，有的是坎坷之后忍痛离去，有的是仍在坚持探路，因此，书写本书的目的是和仍在坚持探路的股民朋友们共同学习、共同进步。

本书主要从认识及心理、股市理论、技术指标及经典图形分析四个方面讲述股市中的知识及经验。

第一，从认识及心理层面剖析股民的交易行为。首先告知股市中的风险种类、引起风险的因素所在以及忽视风险导致的后果，从而使股民理解认识风险的重要性。虽然股市有风险，但是机会是伴着风险而生的，认清了风险，机会自然会有。毕竟股市中的企业是盈利的组织，否则社保等机构也不会轻易入市。

第二，从分析道氏理论、波浪理论、江恩理论等著名理论，找出适合一般股民运用的法则及原理。如道氏理论中的三重运动原理，让股民了解了股市的波动性；波浪理论则让股民认识了股市波动带有的一些规律性；而江恩理论中的江恩角度线及时间法则均是股民可以参考的较好的测市方法。

第三，分析各种技术指标的适用程度，提示股民在技术指标使用中应回避的误区及相对适用的方法。如MACD为比较有效的趋势性技术参考指标、KDJ较难把握的一些原因及金叉死叉的一些特点，等等。同时，也告知技术指标永远在股价走势之后的道理，使股民不要太迷信指标。

第四，从分析股价走势的经典图形中，提示股民在寻找一些起涨图形的同时，必须对主力机构所挖的坑坑洼洼有清楚的认识，不要被那些看似恐惧的坑忽悠。尤其要分清是优质股在上涨途中的假摔，还是绩差股断头铡刀似的真跌。只有将股票的基本面与股价走势形态相结合，才会更好掌握各种股价走势形态，以便在与主力机构的周旋中掌握主动。认清风险掌握机会才是股市制胜的法宝。

股市的深邃如同大海，然而大海中有取之不尽用之不竭的宝藏，只有通过不断深入地探究才能在大海中探得宝藏。虽然，大海中的风浪可能随时把你吞噬，但是，掌握了躲避风浪的本领，面对的就是无尽的宝藏啊。当然，书中所讲的股市方面的知识也仅为沧海一粟，或许对你探究宝藏之路有所启示。在阅完本书之后想要获得更多的交流内容可以浏览蓝红红股票网站www.lhhstock.com。

目录

第一部分　普通股民的投资心态

第二部分 经典理论及技术指标的市场意义

第三部分　经典K线形态的市场意义

第一部分

普通股民的投资心态

01 为什么十个股民七亏二平一赚

这节我们分析一下亏钱与赚钱的过程，从中你可以懂得股市出现七亏二平一赚的原因，体会其过程的酸甜苦辣，也可以领悟一些并不深奥的股市人生哲理。

前一节讲了股市风险，股市中亏钱的人多是不争的事实。但是这里要说的是它仅仅是其外在的风险因素，也就说是外因；那内因当然就是个人的错误认识及错误操作了。认为股市来钱既容易又快捷，这样的意识是其导致亏损的内在风险因素。众所周知，内因是事物发展的根据，起决定作用，外因必须通过内因才能起作用，是第二位的。这正好说明了个人错误的认识引起的错误操作是导致亏损的主要原因。股市虽然有风险，毕竟是外在因素，不是决定因素。因此，认真分析造成亏损的内在因素的个人错误操作对我们以后具体操作股票有着十分重要的意义。

从短期交易来说，交易者主要依赖股价波动，即低买高卖赚取其他交易者的钱，你赢的就是他亏的，此外再加上要交纳的一些交易费用，如果赢钱的值小于亏钱的值，就是亏。其实这个道理交易者都懂。下面就来说说“七个”股民亏钱的原因。

一、盲目追涨

盲目追涨是错误操作的首要敌人，也就是造成亏损的最主要原因。当你初涉股市时，你会通过社交、媒体、网络、书籍了解股市，之后你会在众多的股票走势中选出自己认为或者别人推荐将要上涨的股票，在该股盘整或下跌时不敢买，却在一根红线拉起时，挡不住盘面的诱惑，尤其是分时线上涨时就勇敢地买入了。然而，往往这是该股票卖出点位，而这些点位都诱惑你买入。

603528多伦科技这种图形是最容易诱惑人跟进的。但是有经验的股民就知道，均线系统向下，而且股价还没站上均线系统，应该是逢高卖出。而新股民在诱惑之下往往就会犯追高的错误。

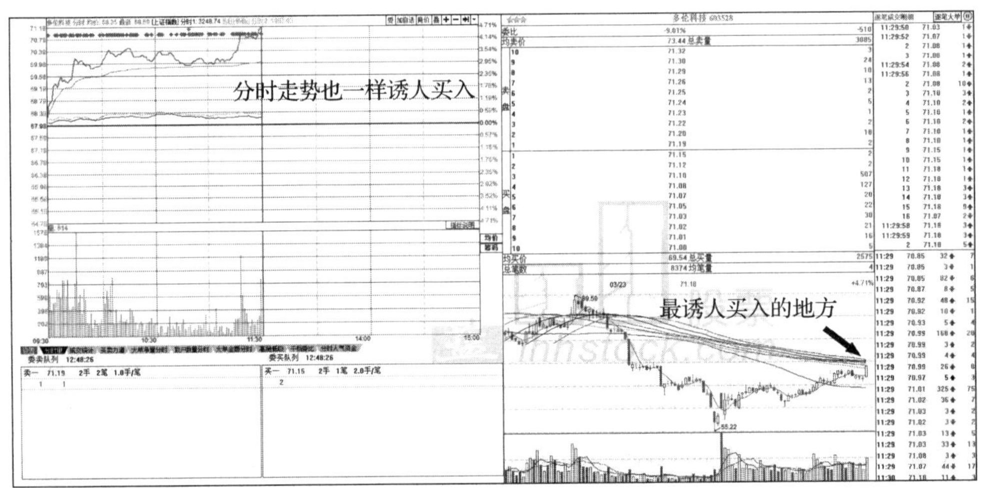

再看300176鸿特精密后期上涨也是最容易被诱惑的，涨高了追进，但是没有经验的交易者在短期的回调恐惧时会卖出手中的股票，之后股价却一路上涨，而使你产生不必要的亏损，或者就是在你买入时的价格附近横盘，使你耐不住寂寞，最后不赚钱卖出，卖出后还是见高买入，见低卖出，最终股价却涨了，没有经验的交易者却亏了。

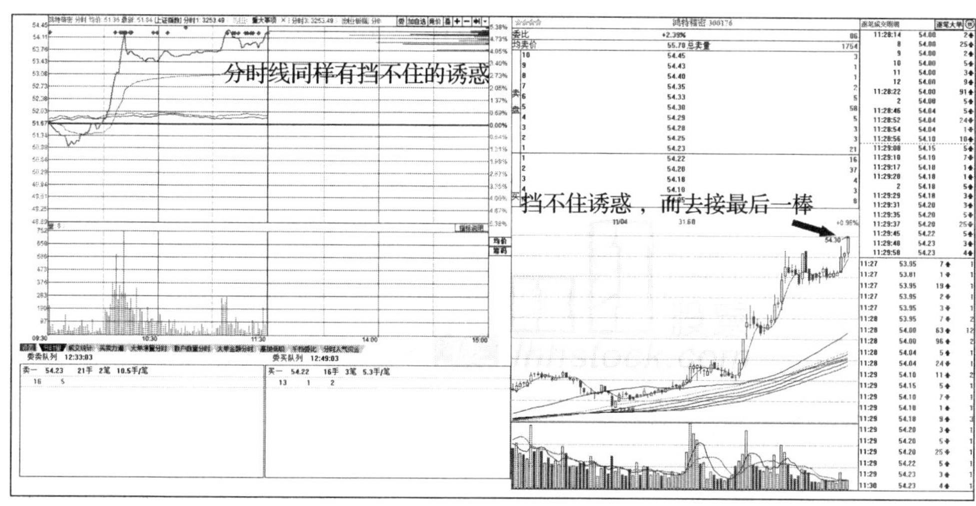

二、盲目持股

买入股票后股价上涨，可能你非常得意，飘飘然也。而股价下跌时不以为然，虽然知道止损这一说法，但毕竟有点舍不得。套牢之后回头再看看这股票的F10，才知道该股的基本情况，但是其股票的基本面到底怎样，是优是劣还是一般，你很茫然。但是你用学到的“技术”去判断所持有的股票，判断出来要涨的可能性大，也就持股待涨了，殊不知接踵而来的是一波不小的下跌浪。

300359全通教育套牢者在不小的下跌浪中损失不小。

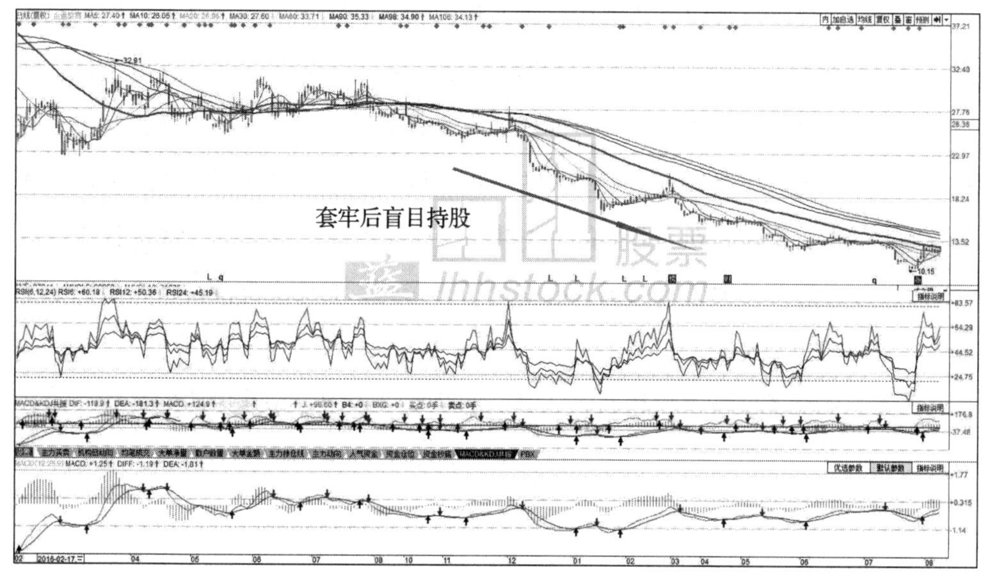

再如300379东方通套牢者同样在不小的下跌浪中损失不小。

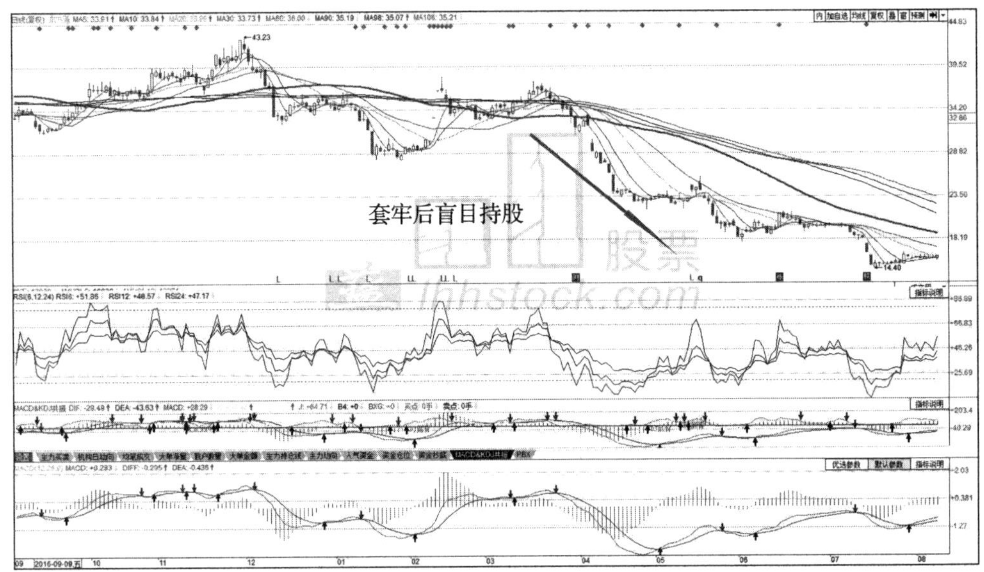

当你第一次出现亏损出货了结后，你很无奈但是你相信以后还会赚回来的，只是这次怪自己太冲动了，以后操作小心点就行了。但是，在实际的操作中却事与愿违，改不掉的追涨杀跌毛病及不设止损线的持股，使得账户上亏损累累。痛定思痛之后，这时近一半的股民会选择默默地离开，从此不再入市。也许，十个股民中五个离开是由于股市给他们造成了不可逆转的亏损。

当然，总有一些股民在不断的交易及学习中渐渐掌握了一些基本的股票操作技巧，逐渐地在交易中不再出现盲目追涨杀跌、盲目持股等一些错误的操作，能按照自己的思路高抛低吸，尽管可能成功率不是很高，但是总体上还是盈亏互补基本平衡。一般股民是以短线交易为主，因为税费和佣金的关系，赢钱的值总体小于亏钱的值，所以，在不亏损的人中持平者应该占2/3，也就是十个股民中只有两个是持平的，那么真正赚钱的只有一个了。因此，股市中应该是十个股民七个亏损二个持平一个赚钱。

其实，各行各业都不尽相同，在激烈的市场竞争中，中途淘汰的是大多数，留下存活的是极少数。七亏二平一赚的规律并非股市中的法则，而是普遍的市场法则。

为什么你会追涨杀跌

涉足股市的股民可能看了一些股票书籍，这些书籍大部分是介绍各种技术指标及股价走势，讲述如何用所谓的技术分析战胜主力机构，如何看上涨图型，如颈线突破、上升三角形、多方炮、老鸭头、旭日初升、红三兵等，还有如何看技术指标，如KDJ、RSI、BOLL、OBV金叉死叉等，并说掌握了这些技术分析手段就可以在股市中快速赚钱。而且，从股票软件中的涨跌幅排名里可以看到每天有很多股票涨停板，你看到它们的K线图很像书中介绍的图形，完全符合书中的技术特征，盘中涨的股票确实继续在涨，跌的继续在跌。所以你就认为，根据某些技术指标买上涨图形或上涨趋势的股票就能快速赚钱，做股市中的强者。于是你就开始追涨了，告诉自己追涨不追高。

当你根据技术分析或某个消息买进了一只股票后，当天的股价跟你预料的一样上涨了几个点，可第二天并没有高开，略微冲高后就回落到你买进的价位上下波动，第三天开始就低于你的买进价了；也可能连续几天冲高的股价使你账面赢利不错，可是其中一天下跌就把你几天的赢利全部抹去。这时你告诫自己，技术形态还没有走坏，还会上涨的，可这时大盘指数不尽如人意连续下跌，而随着大盘的下跌，你的股票已经跌破你认为的几个支撑位，各种技术指标显示还要下跌。这时你心里承受不住了，心想这次亏就亏吧，割了算了，下次再赚回来。殊不知，如此几轮进出却是赢了小钱亏了大钱。这就是追涨杀跌亏钱的过程及其结果。究其原因有：

一、无知

表面上看你是对各种技术分析掌握不到位，心理素质也不够好才导致追涨杀跌。其实，这是对股市的人为风险认识不够，判断不出主力机构的行为，被技术图形蒙骗了。

601058赛轮金宇在突破前面两个高点后，立即掉头向下连续下跌了四周，而且跌破了100天以上的长期均线。明显是主力利用所谓突破高点可进场的技术分析，忽悠散户进场，从而达到拉高出货的目的。

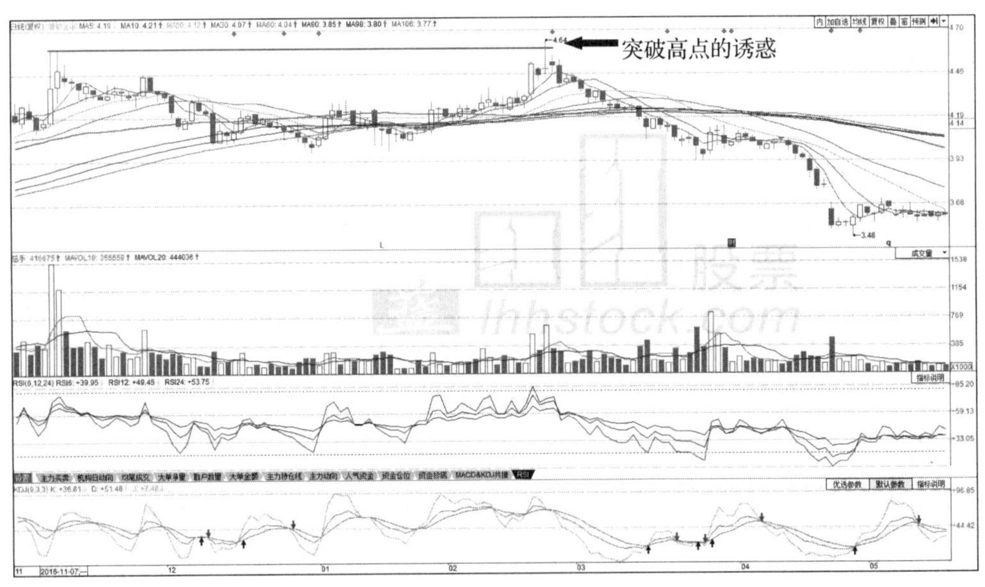

600098广州发展的走势更是明显，平台上出现一根封板阳线而且成交量大部分在涨停价位附近，第二天略微高开，11点40分左右一路下跌到底，几乎没有反弹，成交价都是在跌停价附近。后果很严重。

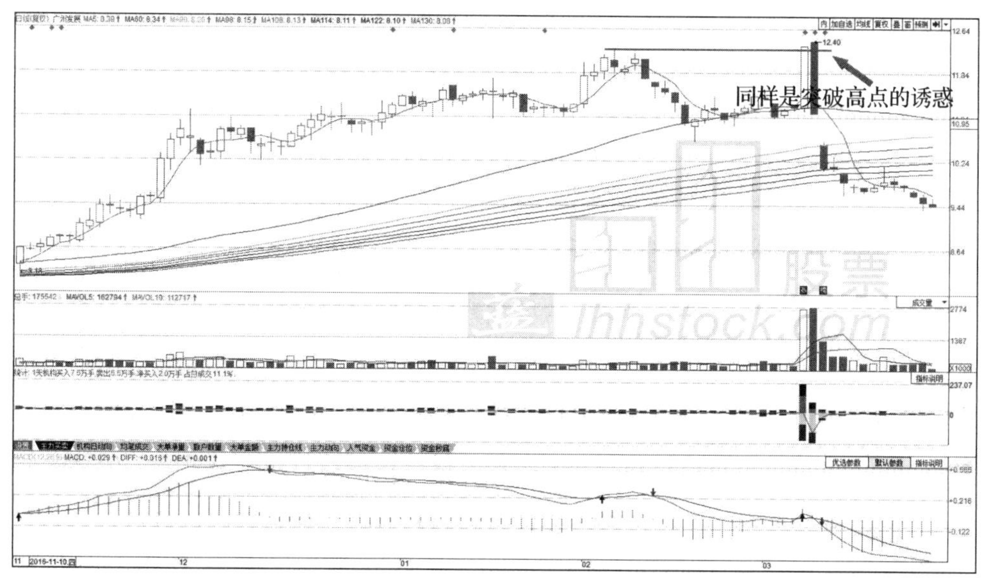

600152维科精华停牌4个月后，复牌以一字牌板涨停开盘，第二天也是涨停板开盘，可是但当天涨停板被打开后连跌5天，如果是第二天在涨停上买进不及时止损，则浮亏20%，损失惨重。

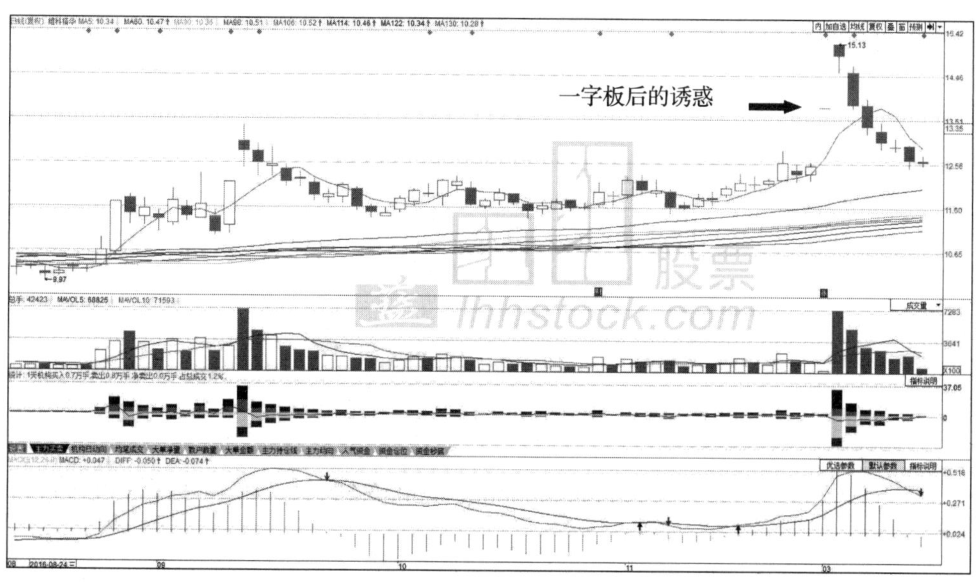

二、模仿

主力由于受资金的限制不可能炒作大部分股票，而是在一波行情里也只炒作极少数的股票，就是平时我们所说的龙头股票。我们在书上或自己在软件中看到的龙头股票，是极个别的典型。在这种典型图形中必定有突破颈线、上升三角形、老鸭头等之中的一种图形，技术指标也会符合金叉之类的。但是，大部分股票在这种技术图形或技术指标将要形成或者刚刚形成之时会突然逆转，浇灭你的梦想。其实这是主力机构在利用技术图形或技术指标在引诱股民。所以你是被书中典型的图形或实战中主力机构特意刻画的图形蒙蔽，认为只要突破颈线、老鸭头、上升三角形之类的图形出现或技术指标到位的股票肯定会涨。要知道如果是头牛肯定有头有四肢，但是问题就在有头有四肢的不一定是头牛呀，说不定是只大黑熊啊。有多少英雄志士在捉牛的过程中却被黑熊给吃了，大部分股民在捉第二波龙头中被割韭菜了。

300052中青宝在2013年7月份的行情中，起涨以前的走势与300269联建光电在2015年6月份以前的走势完全一样，而且MACD都是在零轴之上3左右，如果要像抓中青宝一样抓联建光电的话，那就要被黑熊给吃了。

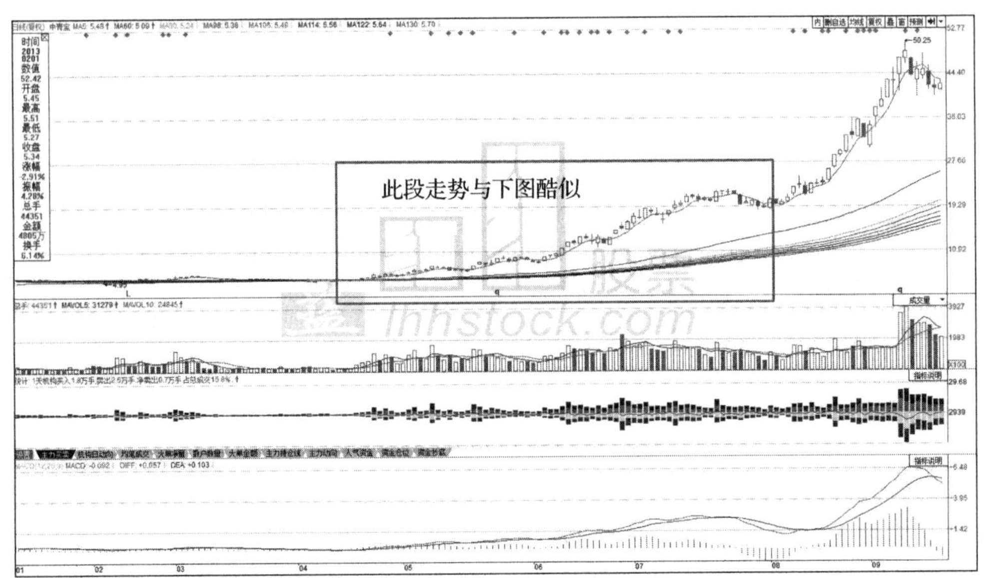

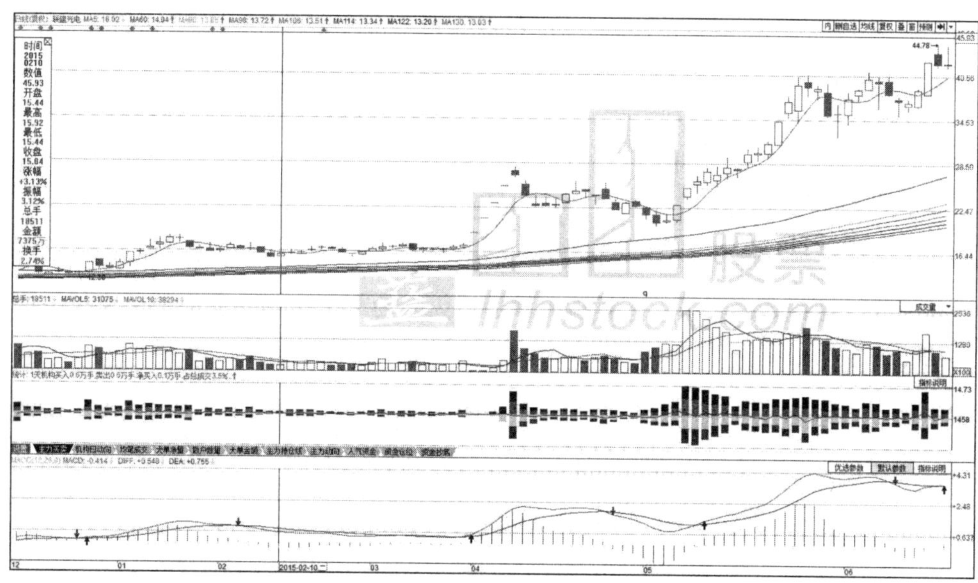

追高之后的套牢会经历很长时间的盘整或再下跌，稍微有些经验的股民能意识到这一点，所以会很无奈地割肉离场，从而就形成了一般股民的追涨杀跌。

300269联建光电在2015年6月份追高套牢以后到2017年2月份整整20个月，还没有起涨的信号，只能等待企业经营的好转或牛市的到来。

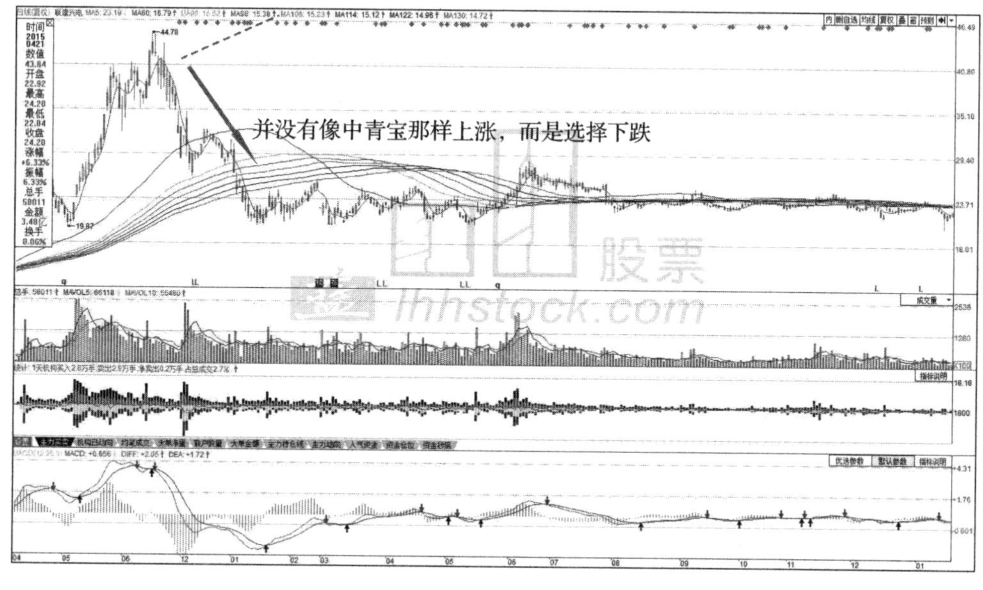

三、恐惧感

被忽悠的滋味肯定是不好受的，而且，往往还会产生恐惧感。因为追高之后的套牢会经历很长时间，像上图的300269联建光电。但是一些股民虽然被忽悠时兴奋得很，把什么都忘了，一旦清醒后会很无奈地割肉离场，从而就形成了一般股民的追涨杀跌。

其实，追涨杀跌原因有很多，一时也道不完。只有从学习中认识股市了解股市，尤其是风险所在，躲避风险才是股市的生存之道。

03

为什么会持有一只长期套牢的股票

持有一只长期套牢的股票这种情况往往多发生在初涉股市的股民身上，但也经常发生在一些老股民的身上。这也是炒股产生巨亏的主要原因。

在牛市的顶部，在你的身边都是一片股市很容易赚钱的喊声，你经不住诱惑，也偷偷地炒起股票来，经过几次进出后，你就套在了一只股票上，结果一套就是几年的时间；或者你炒股也有些时间了，一直是赚少赔多，后来舍不得再割肉了，你发誓持有的股票不涨起来绝不抛，结果它就是不涨而且一直下跌，一套也是几年。其实这样的情况在现实的炒股人群中很常见，只是中招的人默默地承受着，不作声而已，毕竟亏钱的事自己知道就是了。下面分析一下长期被套的原因。

一、入市时不够谨慎，挡不住股市的各种诱惑

人们入市，一般情况都是在人气沸腾、股价涨高、牛市或个股冲高的时候，也有在股价刚刚下跌开始所谓抢反弹时。主要是看图形是上涨图形，而且股市涨声一片，于是在一时冲动跟风的情况下买进了一只自己并不十分了解的股票。套牢之后再仔细看F10的资料，才知道该股票所处行业及企业效益均一般，决定股价上来就抛掉它，可股价就一直跌，不再上来，有时上来了，想想也许还会涨，

等等再说，抱有侥幸心理，结果马上下跌再也没上来了，成了套牢族。

二、对股市的客观风险认识不足，尤其是对企业的客观风险认识不足

股市是企业向社会融资的场所，这个主观风险我相信大多数股民是知道的。但是有蛮多的企业上市后的经营效益也就是基本面很一般（基本面包括企业本身的经营情况和所处行业的兴衰周期），一旦股价被炒高之后，下跌的幅度很大而且下跌的周期也很长，这一点相信大多数股民是懵懂的。股市的熊长牛短的原因就在这里。股民成为长期套牢族的原因主要还是对这个客观风险的认识问题，也是对股票的价格是由企业的基本面决定还是由技术面决定的问题没搞清楚，认为股价跌多了就会涨。其实股票的价格应该是围绕其企业的基本面上下波动的，只有少数的股票价格会脱离企业的基本面被主力、机构营造的消息面或技术面左右。如果你持有一只仅有技术面支撑的股票，那只能算你中彩。当然中彩是偶尔的，大多数时间你还是要中枪的。认识这个客观风险对你以后的股票操作大有益处。

三、炒股心理问题

就是亏了这么多钱，舍不得割肉，亏钱了总是不甘心。这个问题表面上看是对股价波动范围大小的认识不足，实际上还是前面所讲的对客观风险的认识不足。如果对风险有了足够的认识就会在浅套时止损离场，这个心理问题就不存在了。

四、操作技术性问题

往往上升趋势的股票在解套之时你很乐意把股票抛掉，但是下跌趋势的股票因为你不懂止损而长期持有。温水煮青蛙是主力机构惯用的手法，往往下跌趋势是单边的，上升趋势是震荡的，单边下跌根本没有给你解套的机会。所以，一般股民通常拿得住下跌趋势的股票而拿不住上升趋势的股票。

300043星辉娱乐在漫长的跌势中几乎没有像样的反弹，走走跌跌，始终不会让你有解套的机会而是让你越套越深，套得越深股民越不会割肉。

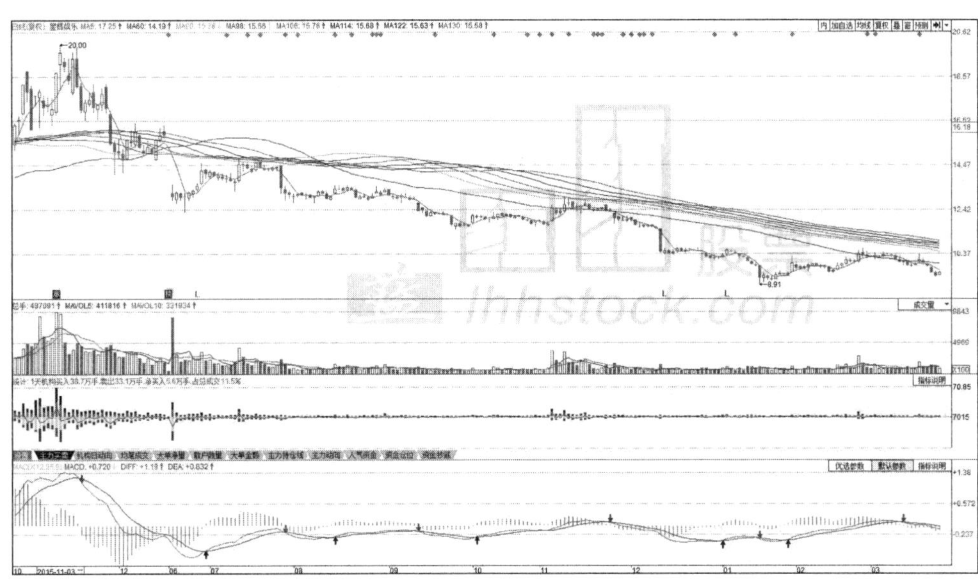

300048合康新能其走势与星辉娱乐如出一辙。

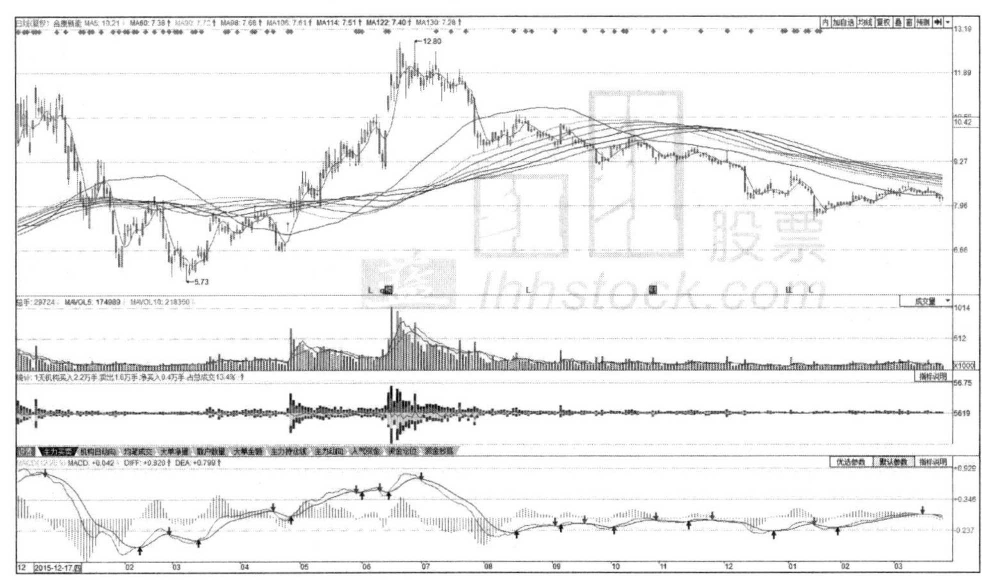

300077国民技术是一种下台阶式，一个台阶一个台阶地下，好像是下楼梯。这些单边下跌会造成你长期持有套牢股票，与这些股票同命运。

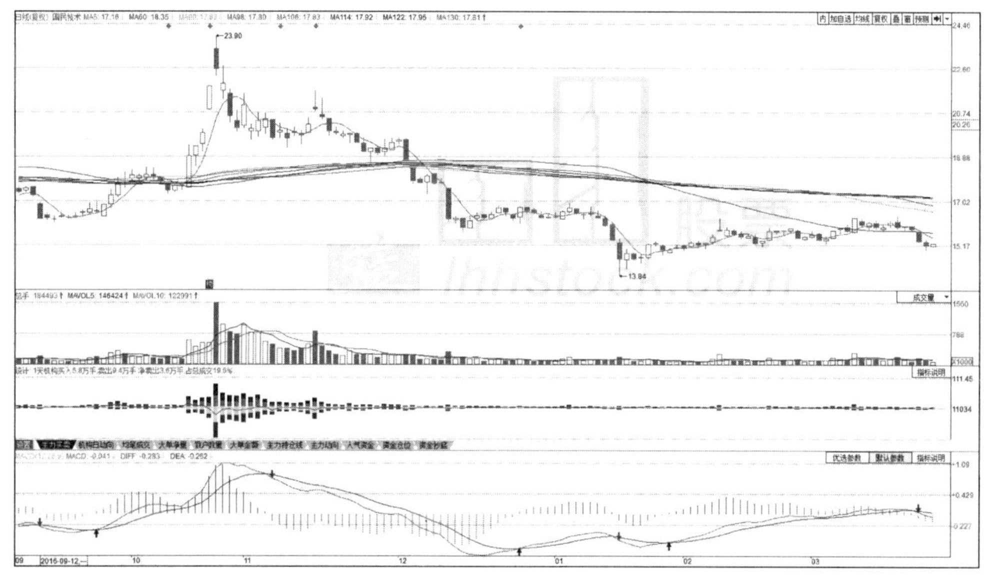

稍微延伸一下，多说几句。其实，相当部分的股票价格走势单边下跌和锯齿上升这一特性，是造成股民赚少赔多的主要原因，而往往这一点一些股民的认识是不够的。当然，也有人认识到这一点，但是有时会因恐惧这一点而放跑牛股，也赚不了大头，只赚小头。毋庸置疑，上升趋势途中锯齿形的震荡走势是股票市场中上升趋势的主要图形。

300237美晨科技其在长期均线上一步一回头，有了赢利让你回吐，不让你舒舒服服持股。

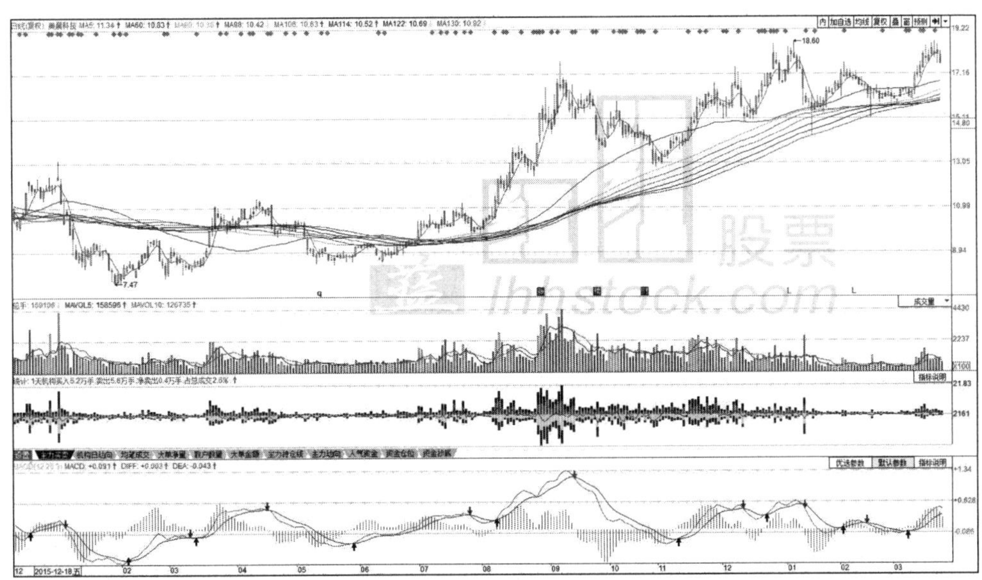

300313天山生物长阴之后小阳不断来回三四次，看你还有没有耐心拿住，所以要拿住上升趋势的股票难，而拿住下跌趋势的股票容易。

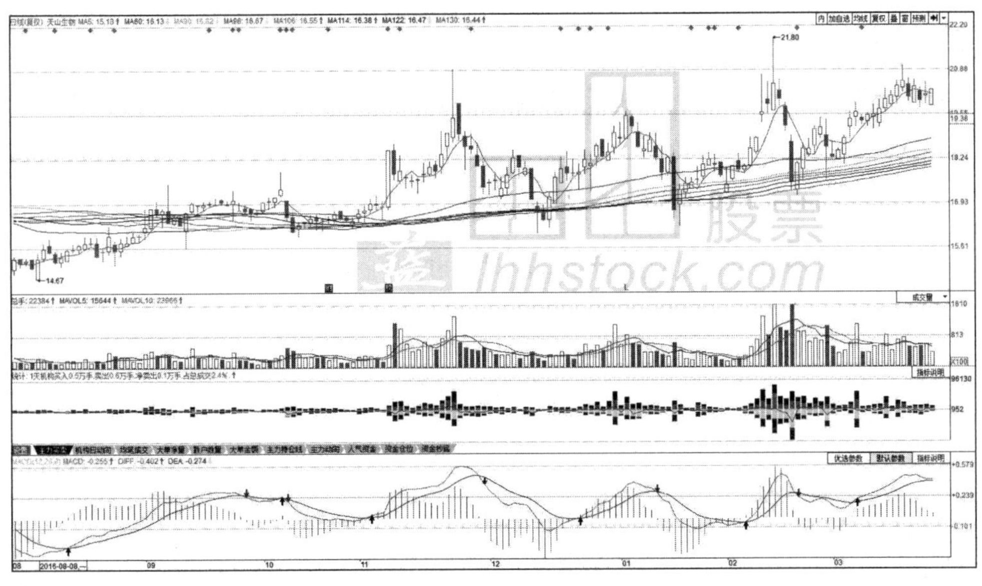

总之，股市的诱惑、风险认识的不足、心理的问题、技术的问题都会成为持有一只长期套牢的股票的原因。只有通过不断学习股票知识，尤其是树立股市的风险意识，才能慢慢地成熟起来。

04

为什么会在底部割肉离场

当你在屡次的失败操作中或者在牛市的顶端套牢后，一直随股市的下跌而越套越牢的情况下，你的持股思维也在被不断下跌的股价慢慢地改变，从非常乐观到决心持股不动盼望解套，再到实在耐不住下跌的恐惧而默默割肉离场。可以说几乎每个股民包括股市高手都有过这样的经历。

股票市场涨涨跌跌本是自然的。上涨时顺势而上，下跌时不走就会被深套。自然界中的退潮是要凭经验判别，股市中的股价退潮同样是要靠经验识别的。所持股票价格被空方连续打压、资产的缩水、利空不断出现、股价一波又一波地下跌，于是在股价已经下跌了很多时割肉离场。

之所以这样，最关键的原因就是你对股市的牛短熊长特性没有足够的认识，最终难耐漫漫跌势的折磨。

我们拿上证指数最近的两次牛市走势来看看。

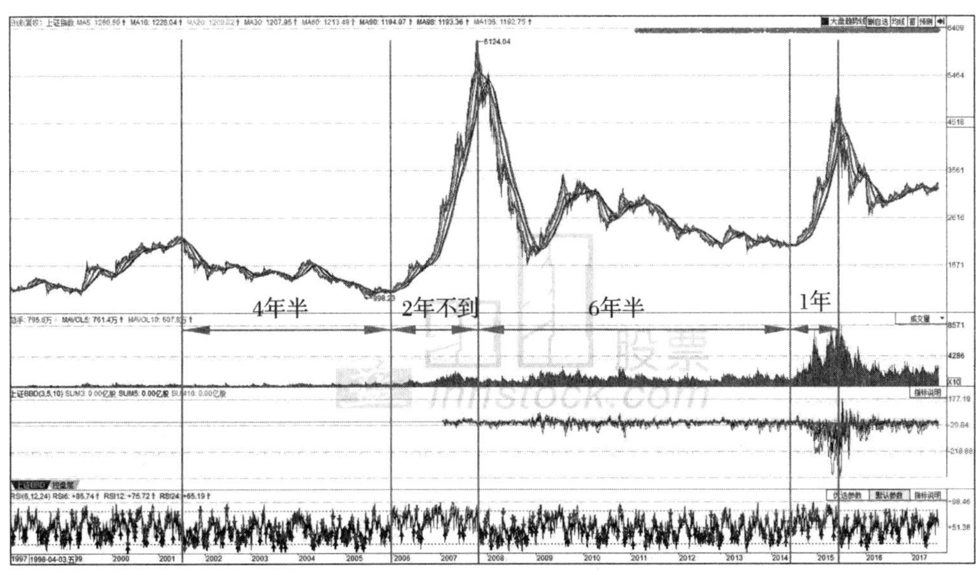

从上图中可以看出两次的熊市时间加起来将近11年，而两次的牛市时间却只有3年不到。虽然股市中有句谚语“横有多长，竖有多高”，但是，这是针对幅度来说的，在时间上绝对是熊长牛短。

熊长牛短的特性不仅反映在大盘上，在个股上也同样是熊长牛短。造成大盘的熊长牛短原因往往是系统的涨跌，而造成个股的熊长牛短既有系统的涨跌，也有基本面造成的涨跌，这就是牛市中有熊股的原因。因此，遇到个股的熊长牛短的概率比大盘更高。

我们来看看个股。

300001特锐德，主营业务研发、生产和销售以户外箱式电力设备、户内开关柜为辅的成套变配电产品，算不上高科技，财务数据也是一般般，如果有题材的话，题材过后就是像下图走势。这样的走势既有系统性因素又有基本面的因素，熊途漫漫。

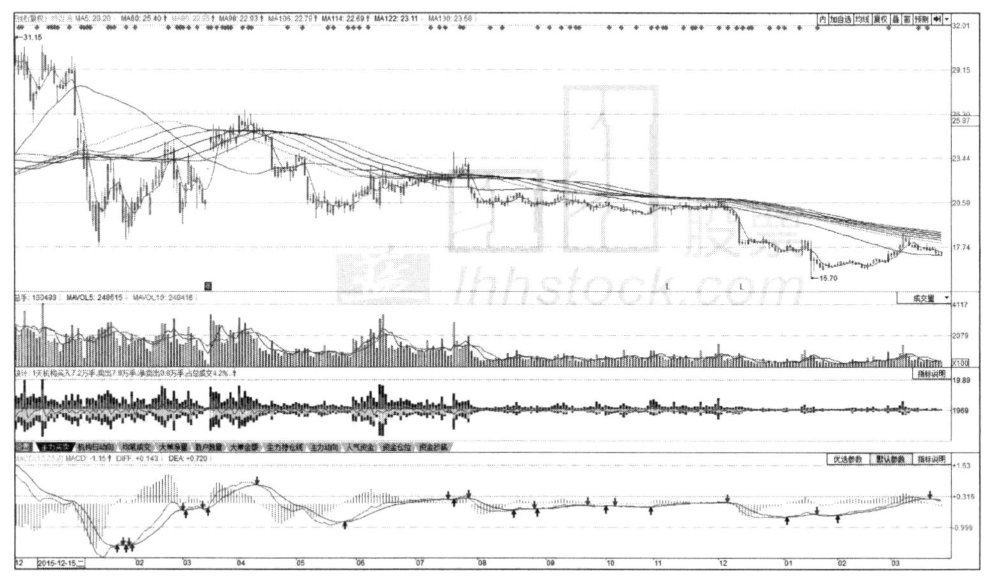

300004南风股份主营业务通风与空气处理系统的设计和产品开发、制造与销售。这样的业务在沪深二市中可谓是一般般，2017年亏损近2000万元。基本面的恶化，导致其股价熊途漫漫。

从上述两例可以看出，大盘的熊长牛短反映到个股上会有放大作用。因此，不但要对股市的熊长牛短及熊市的难熬性必须有足够的认识，更要对个股的熊长

牛短有清醒的认识。股市一旦进入熊市，其给人造成的恐惧性及漫长性都是一般新手想象不到的，也是他们难以忍受的。长期均线系统一旦向下发散，要扭转向上，其漫长性是以月K线甚至年K线为单位的，而且中途没有像样的反弹，如果有也是像皮球掉在沙滩上反弹无力。个股的情况更是有过之而无不及。

熊市中当然熊股遍地，而在牛市中也会有不断下跌的熊股，随着股市规模越来越大，这样的现象也会越来越多，所以既要躲避熊市也要避开牛市中的熊股。股市中的暴跌本就可怕，抵抗型的慢跌同样可怕。高手死在暴跌里，新手倒在慢跌中。

下图为上证指数、爱普股份、威帝股份、石大胜华的K线同列图。

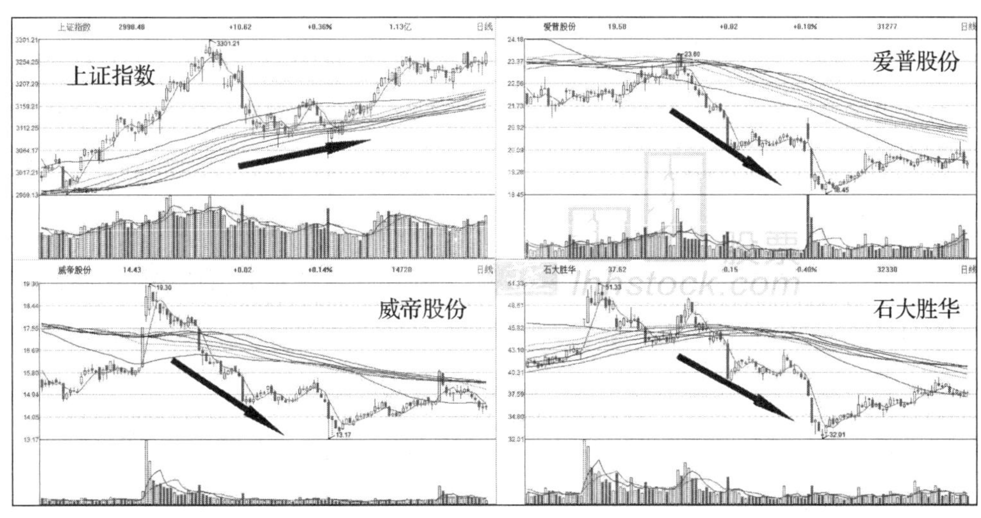

总之，能持有下跌段股票的多数为新手，而这些新手往往也会在起涨前割肉，实在是因为他认识不到股市的风险到底在哪里，也认识不到风险释放之后将有收益。认识问题引起了心理问题，心理问题又引起了扭曲的操作，最终导致严重的后果。所以认识股价走势的漫漫熊途是避免严重后果的必要前提，这对具体操作有着非凡的指导意义，及时止损这样的高手动作才会出现在你的操作中。

05

为什么会在牛市末端时勇敢地进场

当你不断地听说周围的朋友、同事都在炒股，而且茶余饭后人们都在谈论股票，而且都很愿意谈股票，哪个赚了多少、哪个又赢了多少的时候，你再看看股市行情每天确实都在涨，满屏都是涨停板。于是你就认为股市确实能赚钱，于是你也决定炒股了。其实现在的股民大部分都是在牛市最旺盛的顶部进场的，因为股市最吸引人的时候也就是在牛市，此时最被忽视的就是风险。

要回答上面题目的问题，我们先从熊市、平衡市、牛市的市场特征说起吧。熊市听了就害怕，因为大部分股票都在下跌途中，均线系统呈空头排列即发散向下，大盘阴多阳少、下跌容易上涨难，最要命的是那些只有概念没有业绩的股票跌幅巨大，而且这些股票像掉在沙滩上一样几乎没有反弹，随便选两个图看看：

600770综艺股份，顾名思义，“综合艺术”应该是做文艺方面的，但是你打开F10看看它到是做什么的，芯片、太阳能、互联网彩票、服装、信息服务、手游、安防、超导，什么都能做，什么概念都有。再看看其盈利状况，1996年上市后，第一年也就是1997年的每股利润为0.65元，之后再也没有超过这个值，只有在2010年和2011年每股利润超过了0.4元，其余年份均在亏损或几分之间，完全是只有概念没有业绩的股票。但是在牛市中它有概念就是主力机构炒作的对象。然而在熊市中由于本身股价已经被炒高，当然跌起来就比其他股票要凶得多。

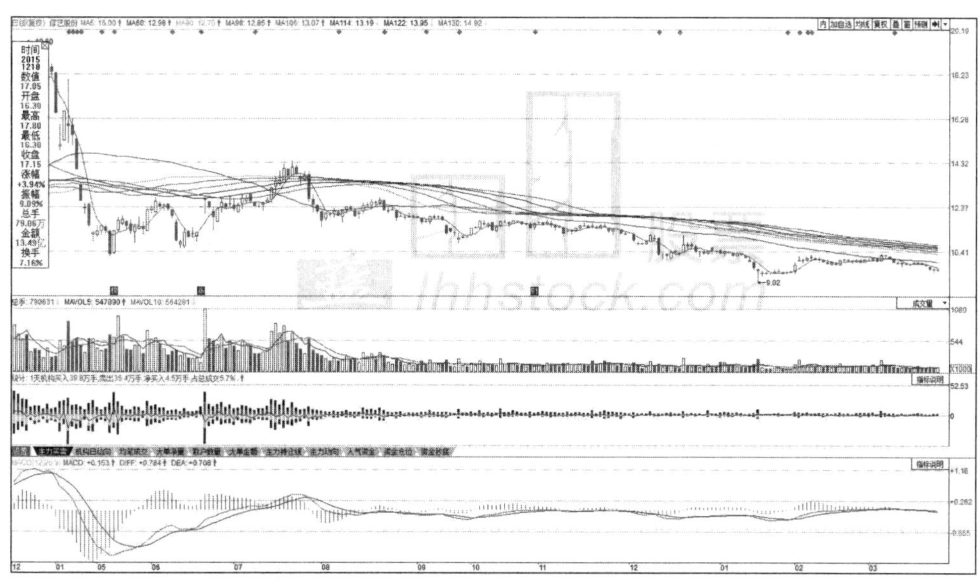

再看看601226华电重工，F10显示是央企，主营业务是物料输送系统工程，其毛利只有18%，其他两个非主营业务毛利一个13%，一个7%，可想而知该公司的盈利能力了。但是其央企概念在2015年的牛市中股价翻了一倍多，在之后的两年中就成了熊股，股价只有牛市中的1/3。

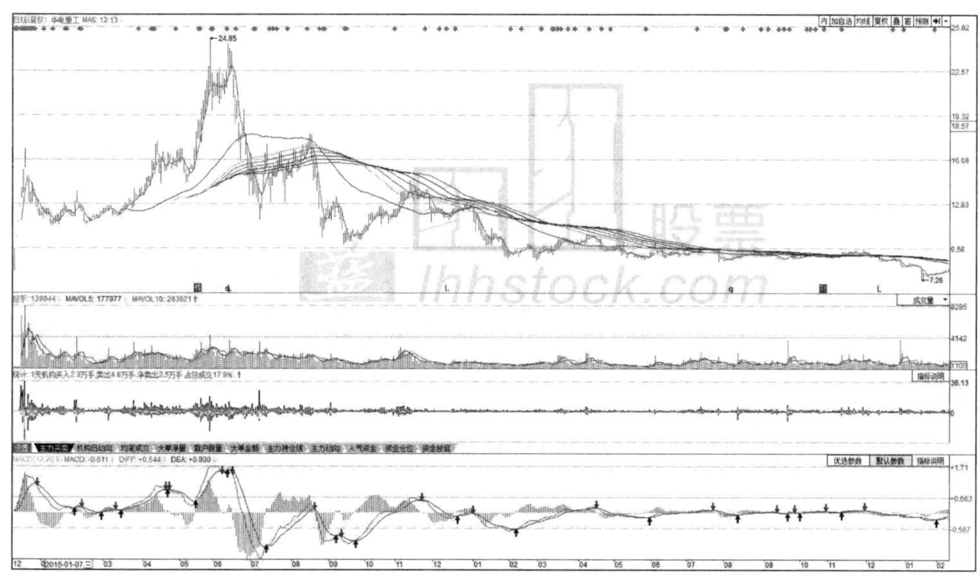

但是熊市中概念股跌得凶这一点是一般股民不易察觉的，只知道这只股票跌了这么多，因为牛市中涨的时候就认为这是只好票，根本不会去研究其内在，熊市中警觉的股民跑的就是只有概念没有业绩的股票，所以熊市是概念股的重灾区。其实熊市也是风险释放的时候，许多股票的买点都是在熊市中产生的，巴菲特的这句话“别人恐惧时我贪婪，别人贪婪时我恐惧”就是这个意思。你知道底在哪儿吗？你知道它什么时候能掉头向上，在一般股民眼里当然是十分恐惧的，这时你如果唱多，人家会让你走远点。

平衡市有两种，一种是底部平衡市，其有时时间是比较长的。顾名思义大部分股票以横盘为主，少数绩优股及一些主力要炒作的概念股开始蠢蠢欲动了，这时经验不足的股民以为小幅上涨后还要下跌就容易在底部出局。另一种是顶部平衡市，则往往时间都不长，有时很短甚至用分钟计也不为过，这时绩差股率先下跌。会买的是师傅，会卖的是师爷，会等的可是祖师爷啊，就是这个道理。往往股民套就套在顶部平衡市上以为盘整后还会上涨。我们看看2015年6月份牛市顶部的平衡市，只有5天，相对一年的牛市来说真是微不足道啊。

牛市当然听了就兴奋，在盘面上大盘指数均线发散向上呈多头排列、上涨容易下跌难、量能稳步放大天量不断出现、热点板块不断轮换、题材股活跃而且持续性强、人气高涨而亢奋，真正的牛市应以年K线为单位，在个股方面往往是有些个股经过数年的上涨已经是10倍股了，数倍个股到处可见，由于在连续翻倍个股的示范效应下，垃圾股在牛市中也能翻倍。牛市的这些基本特征只要是稍有经历的股民都会有所感受。但是随着股市的不断上涨，股市的风险也逐渐积累起来，然而人们的风险意识却逐渐淡薄。

人们就是这样在熊市的恐惧中躲避股市，在股市的不断上涨中谨慎地看着股市，当股市最后冲刺时人们却乐观地高呼牛市来了，往往会出现这样的场景，这时如果你说将要上涨到多少点这样的话，很多人听了很舒服，反之，如果你说股市有风险的话，人们绝对会把你当成另类，而且在有交际的地方股市是必谈的话题。这个时候留给牛市的时间不多了。但是大部分股民还是热血沸腾勇敢得很，在他们看来股市并没有那么恐惧，下跌只是暂时的肯定还会上涨。这就是牛市的诱惑，而且是挡不住的诱惑。当然你也就禁不住诱惑勇敢地进场了。

你看看下面的上证指数一般股民能看出哪儿会是顶吗？多好的图形啊，一路上涨，如果你这时发出唱空声的话，绝对会淹没在一片欢呼声中，没人理你，但是你却是对的。

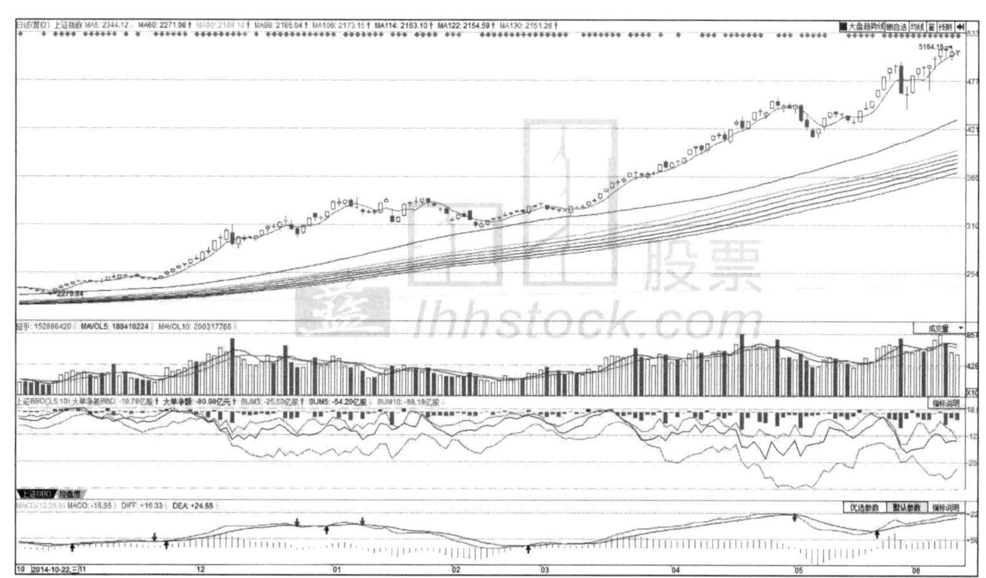

殊不知经过牛市的上涨后大部分股票已经失去了投资价值，在K线图上都是卖出点位，如果大部分股民能识别卖出点位的话，股市中的大鳄早就逃之夭夭了。正因为牛市中充满挡不住的诱惑，所以一般股民才会把卖出点位当成买进点位。你也就这样在牛市顶部的诱惑中勇敢地进场了。

为什么总耐不住寂寞会手痒痒去下单

在自然界中，鲜艳的蘑菇、漂亮的青蛙有时却是危险的东西。而股市中当股价涨起的时候正是风险聚积的时候，也是最美丽、最开心的时候，当然，对股民来说也是最诱惑人的时候。股市中漂亮的图形，有时却是主力设下的埋伏，隐藏着看不见的危险。

一、股市中的诱惑

初涉股市的股民会用善良而仁慈的心去看待危机四伏的股市，很容易被股市中漂亮的图形迷惑，因为在你眼中看不到危机，看不到主力的忽悠，看到的就是可能要涨的图形。看看这个图形会涨，看看那个图形也会涨，这个票可以那个票也可以。一旦看中的票耐住几天寂寞没买，有一天突然涨起来了，这时心也就躁动起来，手也痒痒了，在尖尖角上你勇敢地确认下单。

（一）上涨冲顶的诱惑

600892大晟文化在K线图上拉出5—6点的日K线后，第二天股价继续上涨5—6个点时，你若认为要冲涨停了，立即追进，但是到收盘你就会被套住。

被套以后，是不是诱惑看看下面的图就知道了，第二天是跳空低开，之后的走势几乎是下跌、反弹无力的走势。如果不是引诱你买进，何必要这样涨高之后再下跌呢？分明就是主力机构设的陷阱啊。

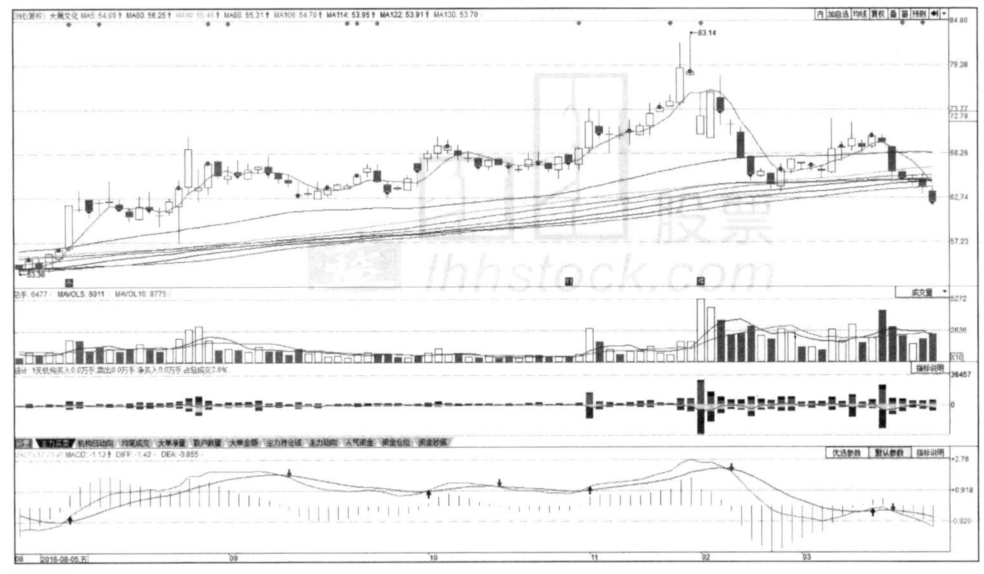

上面这个是冲顶的诱惑，我们再看看其他的诱惑。

（二）平台突破的诱惑

300487蓝晓股份在2015年12月24日走出单边的上涨行情，而且是收盘涨停，突破了40多天的上升平台，MACD零上金叉，无论是图形还是技术指标都显示可看多，而且其上市招股书也是描绘了相当好的理想蓝图，可是只要你在24日或25日手痒痒下单，都会被主力机构忽悠进其设置的陷阱。这是主力机构利用技术图形实施的诱惑。

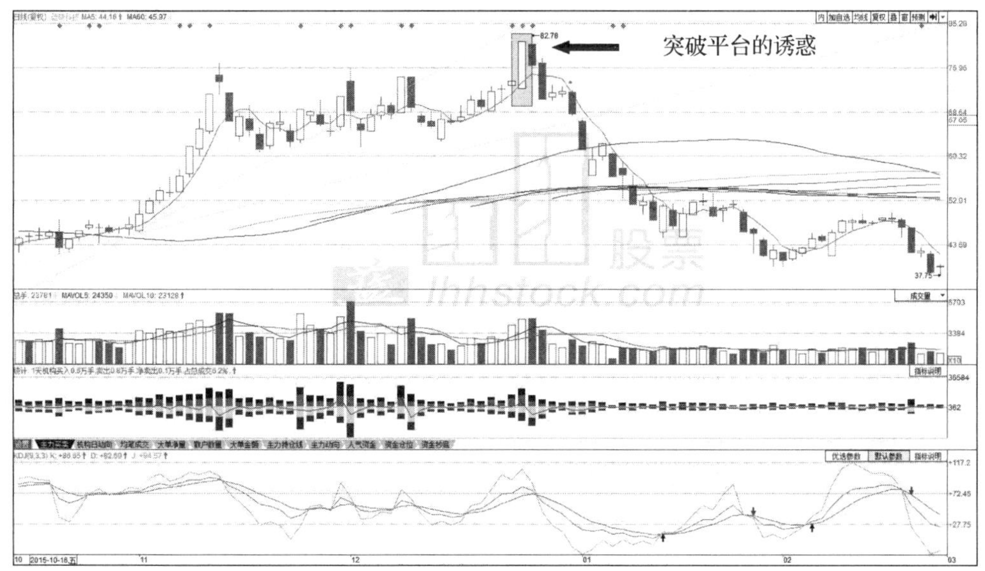

（三）深跌之后的钓鱼

002224三力士在2016年12月15日中国电信量子保密通信产业化基地正式落户上海并揭牌的消息配合下，当日封住涨停，次日又涨了5个点左右。你如果看它跌了这么多了，又有消息支撑而且涨势又这么猛，后面肯定还会涨。于是你手痒痒地下单，不料又中了主力机构设下的埋伏。这是主力机构的消息面的诱惑。

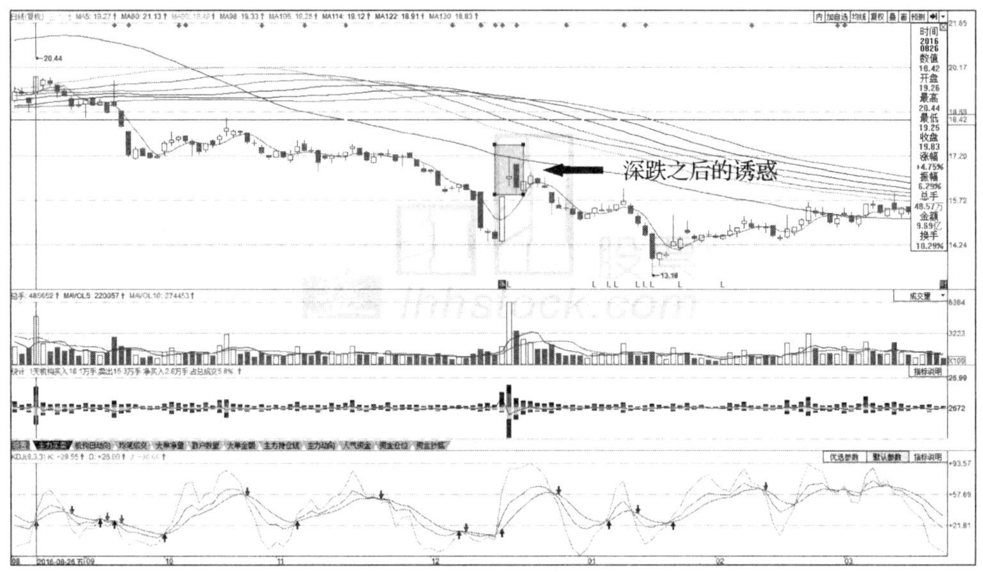

（四）突破长期均线的诱惑

300028金亚科技在2017年2月24日突然一根长阳封住涨停，突破了100天以上的长期均线，形势一片看涨，而且像这种突破均线系统的图形，还有人给予专门的各种命名，什么出水芙蓉呀、旭日初升呀、早晨之星呀，等等，主力也就是利用这种所谓的命名突破来使一般股民上当。

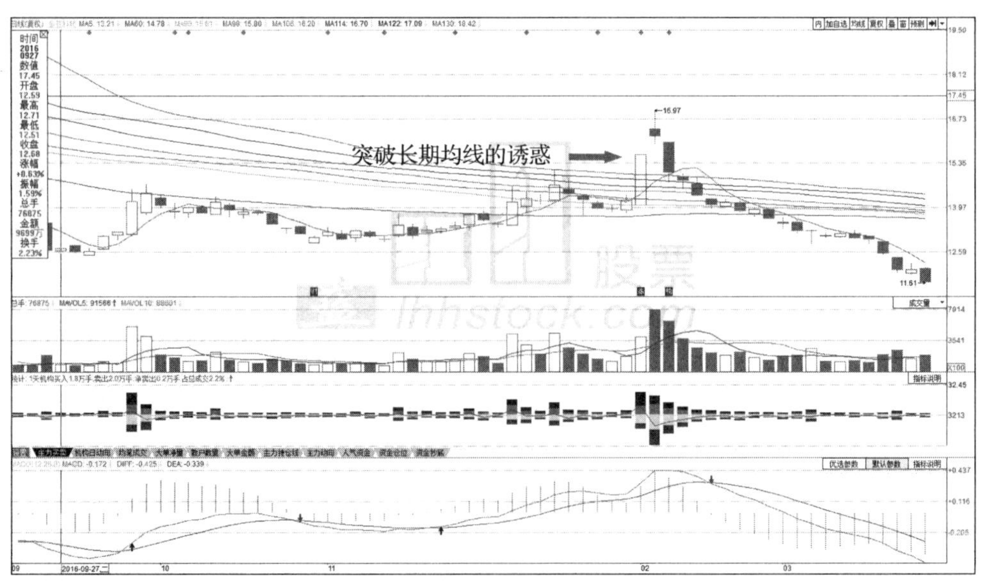

上面的这些主力机构的诱惑只是冰山一角，各种各样的诱惑就是你手痒痒下单的主要原因。

二、亏损后急于要返本而害怕踏空的心理

被忽悠了之后急于返本，这是每个股民都有的心态。所以往往在割肉了之后，急于买进的心理还是促使你手痒痒地下单。越是缺少经验，就越是手痒痒。只有经验丰富了、见多识广了、水平提高了，心里才不会急躁。

股市中时时处处都暗藏玄机和陷阱，风险意识只有随着操作经验的积累才能逐渐地加深。首先在认识上要了解各种图形上涨的成功概率，还要了解成功或失败后的收益比。然后从失败的操作中吸取教训，积累经验。因此，在涉足股市的初期，千万不要动用大资金，只能动用相当小的闲置资金试水。巴菲特说“保住本金”这句话也不会是凭空想出来的或书中看来的，而是实实在在用真金白银换来的。

07

为什么看到高点不肯抛掉

当人们买进一只股票之后，其走势与自己判断的一样，立即上涨或者略有下跌后就上涨，而且即使已经到了自己的心理价位也会等等看，总是希望再涨一点后再抛。这种心态大多数股民都有。

这里主要涉及一个股票在某种走势图形中，如果上涨，其幅度应该在什么范围内这个问题。这是一个很重要的问题，往往新手会忽视这个问题的重要性。如果能够判断上涨的大致幅度，你就能做出何时抛出的正确决定。

当一波行情来临时，有的股票翻了一番，有的股票涨了50%，有的股票却只涨了百分之几。翻了一番的是少数，涨了百分之几的是多数，这些股票往往在这一时间段业绩不被看好，然而大多数股票还是在一个上涨段中以涨50%左右告一个段落，这个规则在国内的一些书籍中不太提到，而巴菲特的老师本杰明·格雷厄姆是相当推崇这一规则的。如果你细心地统计一下也会发现这一点。了解这一规则对掌握抛出点位有着非凡的意义，同样对买入也相当有指导意义。

在短线操作上，当你拿到五板之后，次日只要不是一字板，高手不管股价是冲高、滞涨、低开都会坚决出货。如果是一字板也是如坐针毡时刻盯住板上的接盘，时刻准备敲键出货。在波段操作上，已经上涨百分之三四十的股票，就要特别小心，不能被假突破忽悠了，突破时看看手中的股票是不是已经有50%左右的涨幅，如果看到高点时就不能犹豫，要立马抛出。

600000浦发银行。

600004白云机场。

600006东风汽车。

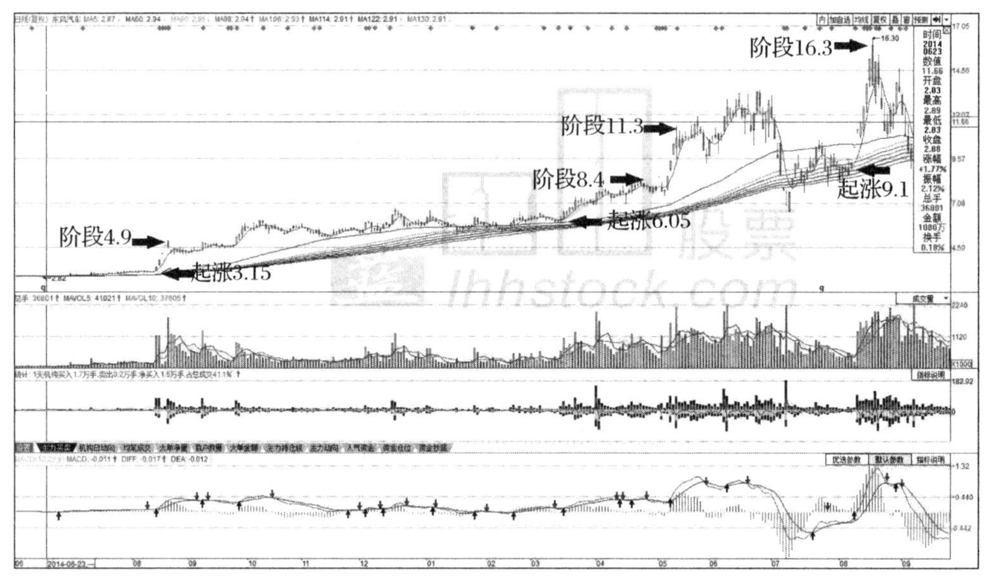

前面我说的是战术上要研究阶段性的顶来指导卖出点位。在战略上做短线的要严格按照短线操作法，在做好止损的同时也要做好止赢的一切准备，不要在看到利润时沾沾自喜而贪得无厌。例如，短线买入一股票后尤其是质地不好的股票，若当天是光头阳线或涨停报收，第二天低开或平开后就在昨收盘价附近游弋，则应出货为妥，保住利润。因为做的是短线，短线就是游击战，赢了就跑坚决不恋战。短线止赢其实比止损更重要，做好一次止赢能抵过两到三次及时止损，因为往往短线都是在震荡幅度较大的区间做的，所以及时止赢带来的收益有时也是相当可观的。

000554泰山石油，2017年1月5日涨停板后第二天却是平开。不妙！说明主力无意再拉升，出货止赢。虽然当天出现过更高的高点但是收盘是靠近了昨收盘，事实是随后的5个交易日一下子把百分之十几的利润全抹掉了，这说明及时止赢将保住收益。

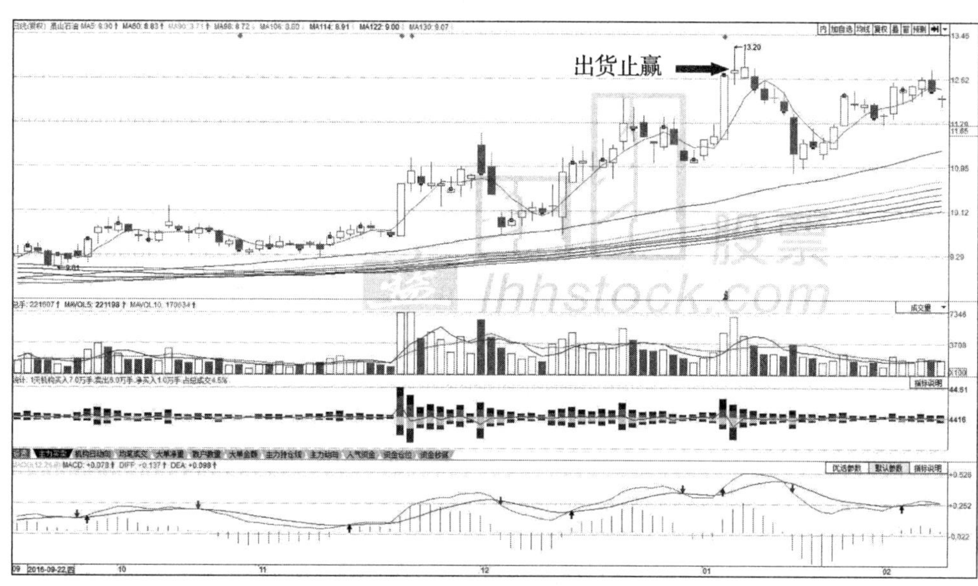

603299井神股份在2016年11月24日涨停板后第二天却是低开，按照短线操作原则止赢出货，当天没有新高，开盘就是最高，而且股价从此一泻千里。只要在第二天不止赢立即由盈利转为亏损，而且止损没有做好的话，就更惨了。

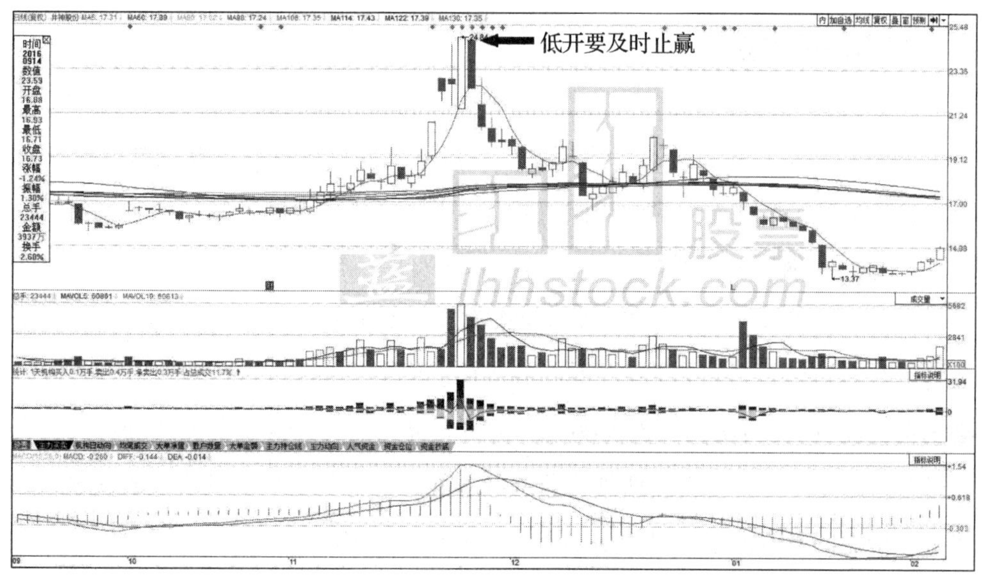

当然，止赢有时会丢掉一些利润，但是它符合保住本金这个原则。尤其是当收益超出你的预期时，更是要做好及时止赢。

08 为什么有的股票涨一跌二

当你在主力利用技术图形的诱惑下或者自己的分析下买进了一只股票，然而被套后，你被迫持股待涨。但是事与愿违此股却是涨一跌二，你却越套越深，这种情况在股市中司空见惯。

涨一跌二的走势无非就两个因素，基本面因素和技术面因素。

一、基本面的因素

当一波寻找上涨题材的行情结束后，接下来的就是寻找下跌题材的下跌行情，也就是产生系统性风险的时候。股市就是这样周而复始，循环往复地演绎一轮又一轮的上涨后又下跌的行情。当人们推崇某一题材时会忽视该股票其他弱项，俗称一俊遮百丑。但是当人们不再推崇某一题材时，该股票的弱项就有可能成为下跌的题材，当一个企业的某个基本面的弱项成为下跌题材时，其客观风险叠加系统性风险，形成了该股票的涨一跌二的走势。一个企业的基本面有其自身内部经营的基本面，也有其所处行业的基本面，也有其上下游供给链的基本面，等等。行业的基本面是主要的基本面，俗称女怕嫁错郎，男怕入错行。一旦这个行业处于下行趋势，那所处该行业的企业肯定不会被人看好。

002052同洲电子其一波一波的下跌走势肯定是有其原因的，世上没有无缘无故的爱，也没有无缘无故的恨。打开F10看一下，其主营是数字电视终端设备的研发、生产与销售，在当今这个已经是以网络作为信息交流的主要途径的社会，人们不再以电视这种形式作为信息接收的唯一途径，而是以更为快捷方便的移动终端作为信息接收与交流互动的主要途径，而人们的信息接收与交流也越来越多样化。所以数字电视这一行业肯定不会被人看好。再看看其财务数据：净资产收益率—46.97%，净利润—4.92亿元，同比下降832%。所以，该企业所处行业不说是夕阳行业至少不会被股民看好，而这样的巨亏报表说明了其内部的经营基本面也是有很大的问题。这样的股票走出涨一跌二的走势应该不足为怪了，如果走出跌一涨二的走势那才奇怪。

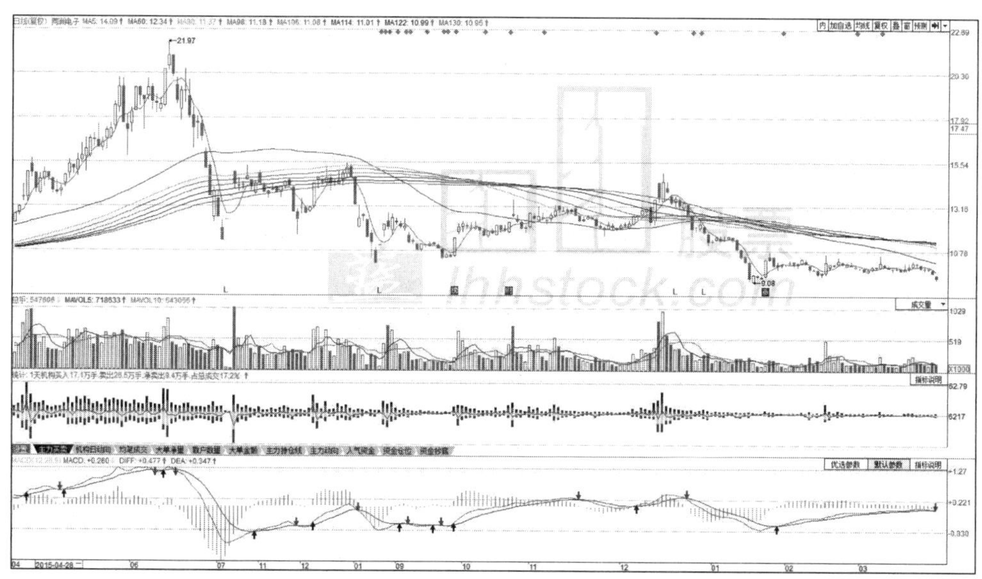

再看600433冠豪高新这样的下跌走势同样与其企业的基本面有关系，打开F10，主营业务生产、销售热敏传真纸及其原纸、无碳复写纸及其原纸、微胶囊、电脑打印纸。在当今这个以移动U盘或更先进的云存储为发展方向的信息时代，纸张的用途将越来越狭窄，更为方便的替代品越来越多。所以，当股票的下跌趋势形成时它就会成为下跌做空的题材，虽然其财务数据还算可以，市盈率87、净资产收益率4.37%、营业收入同比增长34%、净利润同比增长195%，但是其行业完全可以划为夕阳类，也就可能成为下跌题材。

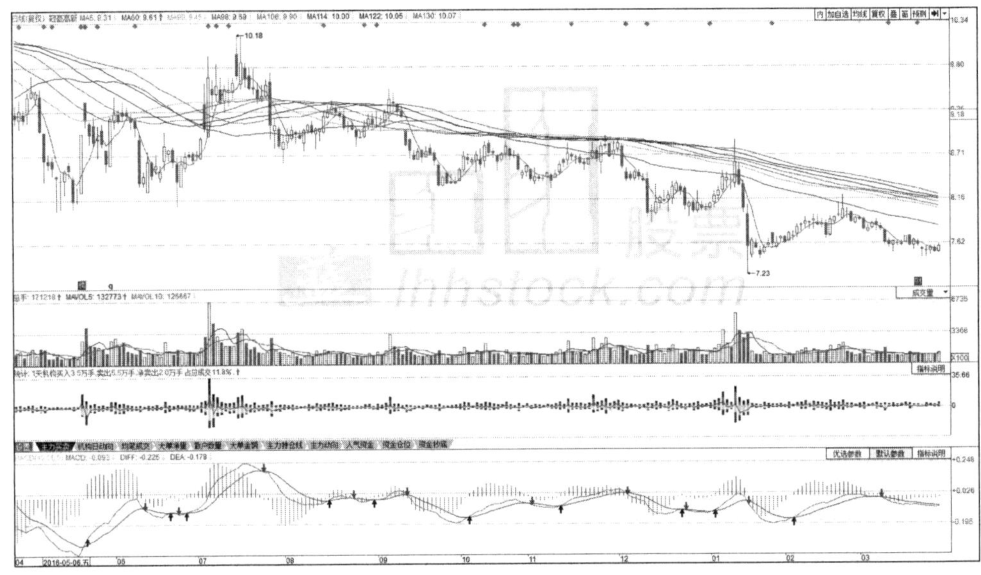

再看看300191潜能恒信主营业务石油勘探行业的地震数据处理解释业务，为石油公司提供找油服务，在当前国际油价持续低迷的大环境下，石油行业低利润的情况下这种主营业务也是肯定不被看好，其下游供应链不畅，所以尽管同样财务数据还可以但是还是会被人们看成下跌题材。

二、技术面的因素

当然，企业的基本面因素在股票的长期走势中是起决定性作用的因素，但是在短期走势中以起助涨助跌的辅助作用为主，也就是说股票的走势一旦形成，其企业的基本面只是起到助推作用。如果一个股票在各技术指标形成趋势时会沿着趋势走完整个过程，在短期走势中技术面还是起主导作用，尤其是60日均线系统形成趋势再加上一定的基本面情况就会使趋势更加明显。但是有时趋势作用会不顾基本面而起相当大的作用。

300017网宿科技是一家相当现代的高科技公司，其主营业务为向客户提供全球范围内的内容分发与加速(CDN)服务、互联网数据中心（IDC）服务及云服务整体解决方案，毋庸置疑朝阳产业。再看看其财务数据，市盈率27、净资产收益率21.52%、营业收入与净利润增长率均在50%出头，这个数据在两市中也是十分优秀的，而且在后续的项目上将建设社区云等项目，后劲十足。但是，看看其涨一跌二的走势，好像公司都要跨了。一旦技术面形成有时也是蛮可怕的，这就是股票的不确定性。

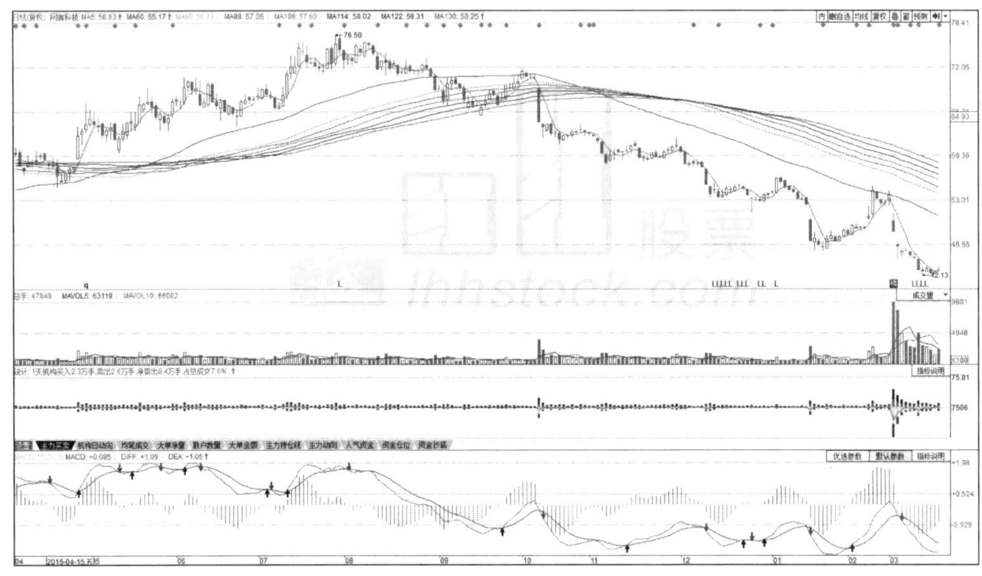

300121阳谷华泰主营业务橡胶助剂的研发、生产、销售，粗一看该公司只是一个助剂生产商，但是其主要产品橡胶防焦剂CTP连续3年市场占有率全国第一，拥有寡头定价权。财务数据市盈率27、净资产收益率27.4%、净利润同比增长298%，毛利率28.28%，这样的数据说明企业经营相当出色，但股价却在趋势的作用下涨一跌二，不如人意。

所以你手中的股票走出涨一跌二的走势，有其基本面的原因也有其技术上趋势的原因。在技术上有时我们难于预料，但是基本面我们是可以通过各种信息资料了解掌握的。所以，持股待涨一定要了解企业的基本面即客观风险，也要懂得趋势的作用即系统性风险，这样才能提高成功率。

09 为什么会持股坐电梯上下

当你学习了一些股票的书籍知识后，你开始买入了你认为基本面及技术面都符合条件的股票，往往第一次买股票都能赚一点，这也不知为什么，可能是行情会有最后一跳的关系，或者是你确实看准了一个上升段，只可惜没有把握高点，最后又回到了你的买入价甚至低于你的买入价，索性不抛了让它去。还好股价又回上来了，再冲点就赚钱了，赚钱了就抛。真的赚钱了再看看，然后股价又很快下来了，没声了。这种情况在散户中是相当普遍的，有人形象地把它称为坐电梯上下。

究其原因是我们对上升段的曲折性认识不够。

道路是曲折的，前途是光明的。这句话贴切地形容了股市中的上升段。尤其是在个股方面更是比大盘明显，个股中绩差股比绩优股更为明显。这往往是绩差股由于题材被主力机构炒作完后，接盘稀少导致股价下跌，如果绩差股还在下跌通道中的话，新一轮的下跌更加凶猛。

无论是绩差股还是绩优股上升段在技术上的洗盘一般都要有的，这主要主力便于在低位吸筹同时也便于在高位出货。

600209罗顿发展主营业务酒店经营和管理、装饰工程及设计、网络工程业务，由于老业务产生瓶颈，可能是因为拟通过并购重组的方式注入优质电子元器件供应链企业的关系，股价上蹿下跳。但是毕竟那还是个未知数，终究是个亏损企业，所以跌起来幅度很大。

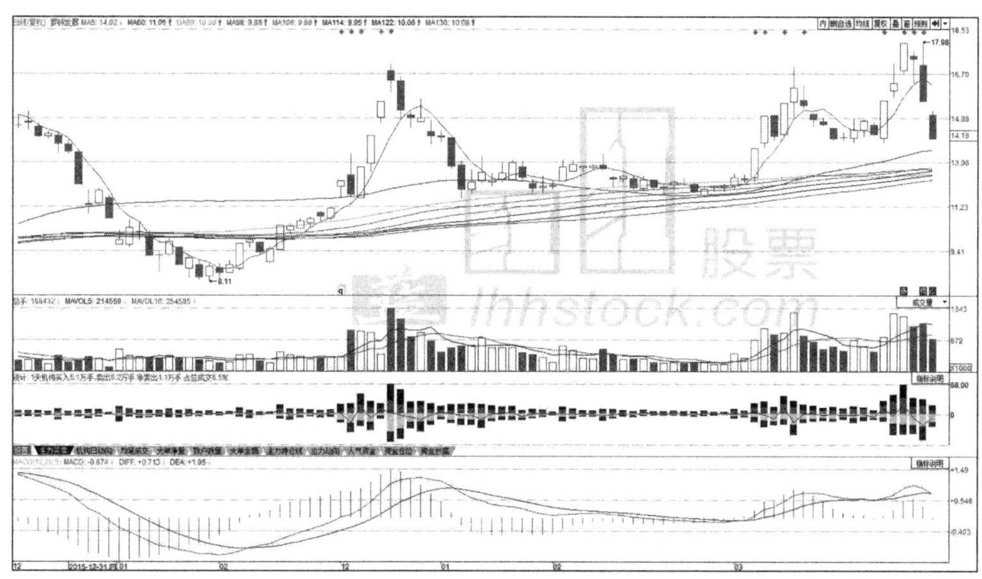

600449宁夏建材主营业务水泥、水泥熟料和商品混凝土的制造与销售，是典型的传统产业，财务数据市盈率超过100。但是因“一带一路”所以水泥板块上蹿下跳。

同时炒作“一带一路”的600428中远海特，主营业务远洋及沿海货物运输，也是传统企业，市盈率超过400，其他财务数据平平，业务没有实质性题材，也同样是上蹿下跳。

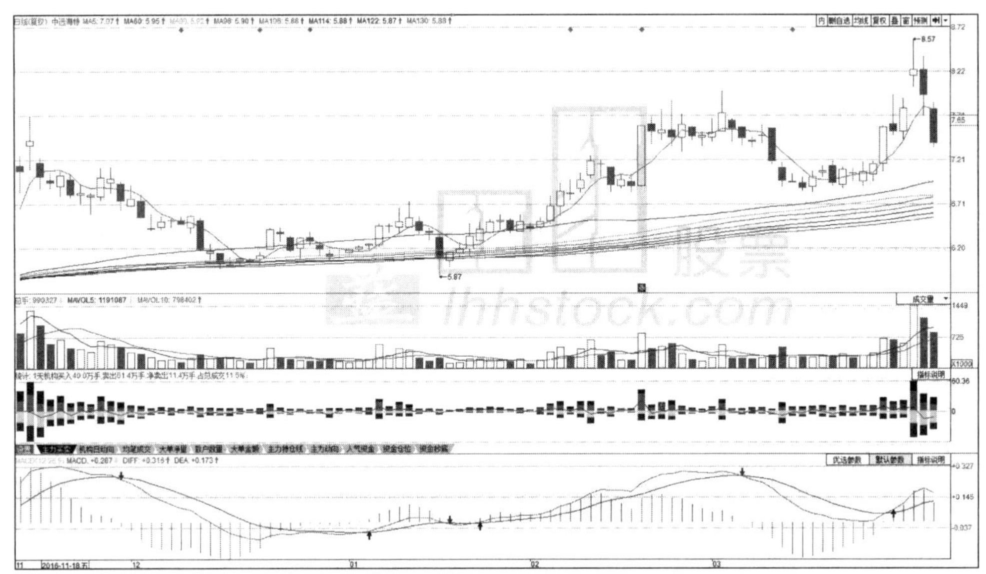

所以，当手中的票尤其是被迫持股待涨的垃圾票时，一定要见高点抛，宁可踏空，一旦解套立即就跑，因为垃圾飞天的事情毕竟和中奖的概率差不多。

对于非优质票有小的涨幅，就得考虑卖出，当然，对于优质票则可以考虑暂时持股，但是，有了一定的涨幅同样地要考虑卖出。因为虽然会有再涨的可能，但是，不卖最高点，也是一个成熟股民应有的心态。

300296利亚德，主营业务LED电子显示产品、照明产品、电子标识产品的生产和销售。它在小间距LED显示器利润每年翻番的同时又在其前景十分看好的景观亮化、文化旅游方面的照明找到了切入点，财务数据相当出色，市盈率50不到、净资产收益率22%、营业收入及利润同比增长均超过100%。虽然是优质票但是上涨途中也会有回档，也需要锁定利润。

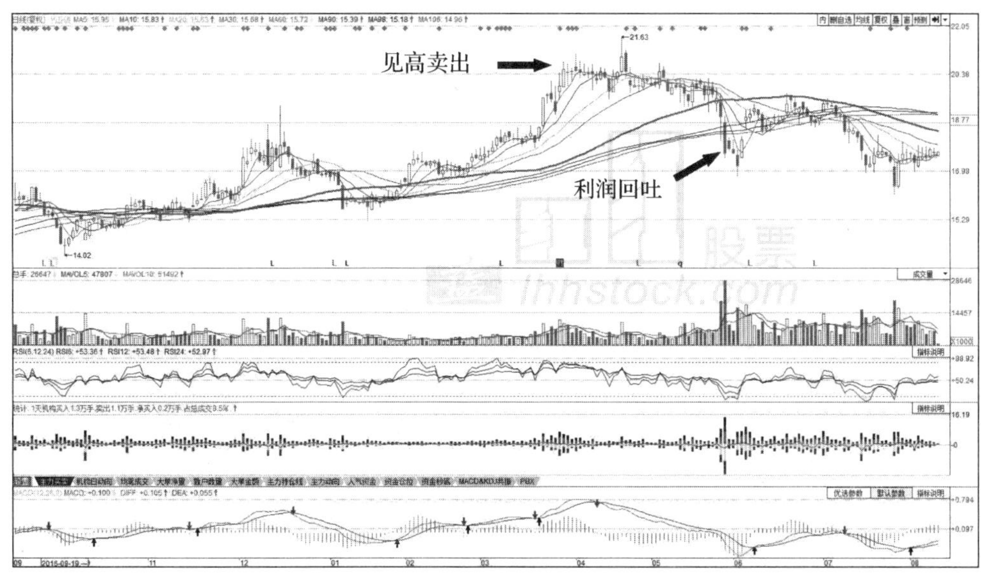

300072三聚环保，主营业务销售能源净化产品、实施能源净化项目、提供能源净化综合服务等，这是国家扶持的节能环保企业，其产品远销海外，已在美国有了一席之地，财务数据极为出色，市盈率46、净资产收益率29.73%、净利润同比增长近100%，其业绩在两市中名列前茅，但是也有回档的时候。

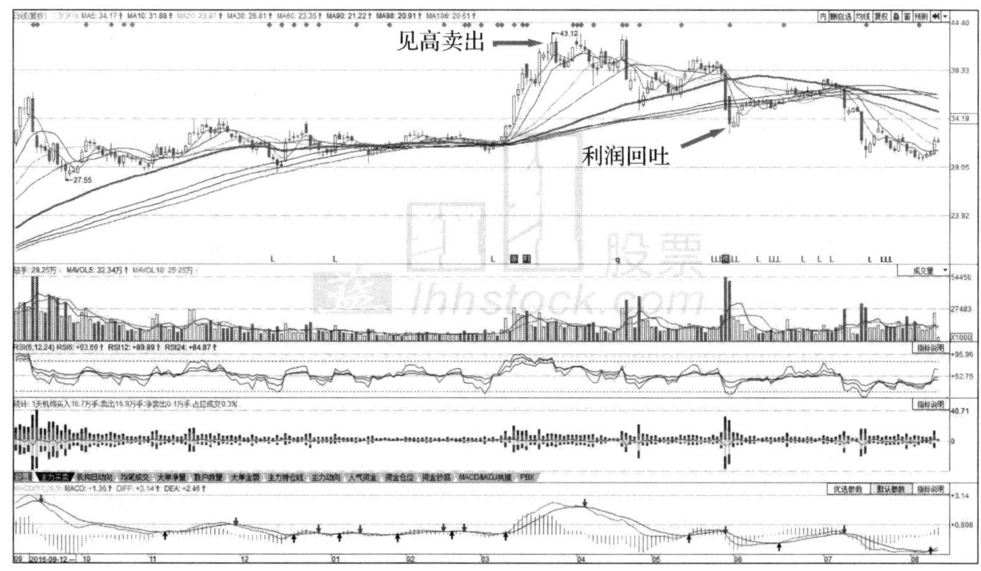

300136信维通信，主营业务移动终端天线、3G终端天线、模组天线、3D精密成型天线、高性能天线连接。2016年收到2亿元人民币国家奖励资金，可见国家对其支持程度，况且其本身财务数据也相当出色，净资产收益率28%、营业收入同比增长85%。虽然是一路小跑上涨，但是，时间和涨幅均到一定限度时同样会有回档出现。

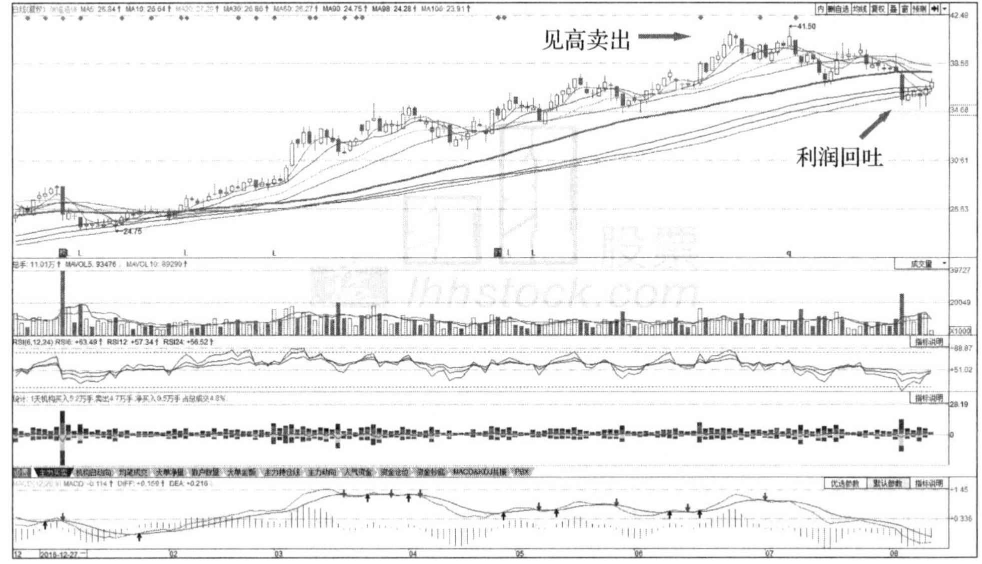

综上所述，无论是绩差垃圾股还是绩优股，在上涨途中都会有回档的出现，只不过垃圾股下跌速度急速一点，绩优股的下跌速度缓和一点，垃圾股的上涨时间短促一点，绩优股的上涨时间持久一点。

见高卖出本身就是股市中的获利手段，不同的股票掌握不同的节奏才是持股不坐电梯上下的关键。

10 为什么要采取保本第一、赚钱第二的策略

保本第一赚钱第二，无非就是说股市有风险，宁可不赚也不要亏钱。这是一个简单的道理。但说起来容易做起来难啊！

前面我们分析过股市中的多种风险，各种风险的程度都是不可预测的，一旦风险降临时就会造成意想不到的损失。在写作本文时从电视里听到香港股市中的辉山乳业2017年3月24日股价暴跌收盘一小时前跌90%，这就是突发性风险。股市中除了上述的突发性风险当然还有企业经营的风险、有人为炒作的风险等，而有时几种风险又会叠加一起起作用，其程度真的可以说相当大。如果不控制风险的话，股市会使你损失巨大。在20世纪90年代不成熟的股市中，极端事件时有发生，随着市场的成熟，人们的风险意识逐渐增强，这类事件才有所减少。

从短期意义上讲，股民要想通过股票的价格落差赢取利润，其实是件不容易的事。当你选择了本该是正确的决定时，却时常会有一些消息上的或走势上的诱惑，使得你做出不明智的选择，从而使得原本盈利的想法变成杀跌亏本的现实。

正因为股市中的风险及股民本身交易素质的局限，才要采取保本第一赚钱第二的策略。那么，保本第一赚钱第二的策略在具体的操作中如何做到呢？

一、为了保本不随意抄底

因为抄底是股民梦寐以求的事情，然而抄底并不是每个人都能做好的，投资者必须有相当的实战经验及研究功底才会有一定的成功率，否则，只能是乘兴而去亏损而归。

我们举两个例子：

300012华测检测在2016年8月到2017年3月的一段走势中，股价在2016年12月的一波下跌，股价跌幅较深，一般新股民在跌势中往往管不住资金，认为底部已到会有个反弹，结果几乎没有反弹而是继续下跌，最后是抄底者成了套牢者。像这样的下跌，宁可踏空也不要抄底，保本第一赚钱第二。

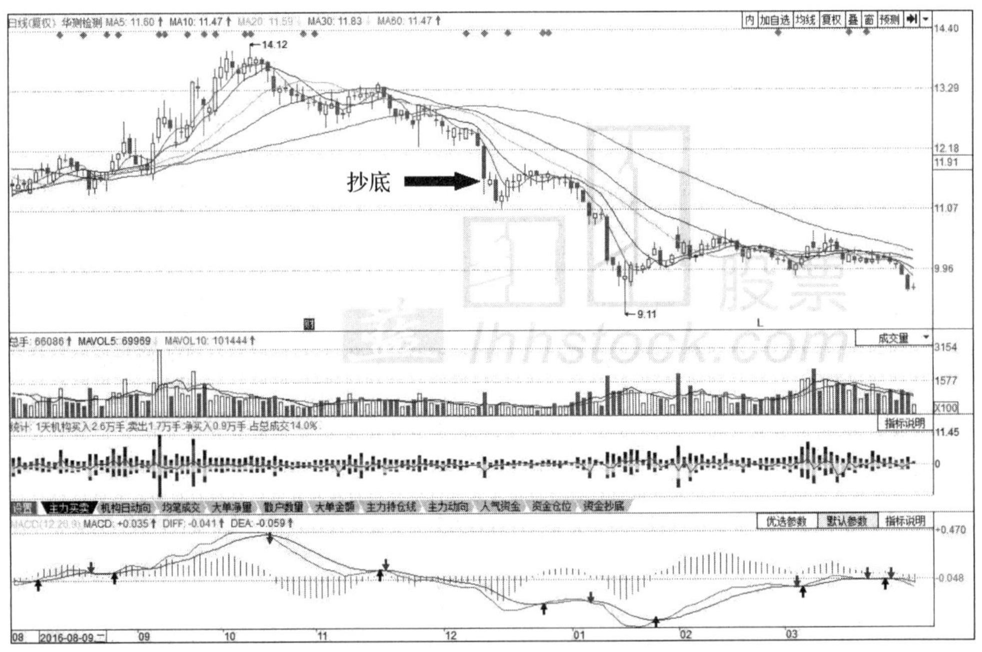

300045华力创通在2016年3月到2017年3月的一段走势中，2016年10月到12月股价的一波缓跌在没有经验的股民看来很像有筑底的迹象，往往这时就会耐不住寂寞想抄底，结果是没多长时间底部就被跌穿，抄底者成为套牢者。像这样的下跌整理，宁可踏空也不要抄底，保本第一赚钱第二。

二、不抢反弹

因为反弹不是股民随便能抢的，一般情况下有经验的股民为了保本也不会随便抢反弹，否则，也会陷入亏本的境地。

我们举两个例子：

300051三五互联在2016年6月到2017年1月的一段股价走势中，在2016年11月底股价好像在底部起涨开始展开反弹行情，然而，涨高后盘整了几天，却遭遇了一波不小的下跌行情，理想中的反弹夭折，抢反弹者成了套牢者。

300059东方财富在2016年8月到2017年3月的一段走势中，小小的一段反弹带不来多少利润，却使抢反弹者成为深套者。

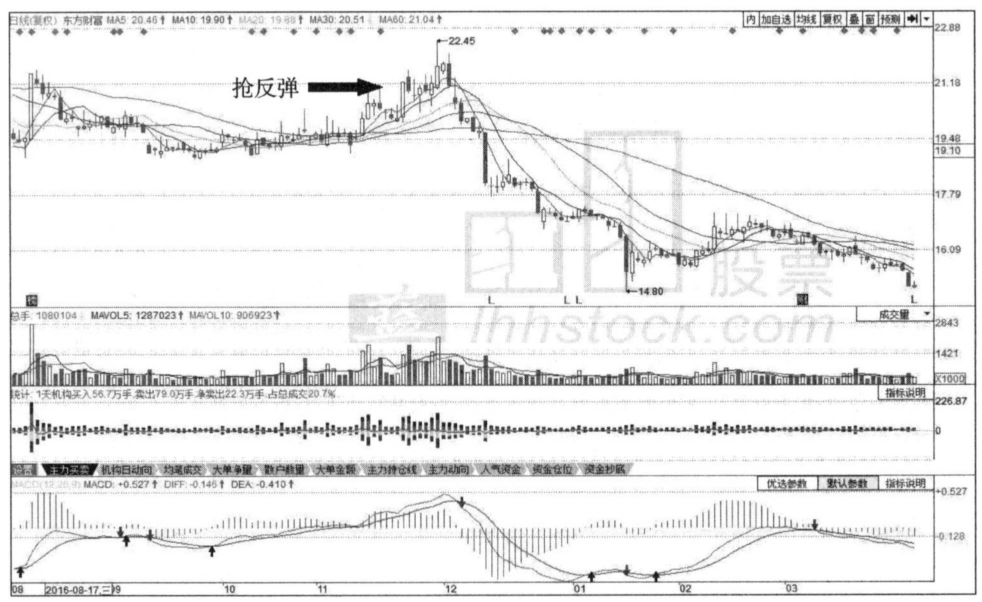

三、不追高

追高毕竟有风险，涨高的图形往往都是卖出的图形，所以，为了保本宁可踏空也不追高。

我们举两个例子：

600209罗顿发展在2016年12月到2017年4月的一段股价走势中，出现了3个涨高的顶部，但是都快速回落。如果追高则立刻成为套牢者。像涨高的图形出现，宁可踏空也不要追高。

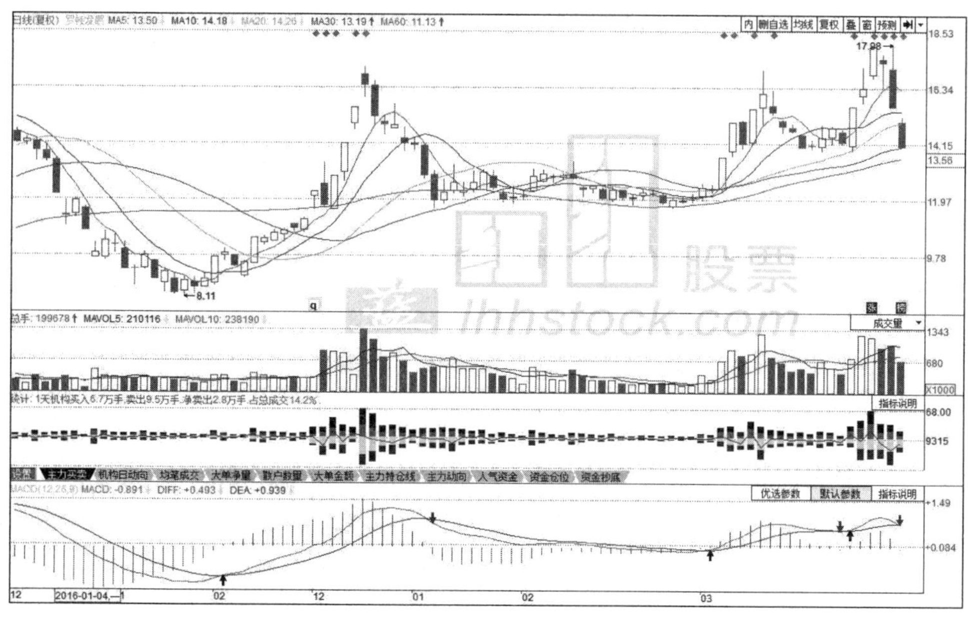

下图是600428中远海特2016年12月到2017年4月的一段股价走势，在图中的最后几天涨高后的一颗黄昏之星，引来了两天的跌势，使追高者成了套牢者。所以要记住宁可踏空也不要追高。

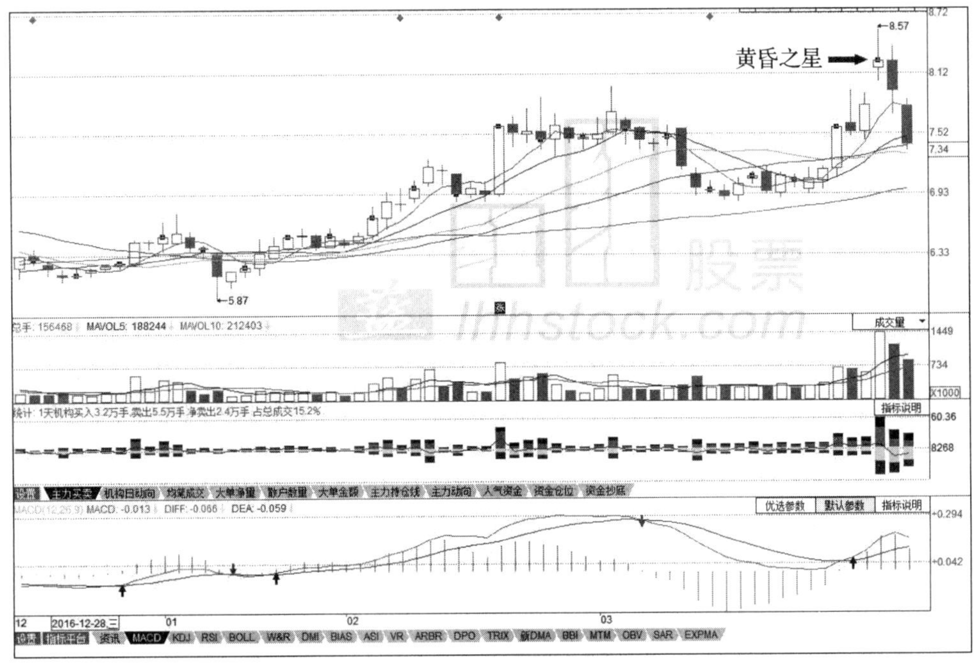

当然，还有很多的保本策略，如：不满仓操作、不集中选股，等等，要敢于放弃一些看似机会的“机会”。

采取保本第一赚钱第二是避开风险的良策。股市是个专业的投资场所，一般散户一年半载是难以在其中赚取差价的。投入股市的钱是真金白银，亏了谁都心痛。这也是普通股民要采取“保本第一，赚钱第二”策略的原因。

11 为什么上涨时重题材下跌时重业绩

在股市的一轮上涨行情中，有不少黑马脱颖而出，其涨势相当出众，有的连续拉涨停，有的阳线不断屡创新高，更离奇的就是连续一字板，人们始料不及，无法买入，而这些所谓的黑马中又难有几只是业绩非常好的，而是题材与故事支撑股价上涨。这种情况在每一轮牛市中屡屡出现。当然，股市中谁都知道这是主力机构的炒作，不要去跟风，但是又有多少散户能耐住寂寞不去跟风？最后还是在顶上去站岗了。

在看不见硝烟的股市中有投机者也有投资者，但是投机与投资的界限并不那么明确，投机见利时要获利了结，投资也可以获利了结，作为专业的投资者不管是投机还是投资其根本目的都是为了获利，只是在时间、节奏、集中度上有所区别。真正的大资金投资不可能仅限于某一两只优质股，肯定会分散到普通的个股上，而这些投资作为投资者本身也想有所获利。有些股票靠正常的业绩是拿不出手的，只有在牛市行情下，讲故事编题材，而且还要用技术面配合，用快速拉升等手法让散户相信其题材的真实性，从而达到推高股价获利了结的目的。

2013年，300052中青宝凭借当时手机游戏的兴起，以手机游戏概念题材拉起了一波上升行情，其幅度之大攻势之凌厉可谓罕见，从2013年4月到9月，5个月股价从5字个位数涨到5字两位数，涨了近10倍，企业业绩增长再快也没有如此之快。

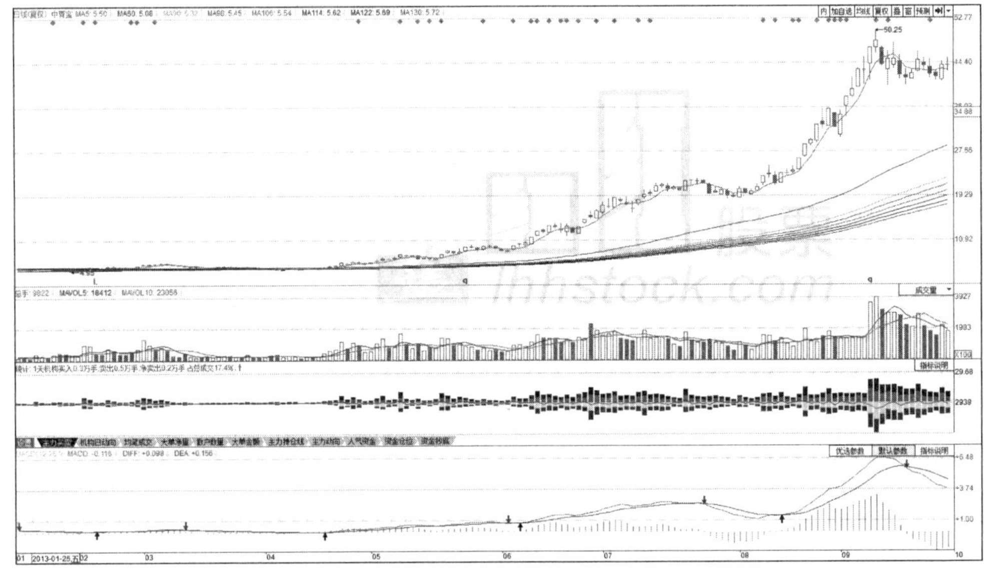

同样，在2013年9月，上海自贸区概念触发浦东概念股的炒作，尤其是600648外高桥7月19日停牌后8月30日复牌当日一字板后连续12个一字板，其涨势有如新股上市之强势。

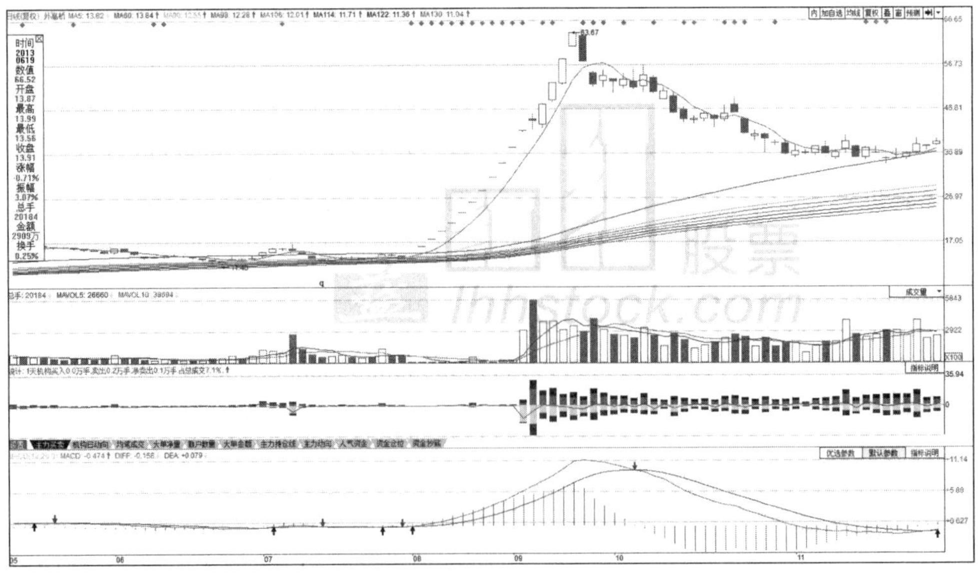

在2015年5月牛市的末端，300149量子高科以主营健康食品的二胎概念启动了一波较强的涨势，股价在1个月内翻了一番。

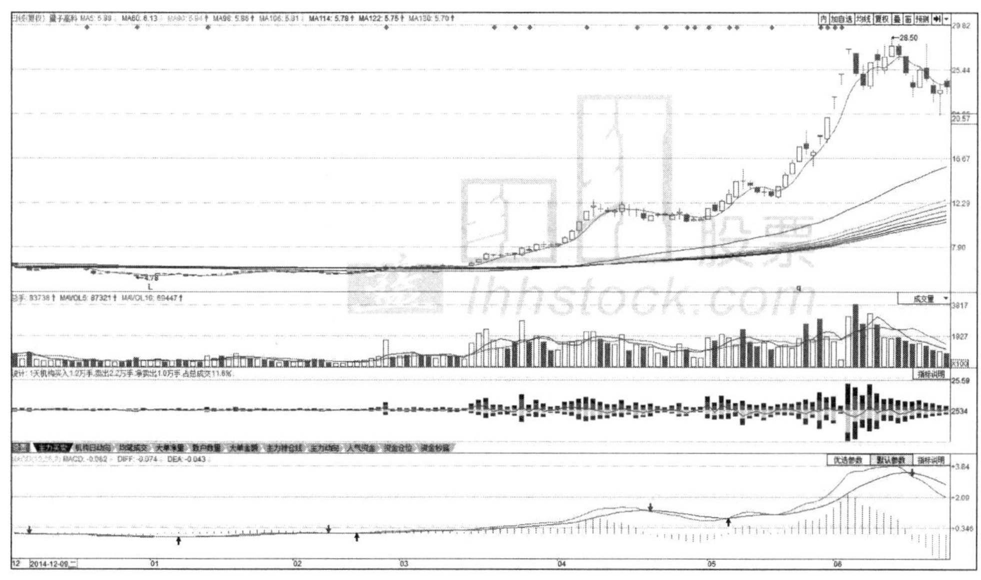

在2015年牛市行情启动时人们看好证券股，当时整个证券股几乎全部启动，整个证券板块指数涨幅达4倍之多。

股票炒作就是炒预期，因为业绩只代表过去，题材才是将来。

下跌时重业绩是很好理解的，因为人们舍不得抛掉手中的优质股票。往往拿住这样的股票的都是股市中的老手或者是机构投资者，指数或股价波动都很难震出他们手中的股票。有时有的聪明人就是在跌的时候买，而业绩股抗跌性强。

002466天齐锂业主营锂系列产品，锂电池概念，业绩相当出色。所以下跌就是建仓机会。

600340华夏幸福是房地产中的佼佼者，业绩同样也相当出色 。有业绩支撑，即使下跌也不会很深。

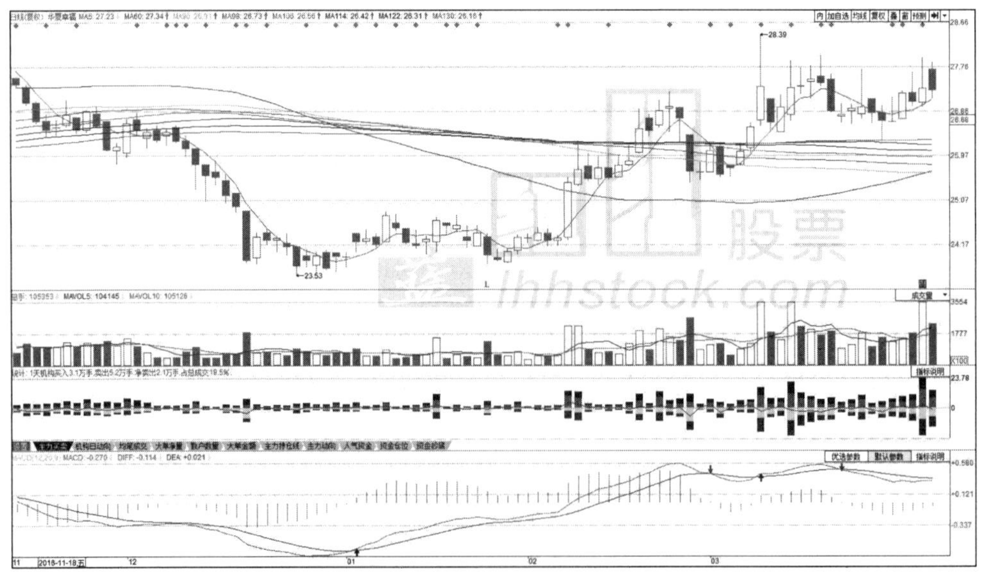

总之，牛市中有了主力机构的参与，就有题材股的炒作，就有股市的五彩缤纷，推升股指。但是题材股不适合散户炒作，因为主动权不在散户手中。而业绩股的业绩是可以洞察的，散户较有主动权；再说业绩股具有较强的抗跌性，所以聪明的散户还是老老实实炒业绩吧。

为什么抢反弹必须十分谨慎

每当看到有股票下跌时，心里往往会产生要抢反弹的想法，尤其是连续涨高后跌幅较深的股票或者是连续几根阴线之后，抢反弹的想法尤为迫切。但是，每每抢进之后，不涨反跌，偶尔有一两次的成功，抵不过失败所带来的损失，这就是初入股市的股民都会经历的痛苦过程。

从一定的意义上来说，抢反弹是一种相当具有技术含量的活，非股市高手莫碰，因为其涉及的知识及技术要求很高。抢反弹不成功的原因往往有以下几点。

一、忽视大盘的系统性风险

对大盘的系统性风险不够重视。往往在大盘经过一至两年的上涨，所有股票包括垃圾股也有翻倍式的上涨后，尤其是大盘有过空中加油式的上涨，中长期均线有过两次向上发散，指数翻倍的情况下，此时，如果忽视大盘的系统性风险，而去抢所谓的反弹则风险是十分大的。因为反弹这种波动用道氏理论来看最多属于次级运动，而次级运动是有欺骗性的，日常运动又是测不准的。所以，实际中何时反弹、幅度有多大都是测不准的，反而会造成套牢或割肉的结局。

2007年底的上证指数从6000点附近开始下跌，虽然从历史的指数看每一波下跌都有反弹，但是，其反弹的幅度之小，时间之短，令高手也难以把握。从顶部下跌开始统计的五次反弹，最大一次为15%，其他几次从图形上看都可以看成是像样的反弹也只有7%左右的幅度，当然这是事后的图形，如果在实际操作中每一次都是赚足幅度的话，那你太可怕了，股神称号非你莫属了。一般高手在买卖时总有几个点的误差吧，总共只有7个点，误差加上去高手也不会挣钱甚至亏钱，所以真正的高手是不抢反弹的，而是选择默默地离开，等趋势明朗了再进场。

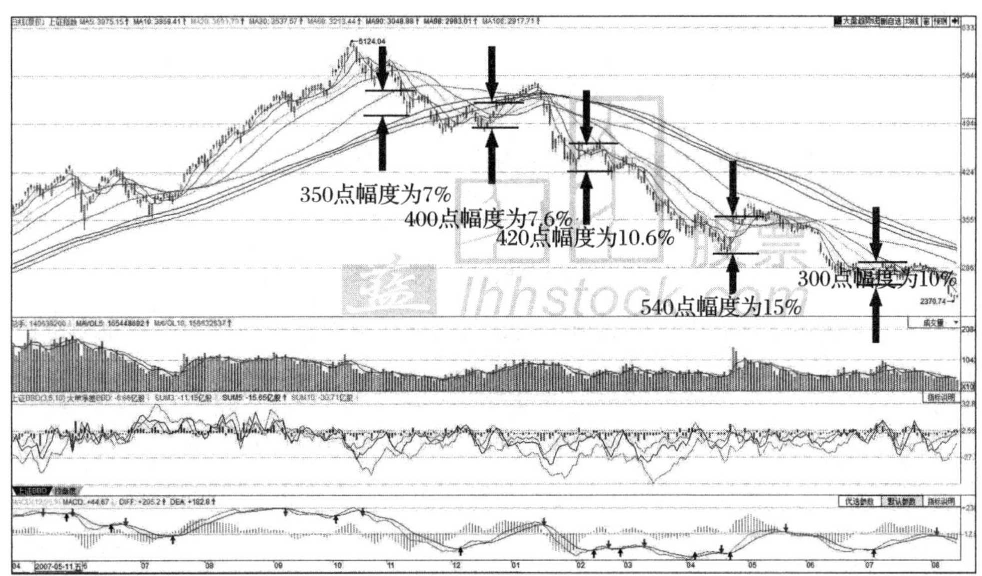

我们再看看2015年6月份开始的这波下跌，在5000多点的位置上连续地下探，此时抢进的股民不少，而恰恰后面两次的反弹均不超过此点位，只要不是高手后果很严重。

二、不了解空头图形下跌趋势的威力

对一些空头图形所产生的下跌趋势威力不够了解。

300146汤臣倍健在产生断头铡刀后，是明显的空头特征，绝大多数主力机构及有经验的股民看到这样的特征，只要股票基本面不是特别好，都不会抢反弹或者马上建仓，将会有一段的下跌过程。而一些新手或经验不足的股民，不懂空头特征的厉害，会去抢反弹或早早建仓。从图形上可以看到根本没有像样的反弹。

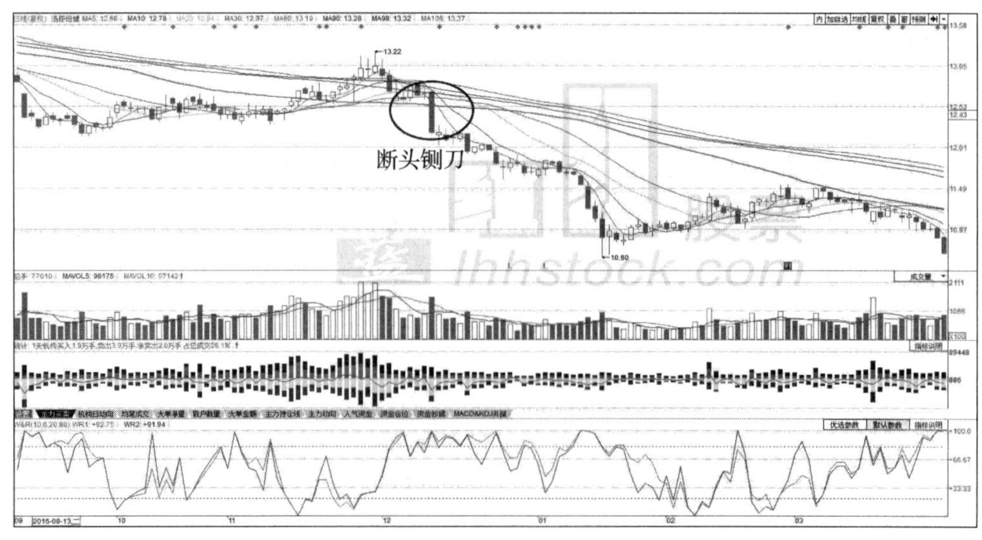

300492山鼎设计出现乌云盖顶之后也没有像样的反弹。

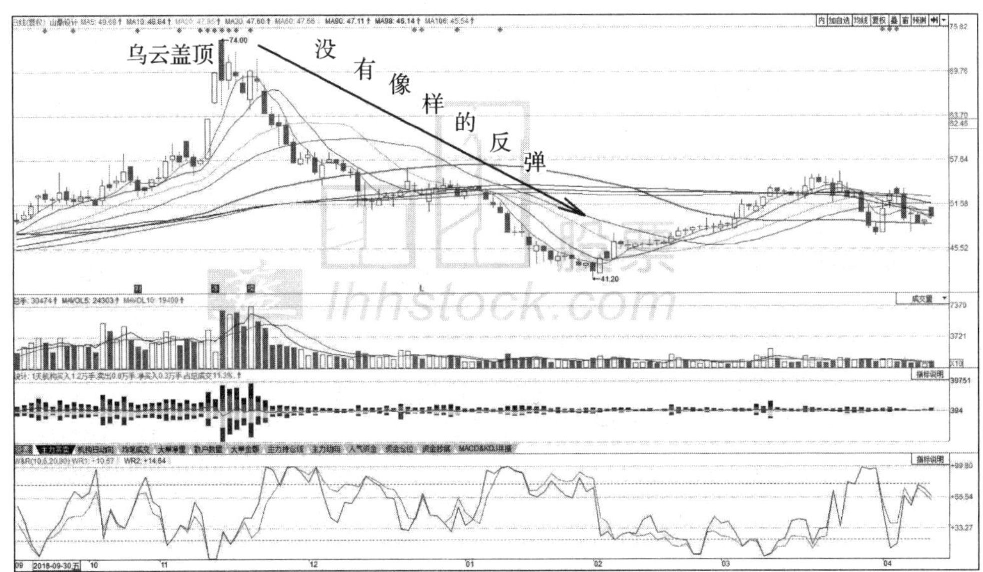

三、不了解个股的基本面对股价的影响

如果股票的基本面不好的话，一旦出现空头特征进入下跌通道的话，更是跌势不止毫无反弹之力。

002141贤丰控股，主营漆包线及其相关产品的研发、生产和销售，主业没有科技含量，太普通了，毛利只有10%、市盈率1023、净资产收益率0.87%（已经连续6年多了）、营业收入同比增长6.79%，每股现金流-0.01元，各项财务指标极差。上吊线前的这波涨势，主要是因为10送25的高送配方案引起，无非股份拆细而已，没有根本性的利好，所以一旦跌势形成，将一路下跌毫无反弹。

四、没有掌握买卖的止赢技巧

止赢技巧是一种自我保护及锁定利润的技法，它由实践经验积累而成，非一般新手所能轻易掌握的。但往往股市新手在并不具备掌握止赢能力的时候，却自信得很，认为自己已经具有这方面的能力，导致下单抢反弹。

002642荣之联如果在图中位置抢反弹，则在上涨的第二天射击之星处止赢以保住微薄的利润，否则将造成抢反弹不成功而产生亏损的后果。

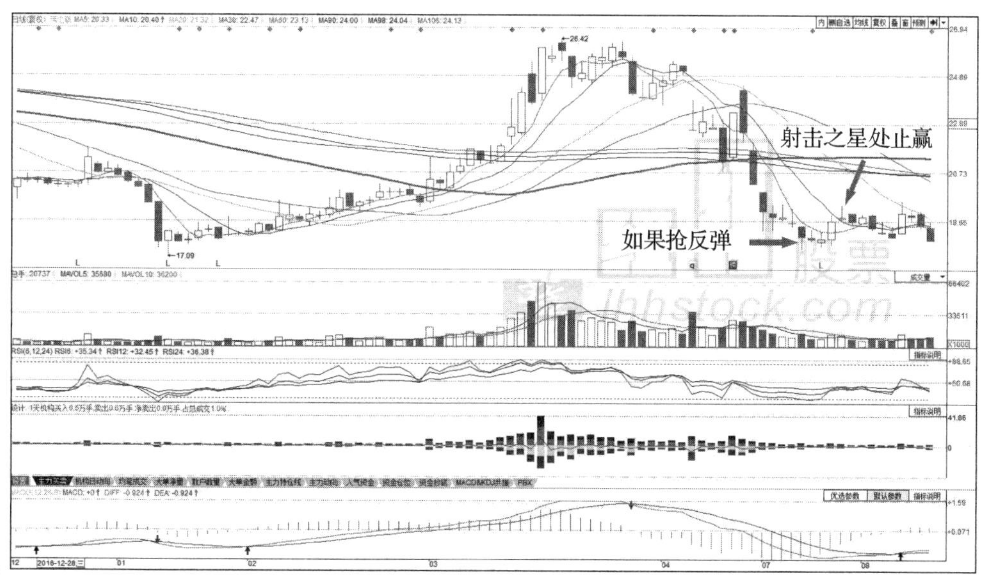

所以，抢反弹的原因有市场的系统性风险及个股无力走势，也有股民自己对操作技法的不熟等原因，归根结底还是操作者对市场的认识不够。

高手在抢反弹时，他们首先明确抢反弹的目的是为了提高盈利，并不是为了避险，要以资金安全为主；反弹不同于趋势的反转，变化是非常快的，尽量要快进快出；尽量选择在低位买入，千万不要追高，对于反弹时机的把握要小心谨慎、耐心等待、切莫大意。在股票的选择上，要注意选择一些基本面好、活跃性高的股票进行，一旦反弹无力就及时止赢或及时止损，尽可能避免深度套牢的局面。虽然，忠告了这些，但是我们还是慎重提醒不抢反弹，宁可做股市的若愚者，而不做股市的强强者。

第二部分

经典理论及技术指标的市场意义

为什么道氏理论有非凡的指导意义

如果问股民道氏理论到底是什么时，很多人会说这是大道理没用。其实，在实际操作中，正确的操作思路多来自道氏理论。

道琼斯指数的发明者查尔斯·亨利·道在1902年去世以后，威廉姆·皮特·汉密尔顿（William Peter Hamilton）和罗伯特·雷亚（Robert Rhea）继承了道氏关于股市的理论，并在其后股市的评论写作过程中，加以组织与归纳而成为今天我们所知晓的道氏理论，他们所著的《股市晴雨表》《道氏理论》成为后人研究股市的经典著作。

可以说道氏理论是所有市场技术研究的鼻祖。尽管它经常因为“反应太迟”而受到批评，并且有时还受到那些拒不相信其判定的人士的数落（尤其是在熊市的早期），但是经过市场的不断检验，最终受到大多数专业人士和普通股民的敬重。

道氏理论的最伟大之处在于其宝贵的哲学思想。雷亚在所有相关著述中都强调，道氏理论在设计上是一种提升投机者或投资者知识的配备或工具，并不是可以脱离经济基本条件与市场状况的一种全方位的严格技术理论。它是根据价格模式的研究，推测未来价格走势的一种方法。

一、道氏理论三个核心思想及其市场意义

道氏理论有三个核心思想，即三重运动原理、相互验证原则和投机原理。

（一）三重运动原理

道氏理论将市场的走势分为三种运动，即基本运动、次级运动以及日常波动，即市场的三重运动原理。认为市场的基本运动是可以被预测的，预测次级运动很容易被欺骗，而日常运动是随机漫步的，是不可预测的，因此，市场的主体趋势是可以被预测的，而每一个价格的波动时间和位置又是测不准的。必然中有偶然，偶然中又有必然，这是一种辩证的思维方法。

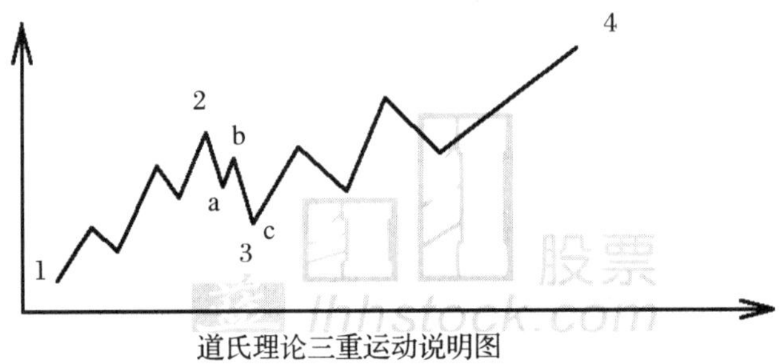

道氏理论三重运动说明图

趋势的三种规模：基本趋势、次级趋势和日常波动。点1、2、3、4表示上升主要的趋势；2—3浪表示主要上升趋势中的次级调整；同时，第一个次要的浪中有更短的趋势，2—3浪中可分成日常波动a-b-c。

道氏理论明确地指出了市场的趋势性，但是，趋势是会有波折的，不是一波到底的，这为后人研究股价的走势奠定了基础，尤其是波浪理论的浪形波段与道氏理论的三重运动原理完全是相呼应的。

市场的基本运动是可以被预测的，包含有两层意思：

第一层意思是市场运动走势有一定的趋势性，在一定程度上趋势有一定的连续性，这给一些崇尚技术分析的股民阐明了趋势原理。

上证指数的每一次的牛熊波段都会有一定的上升及下跌的时间与幅度。

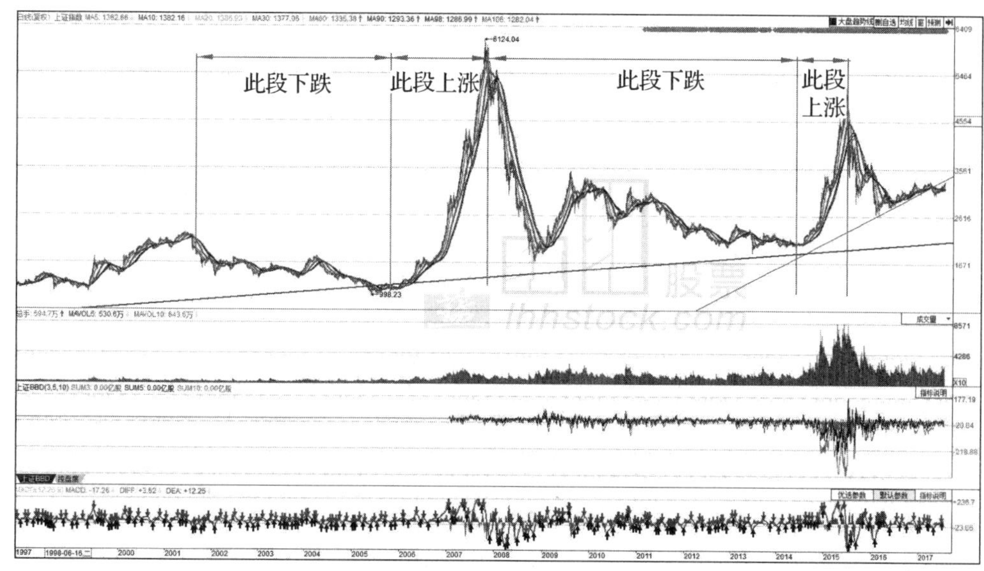

从图中可以看出，下跌一段后可以预测上涨将来临，上涨一定的时间及幅度后，下跌将来临，这就说明趋势是可以预测的。

第二层意思则可以延伸为，有一定业绩的股票随着业绩的贡献，股价走势也可以预测将是上涨的。如下图300072三聚环保的走势。

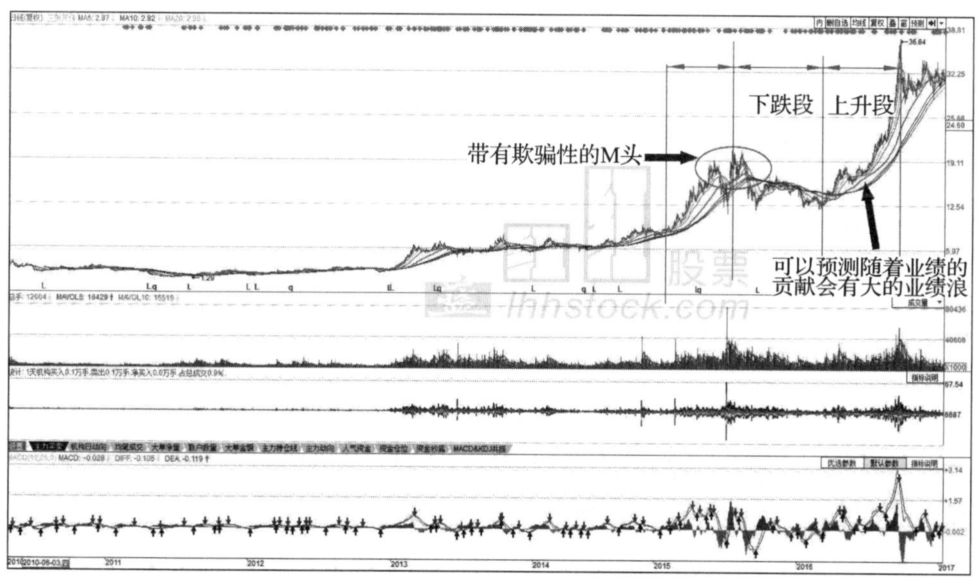

从图中可以看出，一波大的上升浪在下跌段后展开，如果关心该企业的业绩，则可以预测到此上升段。反之，如果是企业基本面恶化，那么同样可以预测下跌段的延伸或下跌段跌幅的加大。

所以，基本趋势可以预测的思想，无论在技术面上还是基本面上都具有相当的指导意义。

道氏理论认为，次级趋势具有欺骗性，也就是预测次级运动很容易被欺骗。这既给纯技术的股民敲响了警钟，也给以业绩投资的股民增强了信心。再从上图300072三聚环保的走势可以看出一波上涨后接着出现可怕的回调走势，而且在前波头部出现了疑似M头，这就是欺骗性。如果是注意基本面，可以不被其假象蒙骗，坚定信心持股。次级趋势的欺骗性不仅表现在阶段性趋势的头部，也可以表现在阶段性趋势的尾部。如下图600618安信信托的走势。

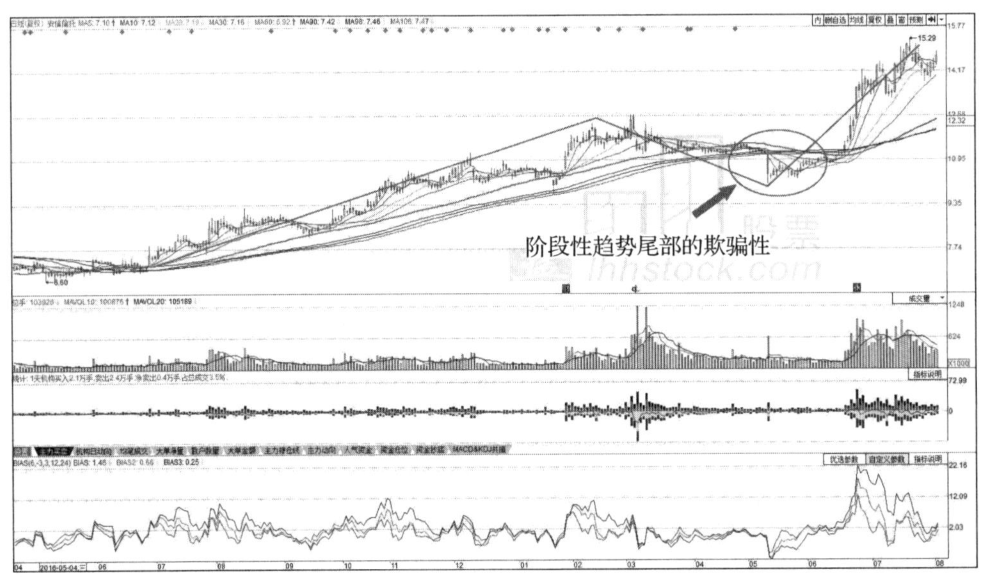

从图中可以看出，在一波次级调整浪的尾部突然出现技术性破位，使得技术派人士大跌眼镜，如果被欺骗则将错失一波行情。

可见道氏理论在认清阶段性趋势中带有欺骗性的走势上具有相当的指导意义。

道氏理论认为日常运动是随机漫步的，是不可预测的，正好印证了道氏理论的哲学思想，股市既是可以预测的也是不可预测的，是辩证的统一，其战略性的指导意义在于指出了股市中有收益也有风险，既要控制大的风险也要藐视小的风险，不能因为股市的波动而放弃投资优质股票的机会。其战术性的指导意义在于具体操作上不能拘于细小的价格落差，而放弃对整个趋势的判断，该买入时坚决买入，该卖出时坚决卖出，不斤斤计较小的利润。所以，其日常运动是随机漫步的观点指导意义也是非凡的。

（二）相互验证原则

道氏理论的相互验证原则是通过相关性来验证结论的正确性，通过认识市场以及再认识市场，不断重复理论与实践的循环来验证市场与我们预测之间的关系。用验证来说明预测的正确性，并非仅仅依靠一个指标或一个工具将市场的预测绝对化。对于两个有较强相关性的品种或指数，当它们之间的走势一致的时候，其中一个品种或指数的走势可以得到另一个品种或指数的验证，这意味着趋势还将继续；当它们之间的走势背离的时候，其中一个品种或指数的走势不能得到另一个品种或指数的验证，这意味着趋势难以继续。

由此可见，道氏理论认为股市中的涨跌是互相联系的并不是孤立的，而是相互印证的。具体的指导意义：（1）在股市涨跌中的板块效应，板块的齐涨齐跌，造成了股市的牛熊市。相互验证原则指明了牛熊市的原因所在。（2）市场内外的验证原则。市场外的一些利多利空消息同时会在市场内得到验证，也就是说，市场外的消息会引起市场波动。其实际的宏观意义就是要掌握牛熊市的节奏，要关注一些政治、经济甚至军事层面的消息，以便在市场中掌握主动。相互验证原则的微观指导意义在于，注意个股板块轮动的情况下，还要注意个股本身的股价与一些技术指标的验证情况，例如，成交量的大小，MACD、KDJ等一些指标的背离情况，如果相互验证出现背离，就需要考虑采取应对的策略

300078思创医惠在2015年12月的一段下跌走势，就印证了指标背离后的结果。

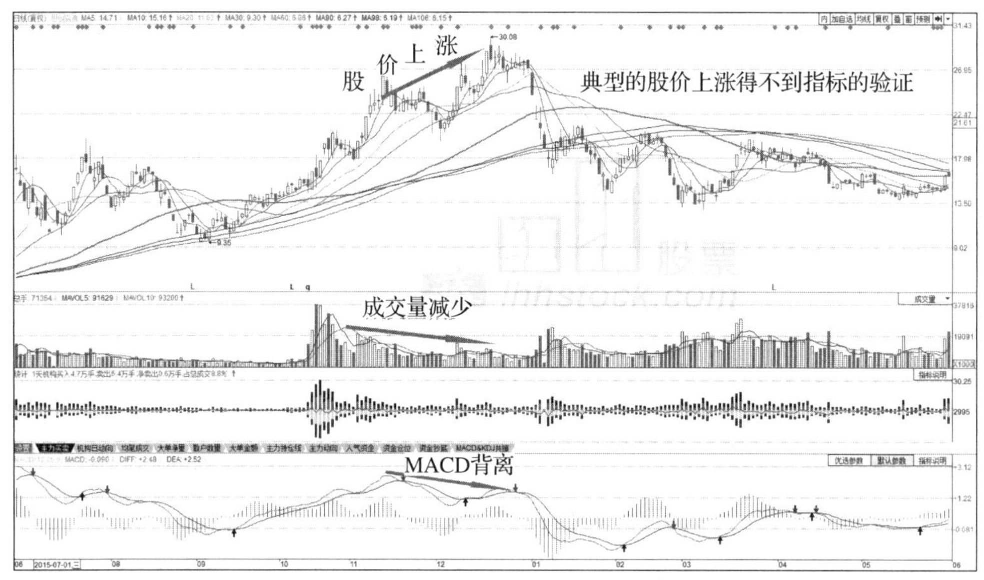

从上图中可以看出，股价的上涨与成交量及MACD指标都出现了背离的现象，即相互之间得不到印证，最后，股价出现回调。

相互验证原则指出了在宏观上板块效应所造成的牛熊市节奏，因此，在微观上，个股上涨时应注意指标背离。

（三）投机原理

投机就是我们的预期是否能够在市场中得到贴现，也就是说，投机行为就是采取积极的措施，希望将自己所预期、理想的和相信的并带有很强随机性的和不确定性的事情兑现的行为。

投机是市场的成分之一，它为市场带来了可以被预测的重要元素，也是一些股民做高抛低吸行为的认识论基础。市场中并不是只有长期投资客，也有个股上的游资客，他们会在一些个股上做高抛低吸的行为。把正确的预期贴现是正常的行为，对此不必大惊小怪。

这在具体操作上的指导意义就是承认高抛低吸、波段操作行为的正确性。可以说，无论是哪只股票、哪段走势都有高抛低吸、波段操作的机会，只是我们会不会去预测，预测后会不会去贴现。

二、道氏理论五个定理及其市场意义

（一）定理一：道氏的三种趋势（短期，中期，长期趋势）

道氏理论认为股票市场有三种趋势：

1. 短期趋势，持续数天至数个星期。

2. 中期趋势，持续数个星期至数个月。

3. 长期趋势，持续数个月至数年。

长期趋势最为重要，也最容易被预测。所以，它是投资者主要的考量，但对于投机者就较为次要。

中期趋势对于投资者相比长期趋势较为次要，但却是投机者的主要考虑因素。它与长期趋势的方向可能相同，也可能相反。

短期趋势最难预测，投机者仅有在少数情况下才会关心短期趋势，但是投机者可能会在短期趋势中寻找适当的买进或卖出时机，以追求最大的获利，或尽可能减少损失。

这个定理对实际操作的指导意义是：做长期趋势是股市投资赚钱的正确选择。具体做法就是选择优质股票长期持有，可以采取一些相应的策略以应对相反的中期走势。例如：在超买的情况下考虑贴现一部分或更多等应对策略。

（二）定理二：主要趋势（空头或多头市场）

主要趋势就是整体的基本趋势，通常称为多头或空头市场，持续时间可能在一年以上，乃至于数年之久。正确判断主要趋势的方向，是投机行为成功的最重要因素，也是成功投机或成功投资最起码的条件。一位投机者如果对长期趋势有信心，只要进场时机选择适当，便可以有相当不错的获利。

上述定理明确地告诉我们，主要趋势在相当程度上是可以把握的，我们可以利用历史上的价格走势资料，判断未来市场走势的方向，而且只要把握好进场时机就可以赚取相当不错的利润。具体的指导意义就是通过学习研究把握主要趋势，选择正确的时机。简言之，一是要学习研究，二是要选择正确的时机。

（三）定理三：主要的空头市场（包含三个主要的阶段）

主要的空头市场就是市场长期向下的走势，其间夹杂着一些反弹。空头市场会历经三个主要的阶段：第一阶段，市场参与者不再期待股票可以维持过度膨胀的价格；第二阶段的卖压是反映经济状况与企业经营的衰退；第三阶段是来自健全股票的失望性卖压。空头行情末期，市场对于进一步的利空消息与悲观论调已经产生了免疫力。然而，在严重挫折之后，股价也似乎丧失了反弹的能力，种种征兆都显示，市场已经达到均衡的状态。投机活动不活跃，卖出行为也不会再压低股价，但买盘的力道显然不足以推升价格，市场笼罩在悲观的气氛中。之后股价会呈现窄幅盘整的走势，一旦这种窄幅走势出现明显的向上，则空头市场即将结束。

上述定理准确地描述了空头市场中的股民对市场认识的整个过程，从不再期望膨胀的价格，抛出一些衰退企业的股票，再到失望性地卖出健全即优质的股票。市场在严重受挫后，丧失了反弹能力，股价呈现窄幅盘整走势。其具体的指导意义有以下几点：

1. 当你不再期望膨胀的价格时，可能就是空头市场即将开始的兆头。

2. 空头市场是垃圾股领头先跌，所以不要盲目持有垃圾股。而持有垃圾股往往就是股民在股市中亏钱的根本原因。

3. 当优质股开始下跌时，离空头市场的底部不远了。

4. 底部是丧失反弹能力的，即真正的底部没有反弹。

（四）定理四：主要的多头市场（也有三个主要的阶段）

主要的多头市场是一种整体性的上涨走势，其中夹杂次级的折返走势，平均的持续期间长于两年。在此期间，由于经济情况好转与投机活动转盛，所以投资性与投机性的需求增加，并因此推高股票价格。

多头市场有三个阶段：第一阶段，人们对于未来的景气恢复信心；第二阶段，股价是对于已知的公司盈余改善提前的反映；第三阶段，投机热潮且股价明显膨胀。这阶段的股价上涨是基于期待与希望，多头市场的特色是所有主要指数都持续联袂走高，拉回走势不会跌破前一个次级折返走势的低点，然后再继续上涨而创新高。

该定理描述了多头市场的股民心态及市场氛围，股民从恢复信心到推高盈余改善公司的股价，再到投机欲望的明显膨胀，从而使得指数走高。其具体的指导意义有以下几点：

1. 人们的信心开始恢复时可能就是多头市场的开始。

2. 企业盈余的改善会在股价上反映时，离多头市场顶部就不远了。

3. 当投机欲望明显膨胀，而指数联袂走高时，多头市场的顶部出现了。

4. 顶部时间比底部时间短得多。

（五）定理五：次级折返走势

次级折返走势是多头市场中重要的下跌走势，或空头市场中重要的上涨走势，持续的时间通常在3个星期至数个月；此期间折返的幅度为前一次级折返走势结束之后主要走势幅度的33%至66%。次级折返走势经常被误以为是主要走势的改变，这就是次级折返走势的欺骗性。判断逆于主要趋势的次级折返走势，是道氏理论中很重要的一环，任何误判都可能会造成意想不到的损失。

该定理明确了次级折返走势是多头或空头市场的重要走势，持续时间在3个星期以上，幅度在50%左右，最关键的是常被误认为是主要走势的改变。其具体指导意义在于了解了次级折返走势的时间与幅度后，在操作上一旦踏空或者套牢，不要着急，不要抛在最低点或者套在最高点，市场会有适合的操作机会。对于优质股的次级折返走势不要被其下跌假象蒙蔽，坚定持股以赢取最大的利润。

综上所述，可以看出道氏理论无论是三个核心思想还是五个定理，其指导意义都是非同一般的，无论从深度还是广度上都是其他理论所无法比拟的。相信你在股市中摸索几年甚至几十年后再重新看看道氏理论，你可能会有无尽的感慨。

为什么波浪理论是道氏理论的量化

有人说道氏理论告诉人们何为大海，那么波浪理论就是告诉人们如何冲浪。其实此话是说道氏理论与波浪理论的相通和关联性。道氏理论核心思想中的三重运动规律主要是告诉人们股票价格的浪形运动规律，而波浪理论则明确多头市场的八浪周期波动，即上升五浪下跌三浪的周期性。

美国证券分析家拉尔夫·纳尔逊·艾略特利用道琼斯工业指数平均作为研究工具，发现不断变化的股价结构性形态。根据这一发现他提出了一套波浪理论，这就是艾略特波浪理论。该理论是股票技术分析的一种理论，认为市场走势不断重复一种模式，每一周期由五个上升浪和三个下跌浪组成，一个循环为八浪，即八浪循环。如图：

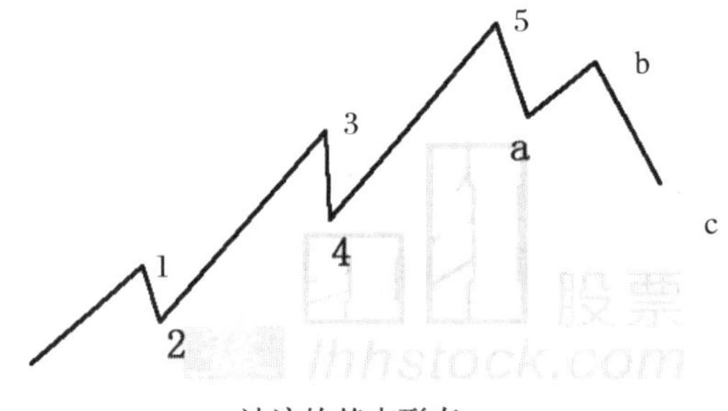

波浪的基本形态

八浪周期波动：上升五浪　下跌三浪　循环往复

该循环模式与道氏理论的三重运动原理的思路基本吻合，道氏理论认为市场的走势分为三种运动，即基本运动、次级运动以及日常波动即市场的三重运动原理。如图：

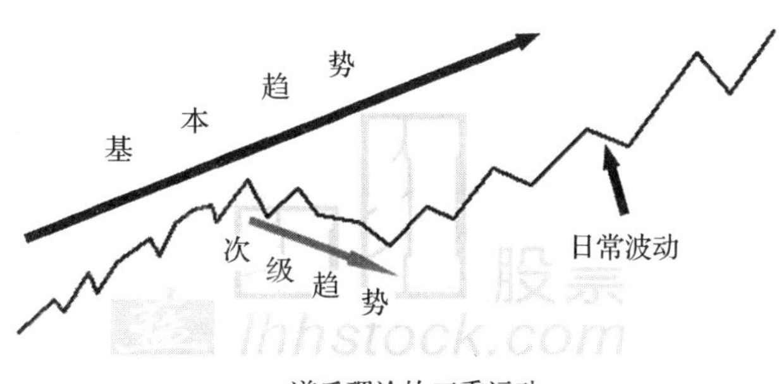

道氏理论的三重运动

从上述两图中可看出，艾略特波浪理论中的波浪形态其实就是将道氏理论中的上涨趋势的基本运动分成了五个上升浪，上涨趋势中的次级运动分成三个下跌浪，而道氏理论只提出了在基本运动与次级运动中的日常随机波动。由此可见，波浪理论在整个趋势波动上就是道氏理论的进一步量化。

一、波浪理论要点

1. 一个完整的循环包括八个波浪，五上三下。

2. 波浪可合并为高一级的浪，亦可以再分割为低一级的小浪。

3. 跟随主流行走的波浪可以分割为低一级的五个小浪。

4. 在1、3、5三个波浪中，第3浪不可以是最短的一个波浪。

5. 假如三个推动浪中的任何一个浪成为延伸浪，其余两个波浪的运行时间及幅度会趋向一致。

6. 调整浪通常以三个浪的形态运行。

7. 黄金分割率理论、奇异数字组合是波浪理论的数据基础。

8. 经常遇见的回吐比率为0.382、0.5及0.618。

9. 第四浪的底不可以低于第一浪的顶。

10. 艾略特波浪理论包括三部分：形态、比率及时间。其重要性以排行先后为序。

11. 艾略特波浪理论主要反映群众心理。越多人参与的市场，其准确性越高。

道氏理论并没有提出趋势的循环性，但是，波浪理论的上述要点则表明波浪理论不但提出了八浪循环，还提出了波浪可合并或分割的概念，这在趋势的连续性上进行了更加具体的量化说明。具体形态见下图。

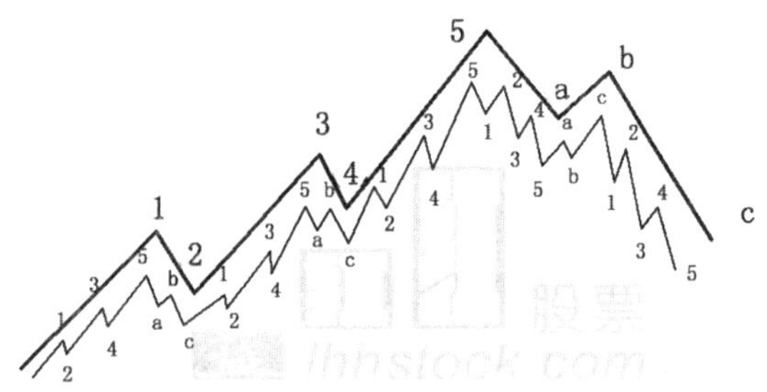

每一波都可以包含次一级的波动1—5及a—c成为更大级别的波动

波浪理论不但对于三个推进浪在运行时间及幅度有量化性的描述，而且对于第3浪更是量化到第3浪不可以是最短的一个波浪。对调整浪中的第4浪也有其底不可以低于第一浪的顶的量化描述。为了进一步量化波浪的幅度，波浪理论引入了黄金分割概念，使得波幅的测算更加有据可依，明确了经常遇见的回吐比率为0.382、0.5及0.618。如下图：

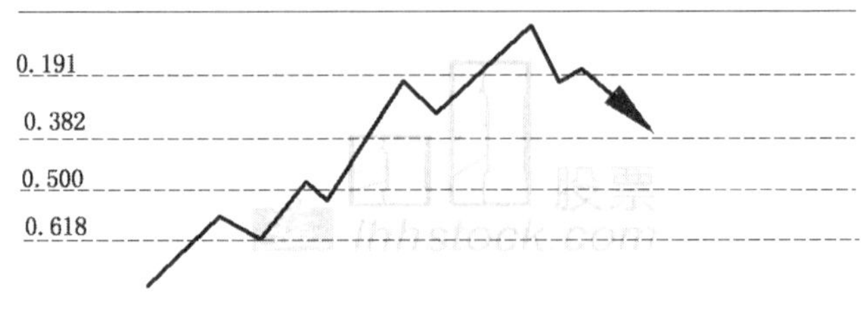

二、波浪理论的三个原则

（一）修正波纵深原则

用来衡量修正波回撤幅度，通常修正波会达到小一级别4浪低点附近。在强势行情中，只创新高不创新低，此时的小一级别4浪低点会是一个很好的支撑位，可以借此跟进。

波浪理论认为在三个推进浪中还会有修正波，修正波的低点量化到了小一级别4浪的低点。

（二）黄金分割原则

即波动比率呈现黄金分割比率。例如：3浪为1浪的1.618、2.618；2浪回调为1浪0.382、0.5、0.618；4浪回调为3浪的0.382、0.5；5浪为1—3浪的0.618。在时间上同样呈现此原则。而且1.618可以反过来加以确定眼前的3浪是否是真正的3浪，如果3浪连1浪的1.618都到不了，那它多半不是3浪。在趋势初期，回撤幅度多为0.618，如果回撤以平台形式进行，则多为0.5；在趋势中期，当趋势逐渐明显时，市场回撤0.618的概率开始下降，偏向于0.5的回调位。

可以说波浪理论把黄金分割率用到了极致。虽然在具体的运用中会有这样或那样的误差，但是其参考意义不可否认。

（三）交替原则

即简单与复杂、上升与下跌、推动与调整、规则与不规则。修正波呈现交替现象，如2浪为锯齿，则4浪可能为平台形或三角形等，反之亦然；在时间上也存在此现象，2浪急剧回调，则4浪可能长时间复杂调整，反之亦然；复杂程度上，2浪简单，则4浪复杂，反之亦然。若第2浪为“复式”，则第4浪便可能为“单式”。

可见，交替原则对于浪形的特征也作了简单与复杂的量化。

根据前面所述，如果把文章的第一句话改成“如果道氏理论让我们见识了风浪，那么波浪理论则告诉了我们风浪的幅度与大小”则更为合适。道氏理论与波浪理论的原理基础是相通的，都是主张趋势论及趋势的一波三折，只是波浪理论的量化性更强。基于此，可以说波浪理论是道氏理论的量化。

为什么波浪理论相比其他技术指标可靠性要高

毋庸置疑，艾略特波浪理论是一种技术分析，它和其他技术指标一样，是预测股价走势的工具。然而，波浪理论之所以称为理论，就是因为无论从它研究股价走势的直接性还是内容的丰富性上来说，都是其他指标无法比拟的。

一、从其研究的对象上看看与其他技术指标的不同

艾略特波浪理论其产生的基础是在总结了道琼斯工业平均指数后发现了不断变化的股价结构性形态，从中总结出十几种波浪形态，所以作为技术分析的对象直接就是股价的波动，并不像其他指标依靠某种数学运算，而再决定股价的运动方向。众所周知，股票价格的波动是没有一种数学定律可以适用的。我们就拿第一技术分析指标MACD来说，它是利用股价的前段时间的平滑移动平均线，用移动平均线的运动方向来间接地预测股价的未来走向，所以，无论其指标内容多丰富，都是以先前的运动决定未来的运动。再看看KDJ指标，它起源于期货市场，是以最高价、最低价及收盘价为基本数据来进行计算，而得出一些K值、D值和J值数据来预测股价未来的运动方向，等等。所以从研究股价波动的直接性方面，波浪理论比较贴近股价的实际走势。

二、从其浪形波段上看看与其他技术指标的不同

艾略特理论认为，不管是多头市场还是空头市场，每个完整循环都会有几个波段。多头市场的一个循环中前五个波段是推动性的，后三个则是调整性的；而前五个波段中，第一、三、五，即奇数是推动上升的，第二、四，即偶数，属于调整下跌。在股票市场中，无论是多头市场还是空头市场，第三浪可能是最长的，即上升时升幅最大，下降时跌幅也最大。其内容十分明确地指出了多头市场推动上升的波段有五个，调整波段有三个。这样也就是相应告知了低买高卖的原则。这就是说，波浪理论的上升五浪、下跌三浪告知低买高卖的节奏，其可靠性比其他一般指标要高。

MACD从告知的金叉买入到死叉卖出，一个完整的多头波段中去掉了头和尾只剩下中间段，再加上操作误差，利润所剩无几，加上波幅小的话可能会造成亏损。而波浪理论则指示的是浪谷和浪峰，是完整的波段，主张的是低买高卖。随机指标KDJ的短线金叉死叉买入卖出法，其产生亏损的风险概率更大。

我们分析一下创业板2012年底到2013年10月的一波多头行情。在MACD的第一个买入点与第一个卖出点之间，其波段的完整性不错，而第二个买入卖出之间就相当不理想了，第三个也一样不理想。但是，波浪理论就不同，一旦多头行情产生，则其指导的买入点位往往就会在浪谷，卖出点位也往往会在浪峰，退一步说，根据指出浪谷的可能性，聪明的投资者就不会在浪谷抛股票，同样指出浪峰的可能性，那么也不应该此时买股票。其实，这些MACD的买入点都是建立在波浪理论的基础上的，因为一浪之后的第二浪才会有零上金叉的出现，同样，第四浪也会有零上金叉出现。所以，单凭MACD本身的金叉死叉是较难把握时机的。

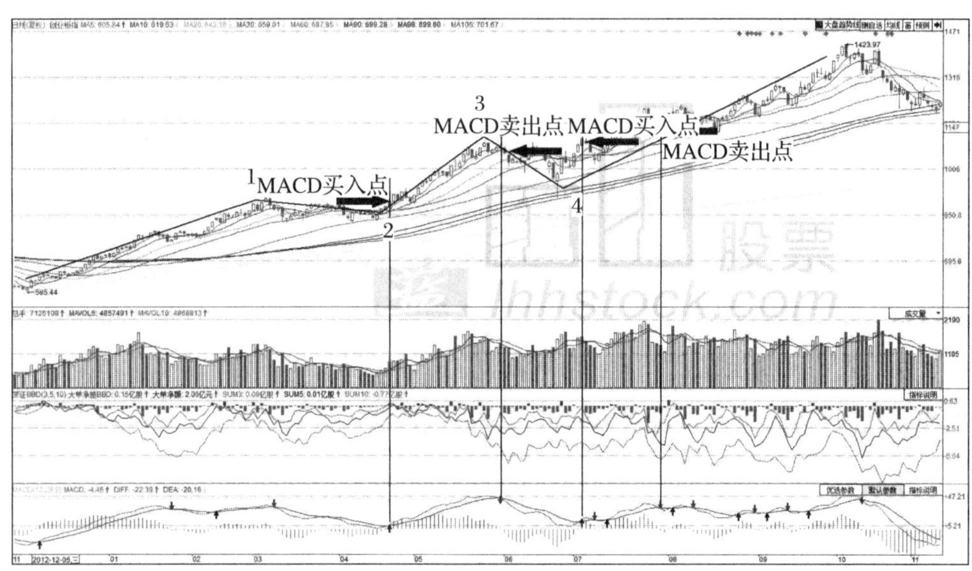

三、从其理论的一些原则上看看与其他技术指标的不同

如果说波浪理论指出的八个波段的准确度相当于炮弹，那么波浪理论的三个原则的准确度就相当于导弹了。

修正波纵深原则指出修正波回撤幅度，通常会达到小一级别4浪低点附近。也就是说小一级别的4浪低点会是一个较好的跟进机会。

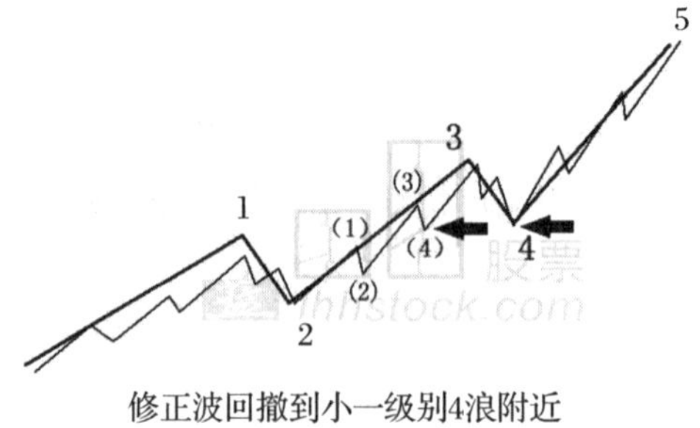

修正波回撤到小一级别4浪附近

而黄金分割原则也同样指出了回调的幅度，指出3浪为1浪的1.618、2.618；2浪回调为1浪0.382、0.5、0.618；4浪回调为3浪的0.382、0.5；5浪为1—3浪的

0.618。在时间上同样呈现此原则。再者1.618可以反过来加以确定眼前的3浪是否是真正的3浪。如果市场到前面一浪的2.618倍，则可能要出现延长的行情，趋势初期，回撤幅度多为0.618；在趋势中期，当趋势逐渐明显时，市场回撤0.618的概率开始下降，而是期待偏向于0.5的回调位。

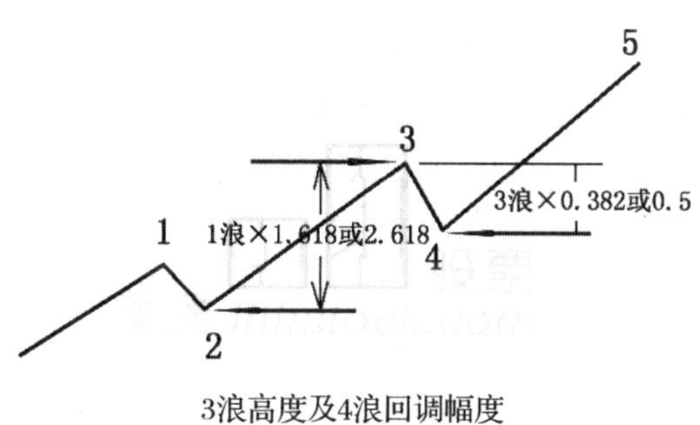

3浪高度及4浪回调幅度

还有其交替原则指出了波浪的形态，如2浪为锯齿，则4浪可能为平台形或三角形等，反之亦然；在时间上也存在此现象，2浪急剧回调，则4浪可能长时间复杂调整，反之亦然；复杂程度上，2浪简单，则4浪复杂，反之亦然。若第2浪为“复式”，则第4浪便可能为“单式”。

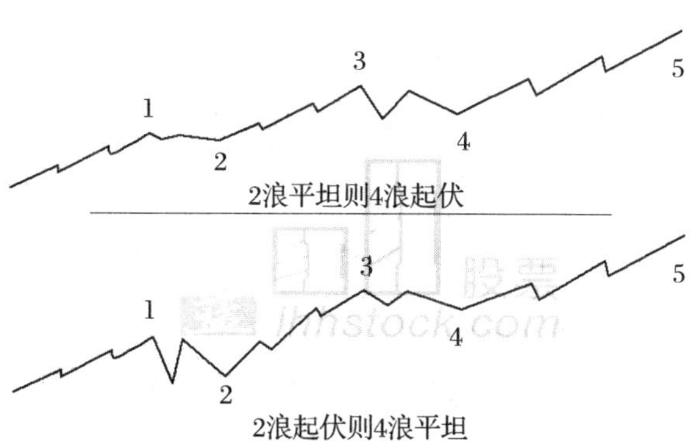

2浪起伏则4浪平坦

以上三原则所勾画的波浪行进曲折路线图其详细程度，是其他技术指标无法比拟的。关键是它们告诉我们波浪的高度、深度、形态以及形态的变化，也就是给予了我们非常好的参考目标，让我们在冲浪时能更好地把握浪的特性。而这些详细的波浪结构及形态是其他技术指标不能阐明的。MACD、KDJ、BOLL线等不可能说明股价的运行过程，它们只是告诉我们何时进何时出，中间会发生些什么样的曲折无从告知。所以，在介绍某一技术指标时最后都会添上一句最好结合什么什么一起使用。

由于波浪理论依据的基础对象是道琼斯平均工业指数，所以，用于判断一些成交量大、参与人数多的股票或者指数系列可靠性更高。

我们来看一下上证指数2007年多头牛市波浪行进图。

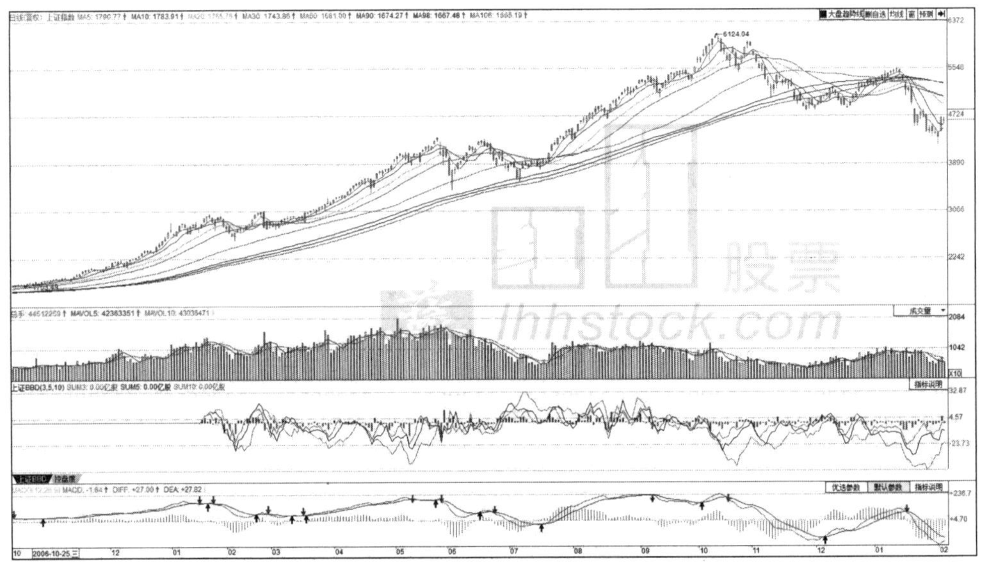

这张2007年的牛市图显示，推动浪5浪，调整浪3浪，符合多头市场5波段推动；第2浪较平，则第4浪有波幅，符合交替原则；第4浪的浪谷高于第1浪的浪顶，符合回调幅度分割原理。虽然小一波的浪形不明显，但是无碍大波浪的形态。

总之，波浪理论无论从其研究对象的直接性还是研究内容的完整性，都是其他技术指标无法比拟的，相比其他技术指标更具参考性、可靠性。

为什么江恩理论没有波浪理论流传面广

江恩于1878年出生于美国德克萨斯州的路芙根市， 24岁时，第一次入市买卖棉花期货，30岁时，成立了自己的经纪业务。从此，他与期货、股票投机买卖结下了不解之缘。之后，他在分析期货及股票的买卖技巧的同时，发展了他最重要的市场趋势预测方法，形成了举世闻名的江恩理论。

江恩理论是以研究测市为主的，江恩通过数学、几何学、宗教、天文学的综合运用，建立起自己独特的分析方法和测市理论。但在测市系统之外，江恩还建立了一整套操作系统，当测市系统发生失误时，操作系统将及时地对其进行补救。江恩理论之所以可以达到非常高的准确性，就是将测市系统和操作系统一同使用，相得益彰。

江恩理论还在看似无序的市场中建立了严格的交易秩序，他建立了江恩时间法则、江恩价格法则、江恩线等，用来发现何时价格会发生回调和将回调到什么价位。

仅从这些测市理论、操作系统、时间法则、江恩线就远超波浪理论的复杂程度，而波浪理论讲述的一个浪形加上股民喜闻乐见的黄金分割率就几乎告诉了操作的全部，即频率与时间。

以下简要介绍江恩测市理论的主要内容，进一步的图形及数据股民可以另行探究。

一、江恩理论的测试工具

（一）江恩线

它的数学表达有两个基本要素，这两个基本要素是价格和时间，江恩在X轴上建立时间，在Y轴建立价格，江恩线的基本比率为1∶1，即一个单位时间对应一个价格单位，分别以3和8为单位进行划分，如1/3， 1/8等，这些江恩线构成了市场回调或上升的支撑位和阻力位，从而起到测市的作用。

（二）江恩圆形

将圆分为24等份后运用地球一年围绕太阳公转的周期循环理论，从而达到测市的目的。

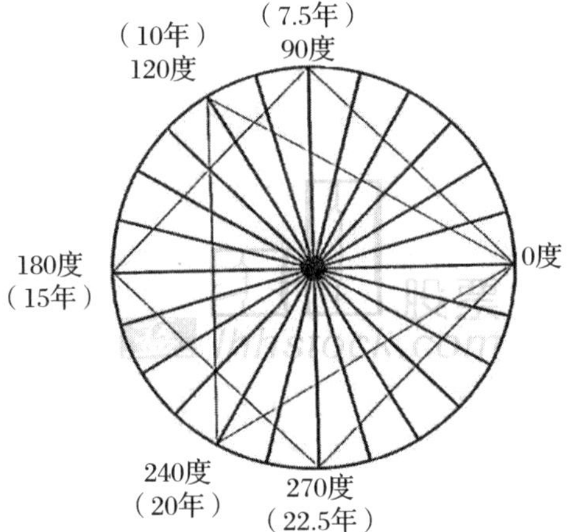

（三）江恩六边形

江恩六边形则是把市场循环分为6等份，是介于江恩螺旋四方形与江恩轮中轮之间的一种图形。江恩六边形把360度圆周6等份，每部分为60度，按照逆时针螺旋展开直至无穷的。

第一个循环：1—6，数字增加6；

第二个循环：7—18，数字增加12；

……

第九个循环：217—330，数字增加54；

第十个循环：331—396，数字增加60。

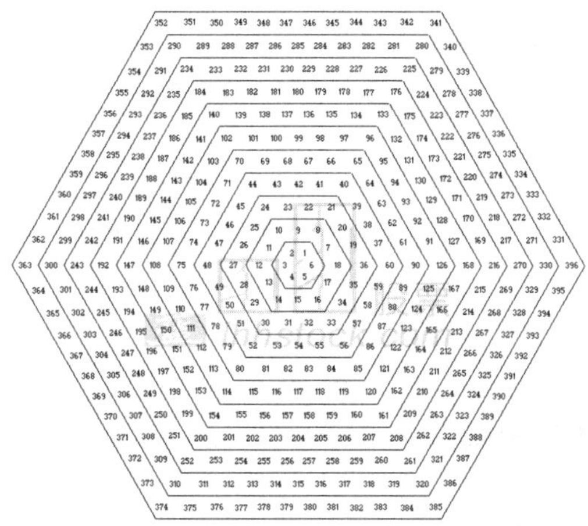

六角形中的数字代表市场的价位，当市场中的价位到达江恩六边形某一重要角度线时，就会出现支撑力或阻力，如0度和180度等，通过六边形的边角可以发现价格将要出现的转折点，从而达到测市的目的。

（四）江恩“轮中轮”

它是对江恩全部理论的概括总结，根据自然界中的四季交替、主次阴阳，来确定股票市场中的短期、中期、长期循环以及循环中的循环。因此设计了市场循环中的轮中之轮，将市场上的短期、中期和长期循环加以统一的描述，并将价位与江恩几何角也统一起来。

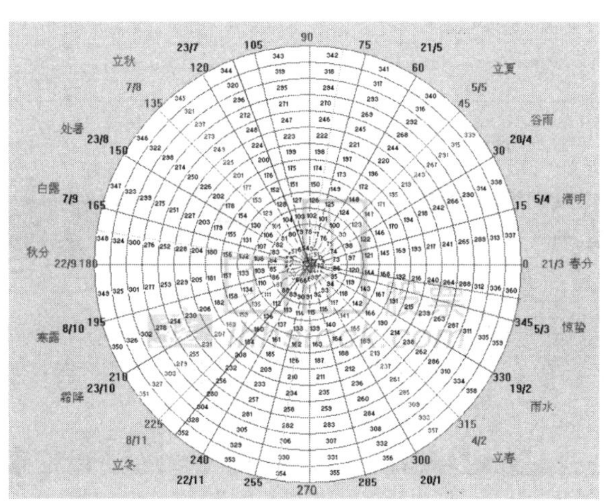

（五）江恩的时间法则

江恩把时间定义为江恩交易年，它可以一分为二，即6个月或26周，也可以一分为三，一分为四乃至更多，如将江恩交易年分为1/8和1/16。江恩认为“7”是一个非常重要的数字。在划分市场周期循环时，江恩经常使用“7”或“7”的倍数，如49。

二、江恩理论的操作系统

从上述江恩测市工具来看，江恩圆形、江恩六边形以及江恩“轮中轮”都涉及自然、天文、数学等领域，因此无疑要求使用者必须知识渊博，不适合普通股民来运用。而且江恩圆形、江恩六边形、江恩“轮中轮”等图形的测市工具虽然在江恩看来与股市有一定的联系，但是，在一些股民看来毕竟有其一定的边缘性，不如波浪理论关联性强。只有江恩线用起来既直观又方便，所以，也仅仅江恩线是一些股民乐于使用的测市工具。

像“7”或“7”的倍数这样的数字，也只有江恩理论中涉及，不如波浪理论与道氏理论的一些概念因为相通而被熟知，所以，这也是一般股民不太重视江恩理论的原因。

然而，江恩理论“7”与“7”的倍数在实际运用中，却有其独特的作用，见下图：

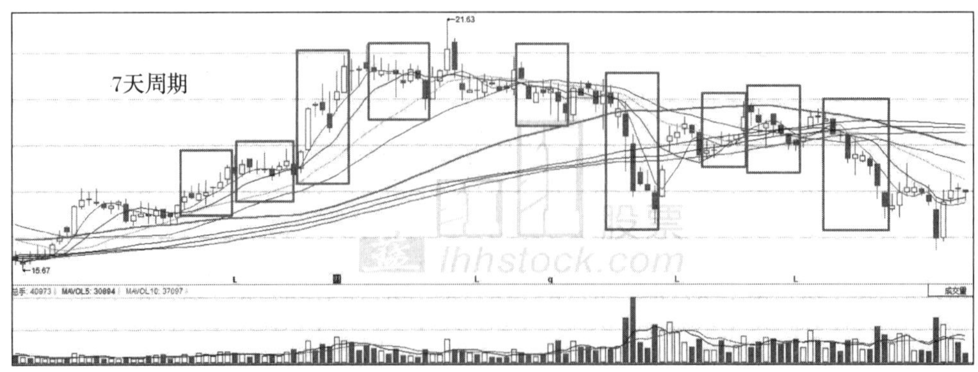

从图中可以看出在股价的每一种走势中，无论是上涨、下跌还是整理过程中基本都是以“7”为基数，这是江恩理论的惊人之处。但是，却因江恩其他测市原理的深奥而被隐没。

（一）江恩12条买卖规则

这是江恩操作系统的重要组成部分。具体规则如下：

①判断市场的走势。

②在单底、双底或三底水平入市买入。

③根据市场波动的百分比买卖。

④根据三星期上升或下跌买卖。

⑤市场分段波动。

⑥利用5或7点波动买卖。

⑦成交量。

⑧时间因素。

⑨当出现高低点或新高时买入。

⑩决定于大势趋势的转向。

⑪最安全的买卖点。

⑫快速的价位波动。

这12条规则，没有明确的买卖点，只是一些买卖股票时需要考虑的一些因素，并没有具体的条件等，可以说这12条买卖规则，不是江恩或者不是熟知江恩理论的信徒很难知道其中的具体含义，因此，一些股民也就敬而远之了。

（二）江恩21条买卖规则

江恩在操作中还制定了21条买卖守则：

①每次入市买、卖，损失不应超过资金的1/10。

②永远都要设立止损位，减少买卖出错时可能造成的损失。

③永不过量买卖。

④永不让所持仓位转盈为亏。

⑤永不逆市而为。市场趋势不明显时，宁可在场外观望。

⑥有怀疑，即平仓离场。入市时要坚决，犹豫不决时不要入市。

⑦只在活跃的市场买卖。买卖清淡时不宜操作。

⑧永不设定目标价位出入市，避免限价出入市，而只服从市场走势。

⑨如无适当理由，不将所持仓平盘，可用止盈法保障所得利润。

⑩在市场连战皆捷后，可将部分利润提取，以备急需。

⑪买股票切忌只望分红收息。（赚市场差价第一）

⑫买卖遭损失时，切忌赌徒式加码，以谋求摊低成本。

⑬不要因为不耐烦而入市，也不要因为不耐烦而平仓。

⑭肯输不肯赢，切戒。赔多赚少的买卖不要做。

⑮入市时定下的止损位，不宜胡乱取消。

⑯做多错多，入市要等候机会，不宜买卖太密。

⑰做多做空自如，不应只做单边。

⑱不要因为价位太低而吸纳，也不要因为价位太高而沽空。

⑲永不对冲。

⑳尽量避免在不适当时搞金字塔加码。

㉑如无适当理由，避免胡乱更改所持股票的买卖策略。

这21条买卖法则可谓是江恩理论中最通俗易懂的部分，也是江恩理论中最富有经验性的总结，对指导买卖操作上给出了相当明确的告诫，但是由于条数繁多而不易被人熟记于心。

还有一点，江恩的理论是基于期货市场，偏向于技术面，所以，重视股票基本面的股民一般不会采用。

江恩理论的内容还有很多，这里就不一一列举了，就这些内容与波浪理论相比，其复杂程度大得多，要掌握江恩理论的精髓远比学习波浪理论投入的精力大，大多数散户，其注意力往往会放在波浪式运动的日K线上及形象化的波浪理论上，而掌握了推进八浪法外，再注意用黄金分割寻找支撑或压力，基本就掌握了波浪理论。总之，对于一般股民来说，江恩理论高深莫测，波浪理论形象易懂。基于此，江恩理论流传不广也就不足为怪了。

为什么江恩角度线不是一般意义的趋势线

趋势线一般股民都会画，就是两个低点或者两个高点连一线后形成一条有斜率的线段，股价或在这直线上运行或在这直线下运行。随着股价的涨跌，新的低点或新的高点不断出现，二连接点也要不定时地变化，线段的斜率也随之变化。趋势线画法比较简单，当然能告诉我们的内容，也仅仅是趋势的延续性问题，虽然趋势线的斜率有意无意或多或少地含有时间的概念。但是江恩角度线却明确引用了时间的概念，它把时间与价位的关系作为画线的基本要素，从而形成了一系列的时间与价格变化的趋势线条，为我们提供了很多信息。

一、江恩线的取值

江恩角度线（以下称“江恩线”），亦称作甘氏线，在大部分的股票软件中都会有这一画线工具。在同花顺软件的画线工具栏中的图标如图。

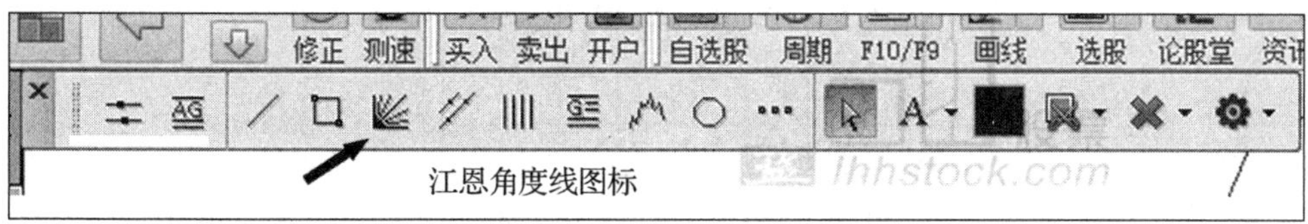

江恩线是江恩理论的重要组成部分，江恩理论中最重要的概念就是时间与价格运动的关系，而江恩线由时间单位和价格单位定义价格运动，每条江恩线由时间和价格的关系所决定。

江恩线在X轴上建立时间，在Y轴上建立价格，江恩线的符号是“T×P”，T为时间，P为价格。江恩线的基本比例为1∶1，江恩称之为1×1线，这条直线的斜率代表了股价运动的正常速率，也就是1个单位时间运动1个单位价格，另外，有1×2、1×3、1×4、1×8和2×1、3×1、4×1、8×1线，那么1×2就是1个单位时间运动2个单位价格，2×1就是2个单位时间运动1个单位价格，其他1×3、3×1等线也就是这么解释。

我们先看上升趋势的角度线：

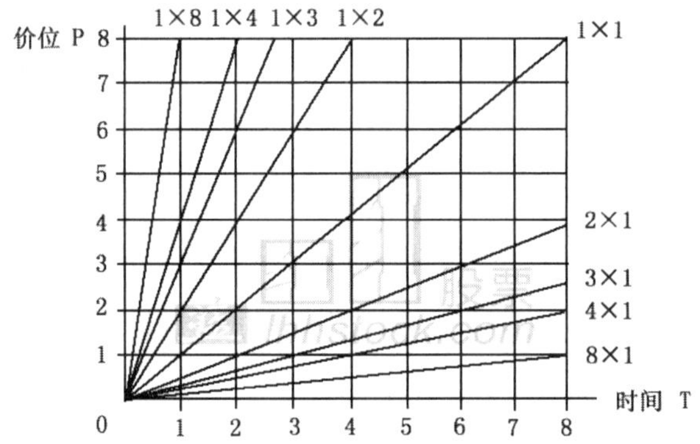

我们再看下降趋势的角度线：

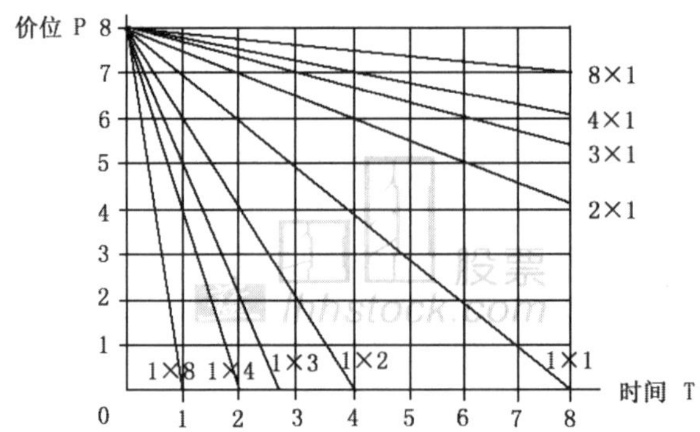

如果1×1线对应的几何角度是45° 的话，那么其他线对应的几何角度就是：

江恩角度线	几何角度
8×1	7.5°
4×1	15°
3×1	18.75°
2×1	26.25°
1×1	45°
1×2	63.75°
1×3	71.25°
1×4	75°
1×8	82.5°

前面我们说到江恩线中的1×1线的角度也就是斜率就是1个单位时间运动1个单位价格，1个单位时间是比较容易定义的，1小时、1天、1周、1月等都可以，但是1个单位价格却很难定义，在江恩的理论中也没有明确答案。所以根据江恩线的定义，单位时间与单位价格的长度就不一定相等，也就是1×1线的角度不一定是45° 。

二、江恩线的取点

1×1线的斜率也就是在画线前需要确定的股价波动率，在一些介绍江恩理论的书籍中关于波动率的定义及作用都有一些介绍并会强调其重要性，但是笔者认为在实际运用江恩线时，按照取点的要求与规则，这个1×1线的斜率也就是波动率，所以，江恩线的取点是关键。

江恩理论中正确的开始点有两个意思：第一，是以股价运动的低、高点做开始点；第二，是以市场的重要时间点作为开始点。市场的重要时间点则主要是指江恩理论中的时间周期，这里就不叙述了，而市场的高低点在一定的时间段里则肯定是重要时间点，所以，我们如何确定股价运动的高低点才是画出正确的江恩线的关键。

三、江恩线的用法

在画上升江恩线时，找出阶段性低点作为开始点，一般情况此低点比较容易识别，因为趋势已经向上，而且低点确定后基本就不会再改变。此时的高点虽然已经显现，但是可能会有新高点的出现，所以，高点需要根据新高点的产生而变换。用1×1线连接低点和高点即可，1×1线的斜率也就是波动率也就确定了。所以画上升江恩线的目的是为了查找上升趋势中回调的支撑位。

603355莱克电气，把2017年2月8日产生的低点作为江恩线的开始点，2017年的3月21日的高点作为顶点连线作江恩线，此时2×1、3×1的支撑作用较明显。

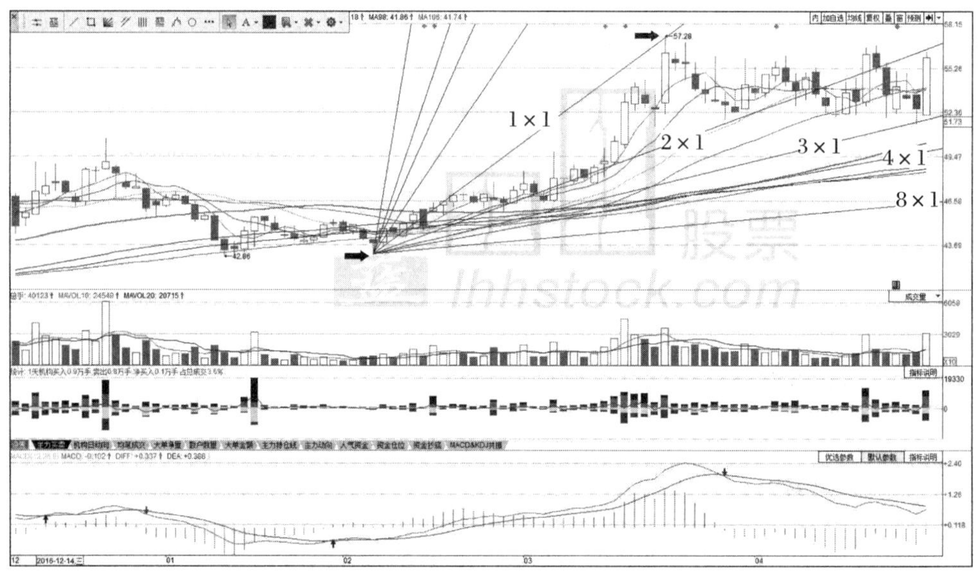

同样，601588北辰实业，把2017年1月16日产生的低点作为江恩线的开始点，2017年3月17日的高点作为顶点连线作江恩线，此时2×1、3×1的支撑作用较明显。

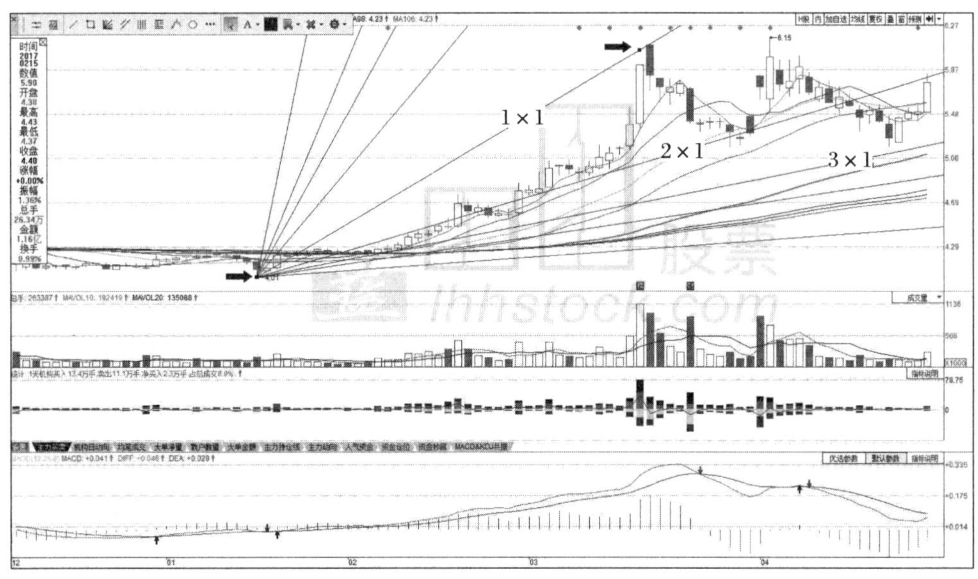

在画下降江恩线时，高点作为开始点也是比较容易的，相应低点的确定也同样是随着新低的不断出现而不断地重新确定，画下降江恩线的目的是为了查找下跌趋势中反弹的压力位。

002299圣农发展，把2016年8月3日产生的高点作为江恩线的开始点，连线2016年9月26日的低点作江恩线，此时3×1、2×1的压力作用较明显。

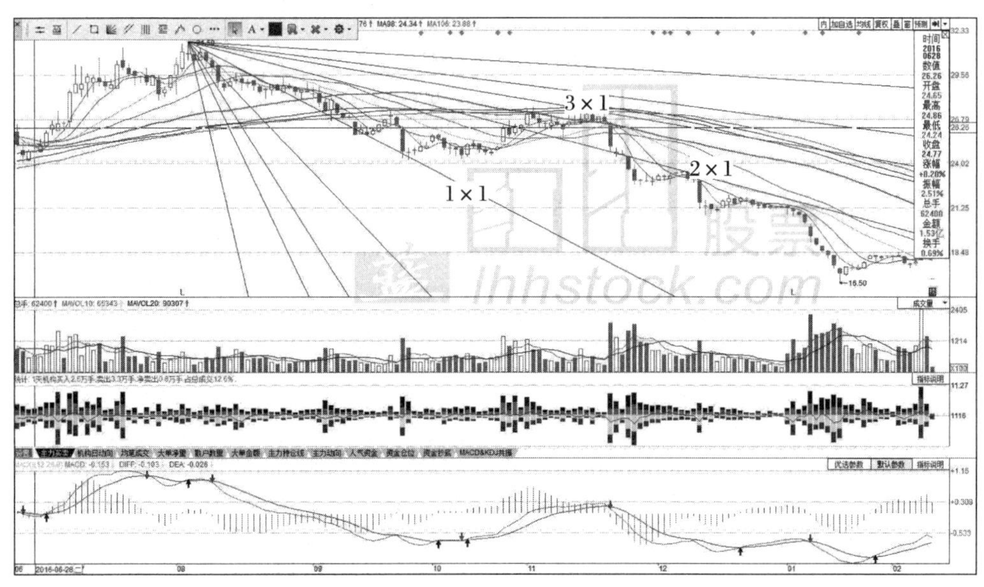

同样，002009天奇股份，把2016年11月3日的高点作为江恩线的开始点，连线2016年12月14日的低点作江恩线，此时2×1、4×1线的压力作用明显。

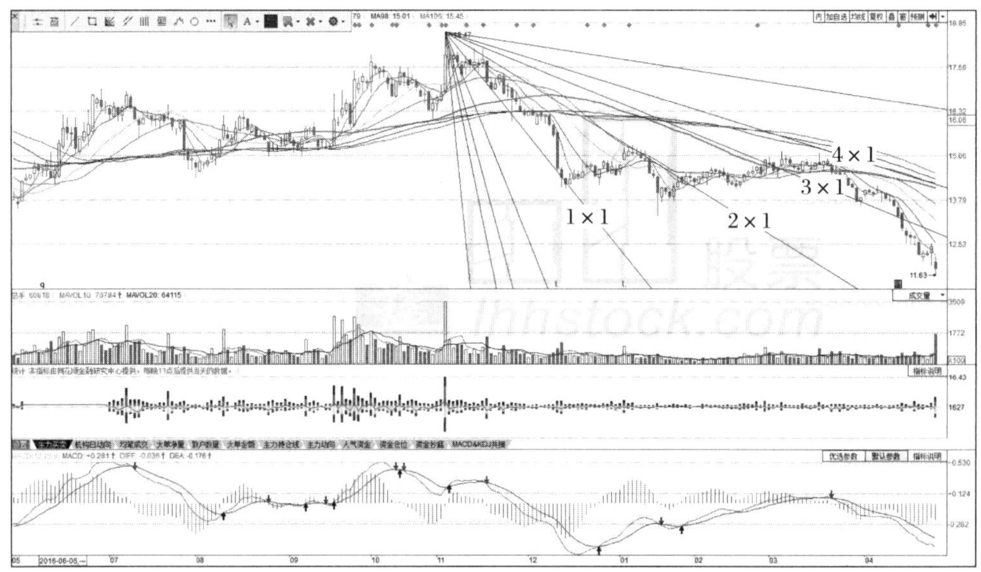

在上升江恩线中，如果股价同时击破3×1、4×1线，那么必须注意公司基本面的情况，此时股价往往会在公司基本面的影响下有再度下跌的可能。同样，在下跌江恩线中股价同时突破3×1、4×1线，也需关注公司基本面的情况，此时股价也会在公司良好的基本面影响下有再度上扬的可能。

总之，江恩角度线因为融进了时间的元素，在实际的应用中既有趋势线的作用，同时又有支撑线及压力线的作用，因此，江恩角度线不是一般意义的角度线。

为什么要用移动平均的概念

股票市场每天都有很多人在交易。因此，股票的价格每天都起伏不定，而起伏不定的行情使股票价格差异很大，但有时又很平稳，使股民在看K线图时没个参照。为了消除这种剧烈波动的影响，更好地把握趋势的走向，美国投资专家葛兰碧，于20世纪中期提出了移动平均概念，也就是移动平均线。

一、移动平均线的概念

移动平均线简称MA，原本的意思是移动平均，由于我们将其制作成线形，所以一般称之为移动平均线，简称均线。它是将某一段时间的收盘价之和除以该周期。

即N日移动平均线=N日收市价之和/N

移动平均线一般是5的整数倍，即5日、10日、20日、30日、60日、90日、120日、250日线。最小采用5日是因为5个交易日正好是一周，所以称为周均线，则20日为月均线、60日为季均线、120日为半年线、250日为年线。移动平均概念不单单可以用在日K线上，还可以用在分时线上、周K线上、月K线上，一般也是以5为最小单位，5分钟、10分钟、20分钟，5周线、10周线、20周线，等等。

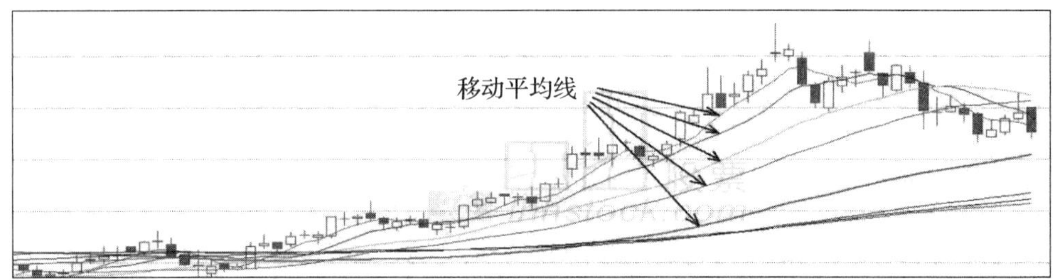

最常用的就是日移动平均线，其中，5日和10日的短期移动平均线，是短线操作的参照指标，称作日均线指标；30日和60日的是中期均线指标，称作季均线指标；120日、240日的是长期均线指标，称作年均线指标。

二、移动平均线的作用

1.移动平均线最主要的作用就是指导趋势交易，显示趋势交易中的买卖点。

在做股价趋势时移动平均线最简单常用的方法，就是比较股票价格移动平均线与股票自身价格的关系。移动平均线趋势向上时，即当股票价格高于移动平均线时，即开始扭转向上趋势时，则产生购买信号逢低买入。

300296利亚德在2016年12月到2017年4月的一段股价走势中，股价在2017年2月6日爬上均线后，股价向均线回调，但是，均线系统仍旧为向上趋势，此时，逢低买入是时机，图中显示后期趋势向上未变。

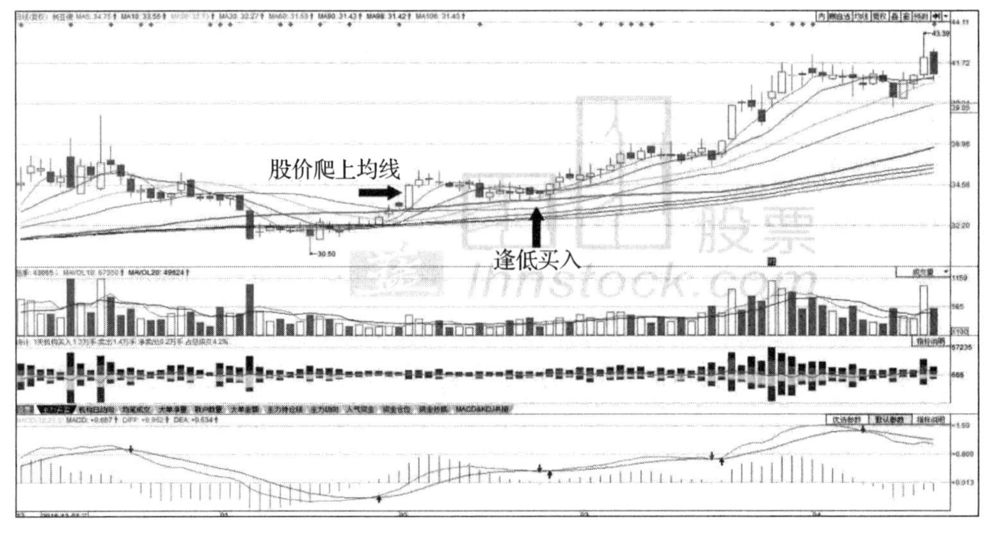

600681百川能源在2015年12月到2016年12月的一段股价走势中，也是股价爬均线后，扭转了均线的走势，开始形成向上趋势，此时在低点处逢低买入，图中显示均线衬托股价趋势向上。

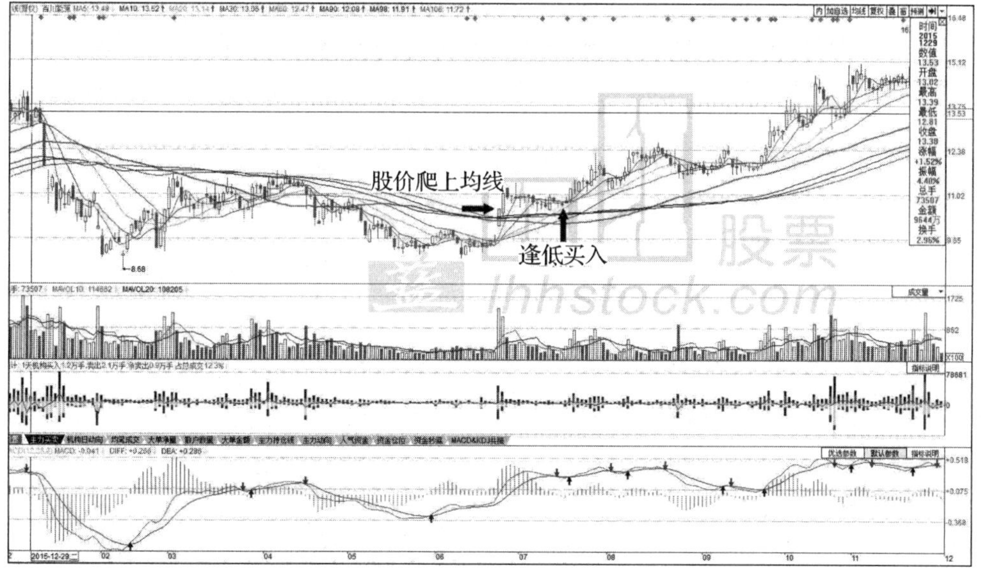

当股票价格低于移动平均线，即开始扭转成为向下趋势时，则产生卖出信号逢高出货。

300181佐力药业在2016年8月到2017年4月的一段股价走势中，当股价低于均线时，有趋势扭转向下的可能，实战中不管逢多高也要出货。

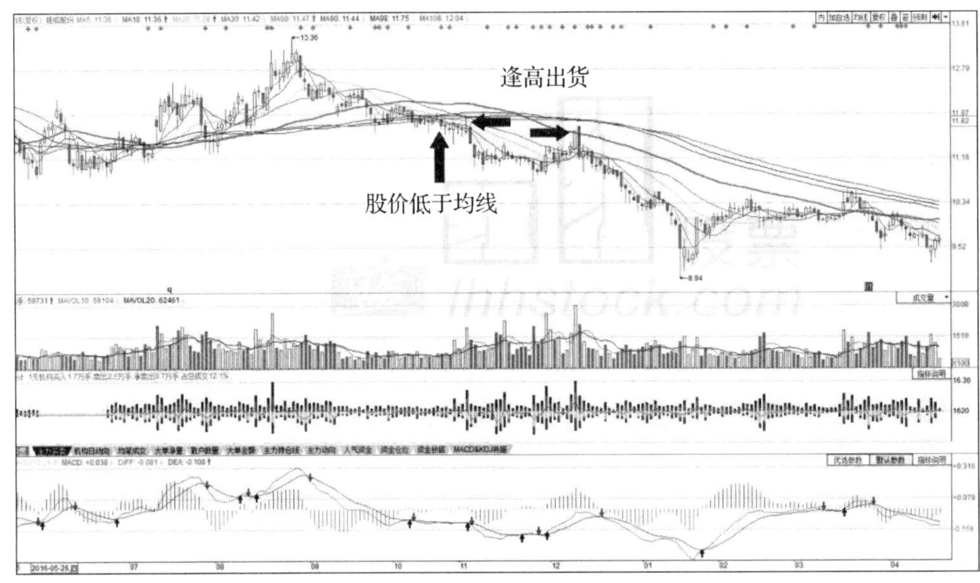

300182捷成股份在2016年5月到2017年4月的一段股价走势中，当股价低于均线时，均线有向下扭转趋势，不管逢多高也要出货。

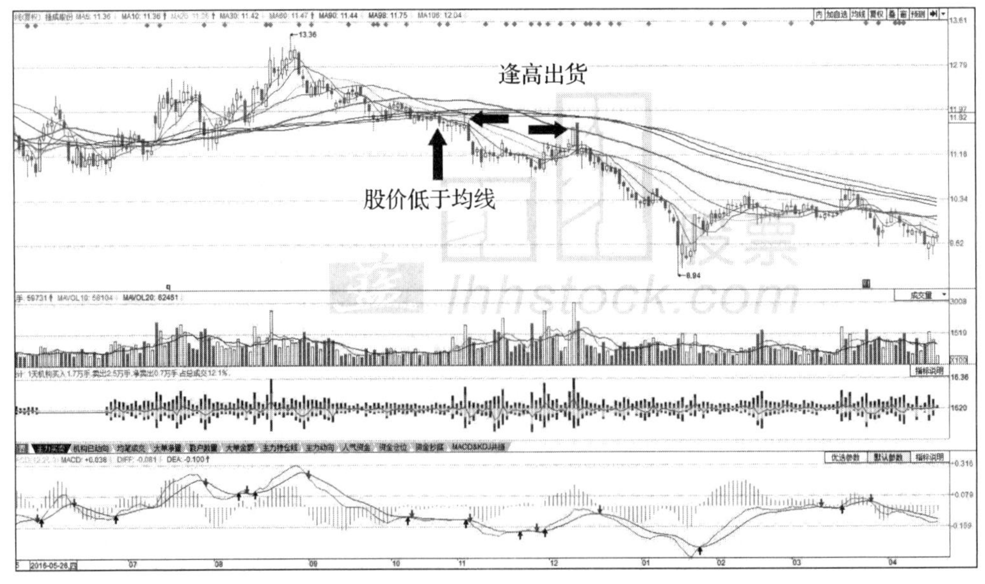

2.有了均线的衬托，股票价格的趋势会更明显，均线在延伸途中还能指导我们持股还是空仓观望。

如果股价沿着均线一路小幅上扬时，可以一路持有；如果股价沿均线一路下跌则可以一路空仓。尤其是中长期均线的延伸，一般都会持续一段时间，做趋势就是跟着中长期均线的。

300197铁汉生态在2014年11月到2015年12月的一段股价走势中，股价沿着均线系统一路小跑上扬，离均线系统不远，此时，应一路持股。

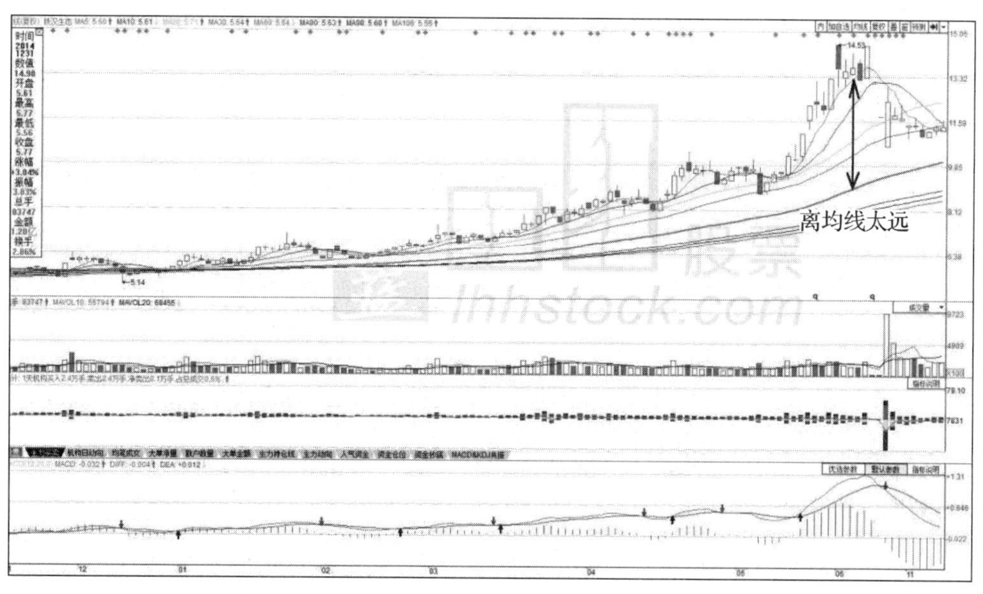

300206理邦仪器在2016年10月到2017年4月的一段股价走势中，股价沿均线跳跃式下跌，也有离均线不远的时候，此时应空仓。

3.有了均线的衬托，还能明显地显示股价是暴涨还是暴跌，从而指导我们卖出与买进的机会。

上两图300197、300206中已经标出股价离均线的远近程度，从而显示卖出与买入的机会。

从上述的论述中可以得出，短期均线则是指导买入与卖出的时机，中长期均线显示可以持股与观望的时机。也就是说买入或卖出时机在短期均线中找，持股与观望以中长期均线为准。

总之，移动平均线在指导趋势交易时，相对其他技术指标还是具有明显的优势，主要一点还是它的趋势性比较强，在显示中长期趋势时有不小的作用。

为什么均线系统具有相当高的可靠性

均线系统是指由若干条均线组成的均线系列，在各个时间段上都可以有均线系统，分时可以有，日线可以有，周线可以有，月线可以有，年线可以有，10年线也可以设。一般我们所用的是以日线与周线的均线系统为主，偶尔看看月线的均线系统。

移动平均线，是指以当日股价为起点向前推N日内的股价平均值为数据连成的线段，因为N日的时间段是不断移动向前推进的，所以称为移动平均线。N日移动平均线=N日收市价之和/N。移动平均线是由著名的美国投资专家葛兰碧（Joseph E.Granville）于20世纪中期提出来的。它主要帮助交易者确认现有趋势、判断将出现的趋势、发现过度延伸即将反转的趋势。均线指标所在的点位往往是

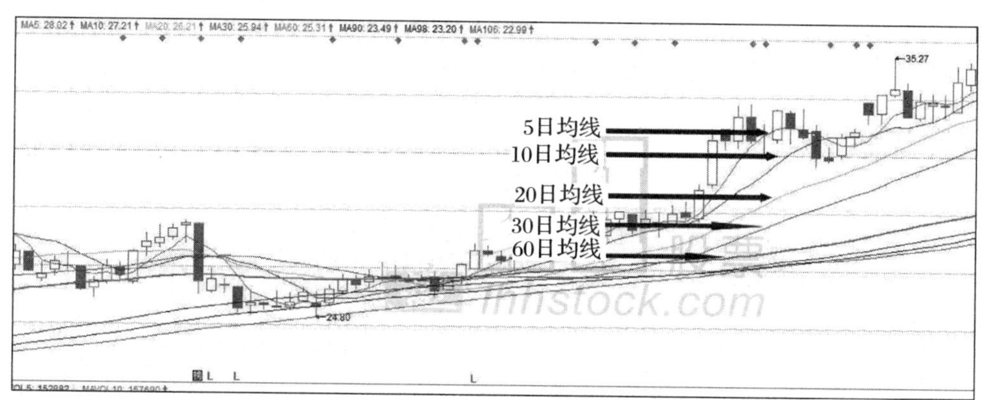

十分重要的支撑或阻力位，这就提供了买进或卖出的有利时机，均线系统的价值也正在于此。

移动平均线常用线有5天、10天、30天、60天、120天和240天的指标。其中，5天和10天的短期移动平均线，是短线操作的参照指标，称作日均线指标；30天和60天的是中期均线指标，称作季均线指标；120天、240天的是长期均线指标，称作年均线指标。当短期均线、中期均线、长期均线形成一定的排列规则时就称其均线系统。

其大概特点主要有多头排列及空头排列，多头排列就是市场趋势是强势上升趋势，均线在5、10、20、30、60日线下支撑排列向上为多头排列。均线多头排列趋势为强势上升势，操作思维为多头思维。进场以均价线的支撑点为买点，下破均价线支撑止损。

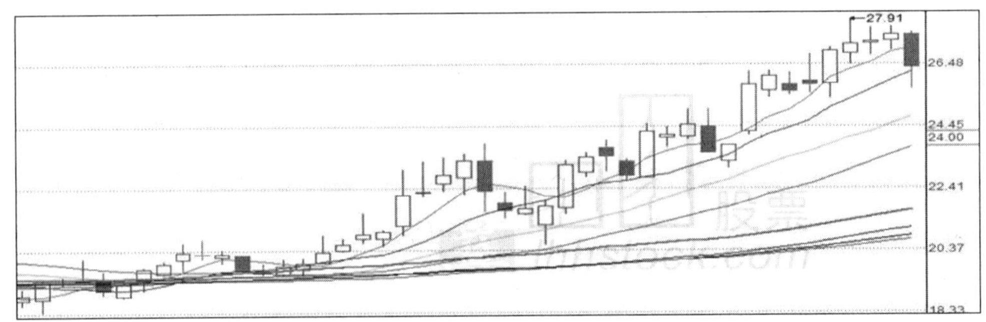

均线系统多头排列

空头排列就是市场趋势是弱势下跌趋势，均线在5、10、20、30、60日线上压制K线向下排列为空头排列。均线空头排列为弱势下跌趋势。进场以均价线的阻力位为卖点，上破均价线止损。

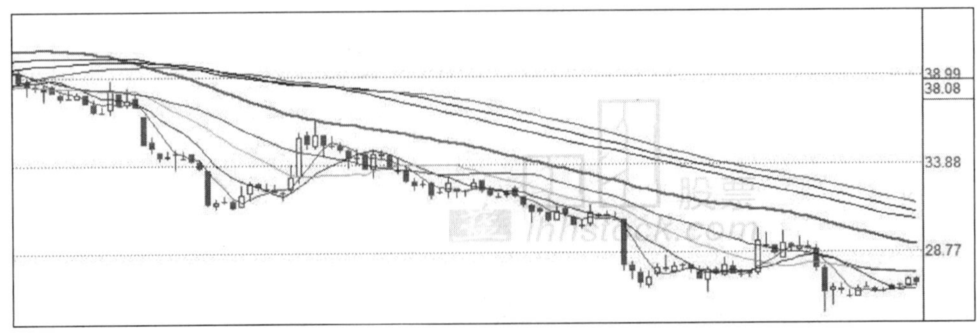

均线系统空头排列

常用的均线系统可以分为月线系统、季线系统、年线系统三种。月线系统包含30日、20日、10日、5日均线，反映个股的中短期走势；季线系统包含60日、40日、20日均线，反映个股的中长期走势；年线系统包含150日、120日、90日均线，反映个股的长期走势。

其中30日均线、60日均线、90日均线分别是短线系统、中线系统、长线系统的生命线。之所以选择30日均线作为月线系统的基线即生命线，是因为我国股市中的中级行情往往以一个半月（30个交易日）为明显的周期，选择该均线更能反映个股的中短期走势。而60日线则是机构主力建仓一只股票的吸筹周期，一般吸筹都会有个过程，它往往是牛股或牛市第一浪的开始，也是第二浪回撤的点位，所以60日线可以视为生命线中的生命线。而90日线则往往也是一些指数或者股票在第一浪后第二浪可能回撤到的点位，尤其是二浪平坦四浪起伏时可能到达的点位。

我们看几个在60日线获得支撑而重新展开升势的图形。

这是上证指数在2015年的牛市中的走势，曾经三次触及60日线。

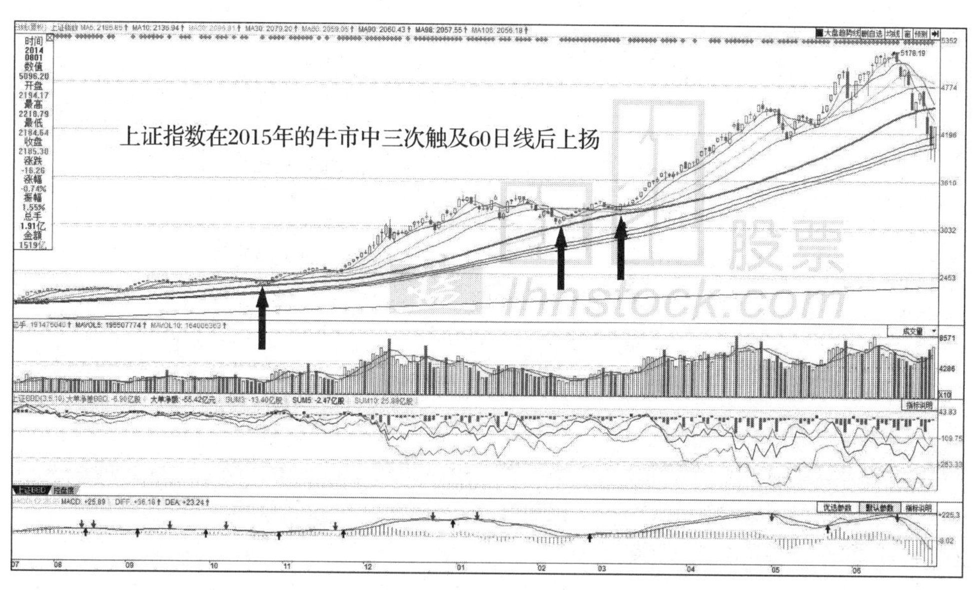

这是京东方最近的上升趋势走势图，一次触及30日线，一次触及60日线后重拾升势。

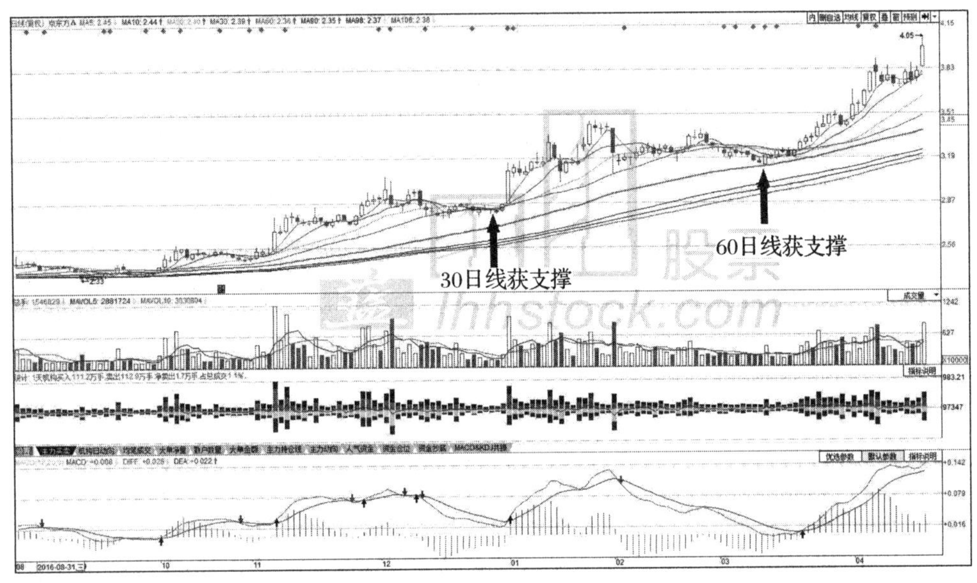

这是安信信托最近的上升趋势走势图，一次触及60日线，一次触及90日线。

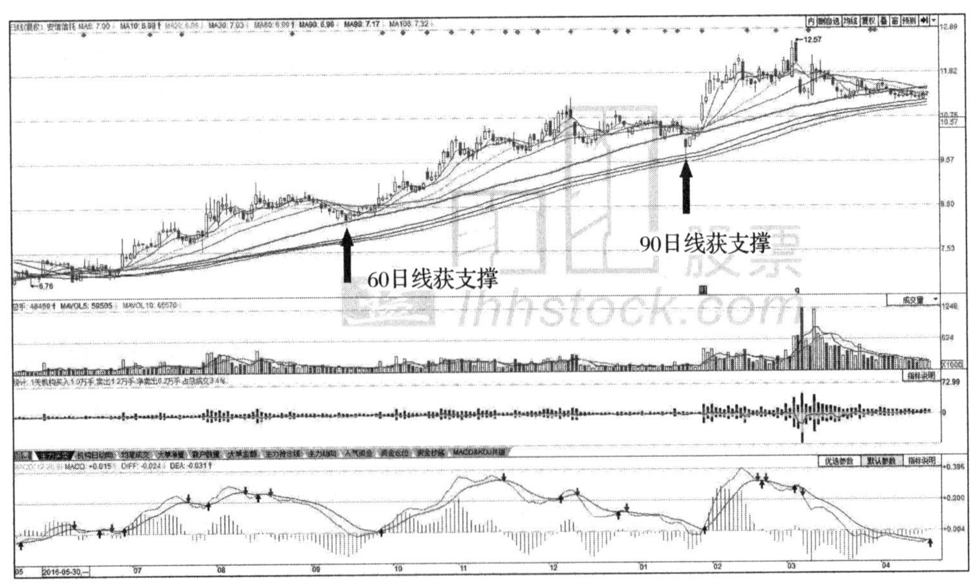

30日线、60日线、90日线除了支撑作用外，其拐点的提示作用也是相当有价值的。当股价爬上30日线，使得30日线掉头向上时，那么就预示着行情可能转向

多头行情，如果60日线随后也跟着掉头向上，那么多头行情基本确立，当然，90日线也跟进的话，牛票或牛市来了。此时均线系统5日、10日、20日至90日线甚至120日半年线及240日年线依次向上发散，在股价一波波浪形上涨的作用下，月线系统与季线系统会发散后黏合，黏合后再发散，相对来说年线系统就不太明显。反之，30日线、60日线掉头向下，则预示着空头行情的到来，此时，均线系统向下发散，也会有发散黏合的现象，不过，没有多头行情那么规律性强。

总之，由于均线系统是由多条均线组成，短期均线系统指示短期行情，中期均线系统指示中期行情，长期均线系统则指示长期行情，而本质还是以单根均线为基础，反映的是一个时间段内的股价均值变动，实质还是股价的变动，所以，均线系统具有相当程度的可靠性。如果在实际运用中结合波浪理论，其可靠性会更高。

为什么要画趋势线

在K线图上沿着K线运动的方向画出的一根直线条就是趋势线。

下面我们仔细分析一下趋势线：

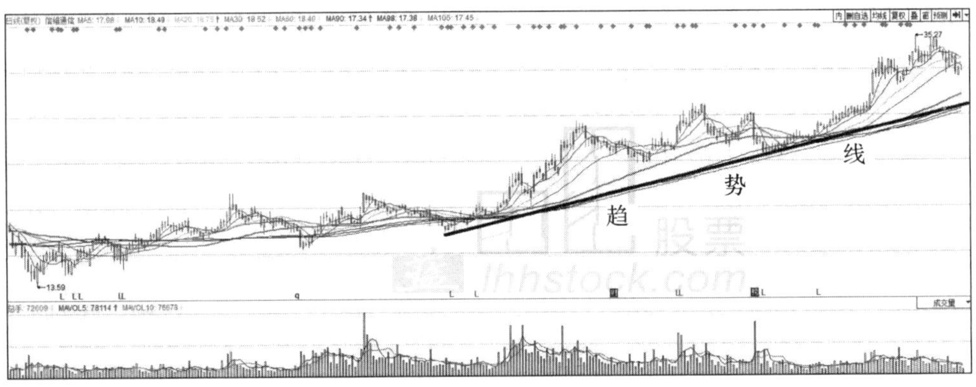

在股票技术分析基础理论中，趋势分析法是十分重要的一种技术分析。而趋势分析法中画线法的线形分析，是最为常见的一种预测分析。

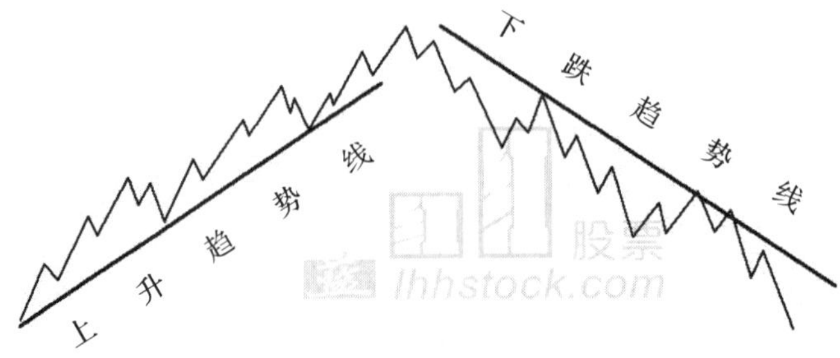

股票市场的上升波动是由一连串的波浪所组成，这些波浪的底部形成了一条向上倾斜的直线，而股票市场的下跌波动同样也是由一连串的波浪组成，不过这些波浪的顶部形成的是一条向下倾斜的直线而已。这两条线连接连续性上升波浪底部所形成的上倾的线与连接连续性下跌波浪顶部所形成的下倾的线就是趋势线。

趋势线是所有线形分析中最核心的分析方法，因为其他线形分析最终都是要为预测未来趋势服务。

根据道氏理论，股票的价格波动遵循趋势而波动。这种趋势可能是上升、下跌或者盘整。根据价格朝某一方向移动的时间长短而画出的趋势线，可以简单地分为：主要（原始）移动（短期趋势）、中级移动（中期趋势）以及次级移动（长期趋势）。几次同方向移动的短期趋势可以形成中期趋势，几次同方向移动的中期趋势组成长期趋势。当长期趋势走到尽头，股价无法再朝同方向发展时，就会发生逆转，朝相反的方向转变而形成另外的一种长期趋势。市场就是这样周而复始，循环往复地推进。

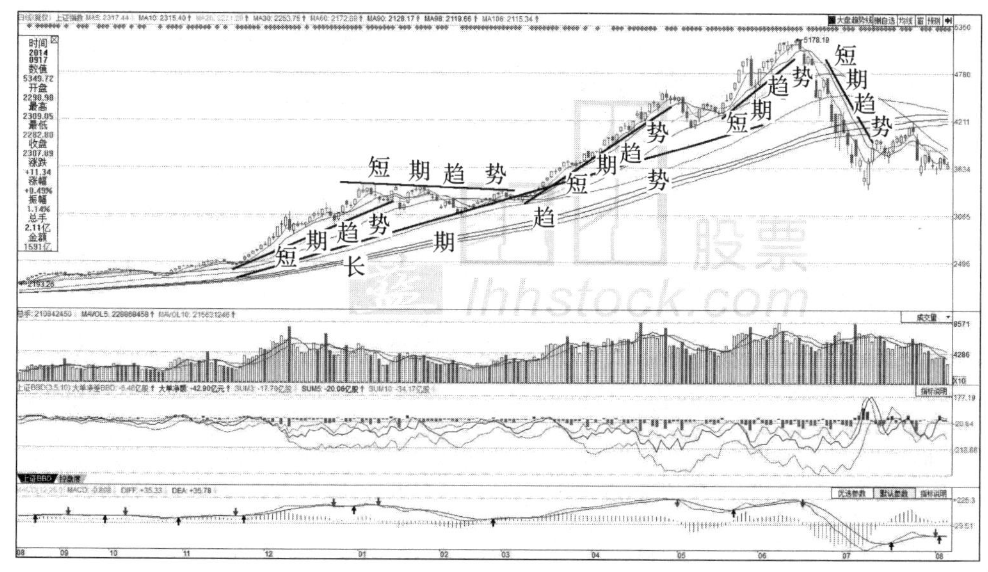

我们还可以进一步地概括为：原始上升趋势线包括几段上升行情，可以明显地看出每段中级行情的低点都比前几段行情的低点有所抬高。因此，连接这两个

最先形成的中级行情的低点，或者说最具有意义的两个中级行情低点的直线，就形成了上升行情的原始趋势线。同样的，中级行情也包括几段小行情，将最先的两段小行情的低点连接起来便形成了中级趋势线。

原始趋势线最初的低点也就是下跌行情转为上升行情所出现的第一个底部形成点，在短期内至少在一年以内此价位没有再出现。原始趋势线之最高点就是由上升行情转为下跌行情所出现的第一个头部的形成点，短期内（至少10个月）没有再出现比这个位更高的价位。

在股价不断变化的同时，趋势线有可能也要根据趋势的变化对原有的趋势线做出相应的修正和调整，其修正的方法是：将最新的峰顶或者谷底与原有趋势上的最近一个连接点相连接，这样就形成了被修正的新的趋势线，称作修正趋势线。

这是上证指数自1992年开市以来的原始上升趋势线。

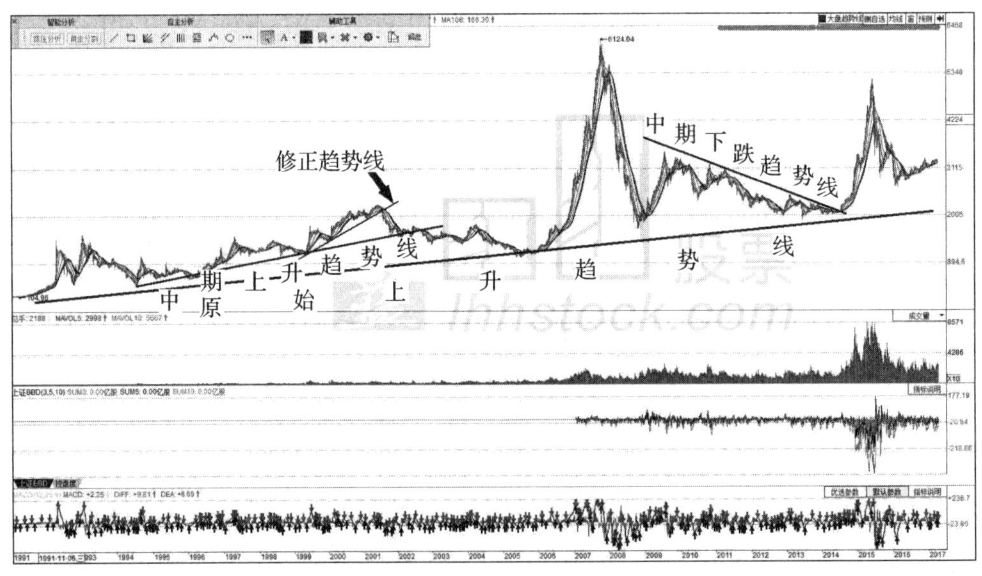

一般而言，判断一个中期以上的上升趋势线的权威性及准确性应注意以下几点：

1.趋势线被触及的次数。

次数越多，该趋势线的可靠性就越大。也就是说：如果股价回到趋势线上，就再度上升（或者下降），这样的次数越多，则趋势线的有效性就越能得到确认。

2.趋势线的长度和持续时间。

如果一轮涨势或者跌势越过趋势线的时间越久，大势反转的可能性也就越大。趋势线延伸越长，同时两个靠近的次级底部的连线不能太平或者太陡,否则其参考意义不大。相反，两个次级底部的距离相当远，则可靠性就会大大地增强。

3.趋势线的角度或者说斜率。

趋势线的角度（斜率）越大，表明股价的上升或者下降的速度越快。因此，其以后的抵抗力也就越弱。对于上升趋势而言，通常斜率为45%度角的斜率是最具有研判意义的。

4.趋势线被突破时的价差大小。

股价在突破趋势线时必须有3%以上的价差才可以确认突破的有效性。

5.股价在趋势线附近的反应大小。

股价在趋势线附近的反应越大，则其确认突破的有效性越强。

6.趋势线发生改变时其成交量的变化。

在上升反转、上升趋势初始确认时，一般情况必须随着成交量的放大；而在下跌反转、下跌趋势初始确认时，则无须成交量的确认。

趋势线的作用主要有：一可以判断股价上行或下跌的趋势是在上行趋势中还是在下行趋势中，当然还可以判断上行时的回调底部或下行时的反弹顶部。二可以判断趋势反转的拐点，即下跌趋势开始的起点或上涨趋势开始的起点。正因为这两点的作用，所以趋势线在实际运用中有其重要性。

为什么黄金分割线深受股民喜爱

在股票软件的画线工具中，有一种黄金分割线的画法常被股民用来预测股票价格的走向。

一、黄金分割线的相关概念

黄金分割是指将整体一分为二，较大部分与整体部分的比值等于较小部分与较大部分的比值，其比值约为0.618。这个比例被公认为是最能引起美感的比例，因此被称为黄金分割。其数学定义公式为：

设一条线段AB的长度为a，C点在靠近B点的黄金分割点上，且AC为b，则b比a就是黄金数

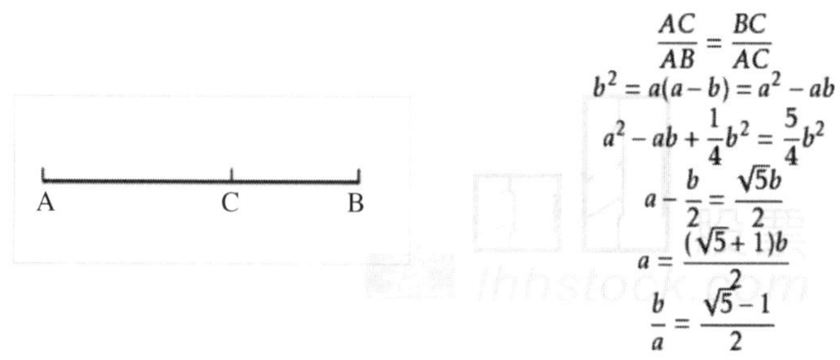

作为一个神奇数字，人们就把它运用在股市的预测中，而且黄金分割线也是股民用来测市的较常见、较受欢迎的技术分析的工具。

一般黄金分割线被广大股民用来查找股价上涨途中的调整支撑位或股价下跌途中的反弹压力位。不过，黄金分割线没有考虑到时间变化对股价的影响，所揭示出来的支撑位与压力位较为固定，股民不知道什么时候会到达支撑位与压力位。因此，如果指数或股价在顶部或底部横盘运行的时间过长，则其参考作用要打一定的折扣，但这仍然不影响黄金分割线被股民喜爱的热忱。

黄金分割线是利用黄金分割比率进行的切线画法，它主要有5个黄金点，一般按0.236、0.382、0.5、0.618、0.809来分割。每当在行情发生转势后，无论是止跌转升或止升转跌，以近期走势中重要的高点和低点作为基数，画出黄金分割线，股价在反转后的走势将可能在这些黄金分割点上遇到暂时的阻力或支撑。

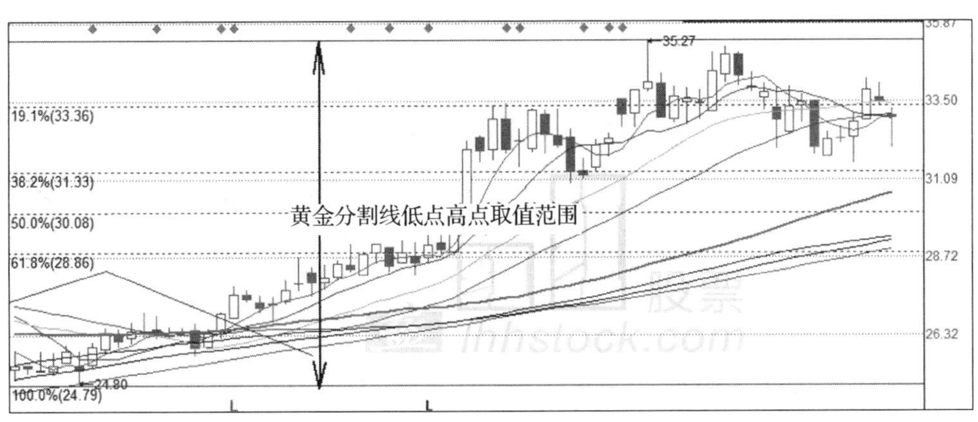

绝大多数股票分析软件上都有画线辅助功能，黄金分割线的作图比较简单，画法如下：

第一步，找到分析软件的画线功能将其点击；

第二步，在画线工具栏中点击黄金分割选项；

第三步，如果股价正处见底回升的阶段，以此低点为基点，用鼠标左键点击此低点，并按住鼠标左键不放，拖动鼠标使边线对齐相应的高点，即回溯这一下跌波段的峰顶，松开鼠标左键系统即生成向上反弹上档压力位的黄金分割线。

002074国轩高科在产生一波下跌浪后，在黄金分割位0.382处产生压力遇阻下跌。

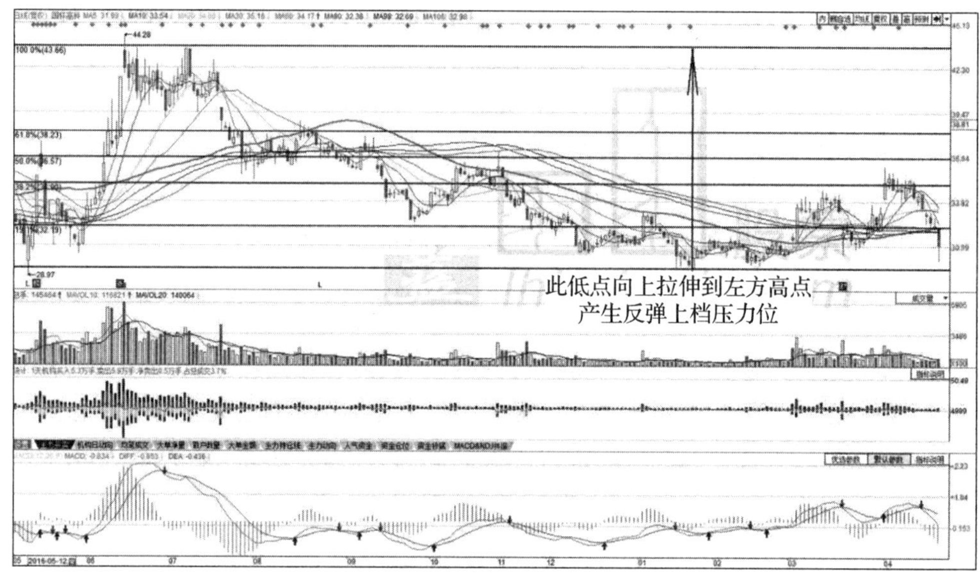

如果股价正处于见顶回落的阶段，以此高点为基点，用鼠标左键点击此高点，并按住鼠标左键不放，拖动鼠标使边线对齐相应的低点，即回溯这一上涨波段的谷底，松开鼠标左键系统即生成黄金分割线。

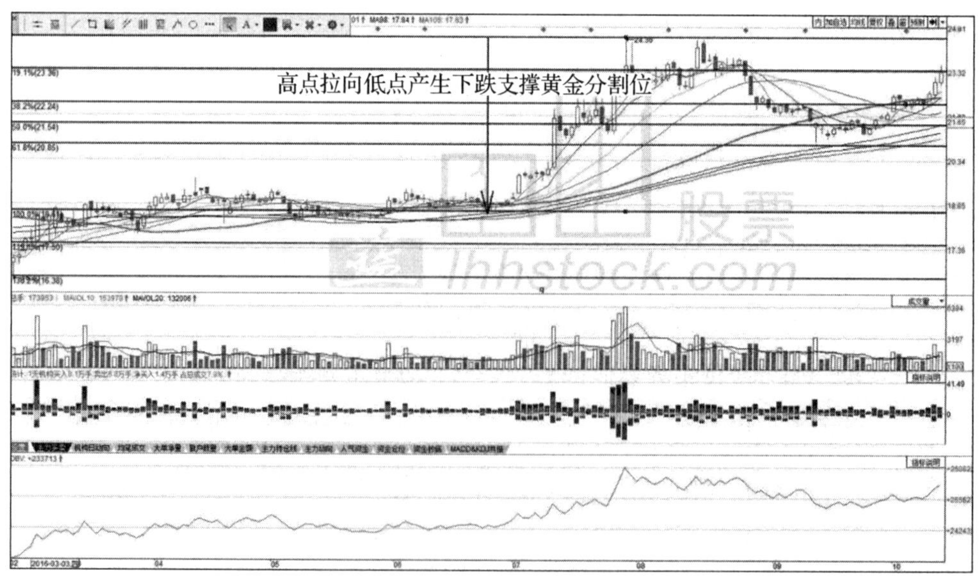

在黄金分割线的实际运用时，有若干个特殊数字0.191、0.382、0.50、0.618、0.809、1.00、1.618、2.236、2.854，其中0.382，0.618，1.382，1.618最为重要，价格极为容易在由这四个数产生的黄金分割线处产生支撑和压力。

二、黄金分割线的实战运用

黄金分割线的实战运用主要集中在两个方面，一个是利用股价回调和反弹的幅度来预测股价运行趋势，另一个则是判断股价的回调支撑区和反弹压力区。

（一）利用回调和反弹幅度来判断走势

利用黄金分割线，可以依据股价向下回调的幅度和向上反弹的高度，来判断行情的性质和股价未来的运行趋势。

1. 从回调幅度判断。一轮真正的上升行情中，会有几次级别比较大的回调整理过程，这种回调整理的第一目标位，一般是前段上升行情高度的0.382线附近，第二和第三目标位则是前段上升行情高度的0.5线和0.618线附近。

如果股价回调到0.382线附近时，就重拾升势，则表明股价的强势上升行情依旧。当股价向下击穿0.382这条重要支撑线后，该段上升行情的0.5线是最重要的支撑位。

如果股价回调到0.5线附近时，就又重新返身向上，则说明股价的上升行情并未结束。当股价向下击穿0.5线这条重要支撑线后，该段上升行情高度的0.618线就是最后一个支撑位。

如果股价有效向下击穿0.618线，则说明这段上升行情即将结束，股价的上升趋势将转为下降趋势或水平运动趋势。

2. 从反弹幅度判断。一轮大的下跌行情中会有几次级别较大的反弹出货过程，这种反弹出货过程，对于股民逢高卖出股票有很大的帮助，同时，还可以用黄金分割线来判断反弹行情的性质。

当股价从高位下跌过程中，由于前期跌势过猛，股价会有一个比较大的反弹。当这种反弹高度未到0.382线处，就又重新下跌，则意味着这种反弹是弱势反弹，股价未来的跌势可能会更加凶猛。

当股价的反弹高度未到0.5线处，就重新下跌，则预示着这种反弹是下跌途中的中级抵抗，股价的下降趋势依旧，下跌行情尚未结束。

当股价的反弹高度达到0.618线处时，说明股价的下跌趋势将趋缓，下跌行情也有可能转向横向整理的行情。

（二）判断支撑和压力区

黄金分割线的另一个运用就是利用不同黄金分割线之间的距离，将股价的上升和下降行情，划分为几个回调支撑区和反弹压力区，借以判断股价未来的运行趋势。

1. 回调支撑区。在一轮比较大级别的上升行情中，股票运行态势按黄金分割标准划分，自上而下可分为四个区域，即无压力区、强力支撑区、最后支撑区和无支撑区等。

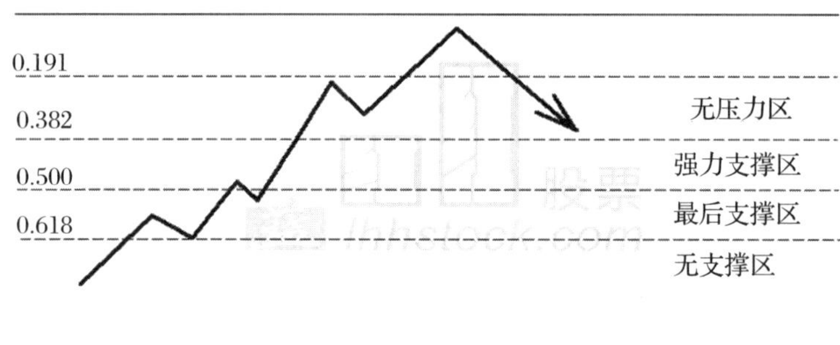

2. 无压力区。上升行情中的无压力区，是指股价在上升过程中的0.382这条黄金分割线以上的区域。在一轮大的上升行情里，股价一般都会出现几次比较大的回调走势，而在这种回调过程中，只要股价始终运行在0.382这条黄金分割线以上的区域时，股票的上升趋势就会持续下去，这对股民的持股待涨和逢低买入的决策很有帮助。

不过，这里的无压力区并不是说股价的运行无压力，而是指股价在这个区域中、重新向上运行时的压力相对比较小，其再度上冲的真正压力是在这一轮行情前期所创下的高点附近，换句话而言，也就是只有股价真正突破前期高点后、继续向上运行时，才算得上没有真正的压力，即所谓的“涨不言顶”。

3. 强力支撑区。上升行情中的强力支撑区，是指股价在上升过程中的0.382、0.5这两条黄金分割线之间的区域。当股价经过一轮比较大的上升行情、开始向下回调整理时，如果回调至0.382、0.5线之间的区域就遇到比较强劲的支撑，只要股价始终运行在0.382—0.5线之间的区域，就表明此前股价从高位的回调整理，是一种上升行情中的强势整理行情，股价的上升趋势并未发生改变。

强力支撑区是股价上升行情中的一个重要回调支撑区域，也是投资者持股观望或清仓出局的决策区域。一旦股价在这个区域运行一段时间后又返身向上，就可能意味着强势整理已经结束，股价将重拾升势，此时，投资决策还是以持股待涨或逢低吸纳为主。而一旦股价向下突破这个强势整理区，就应引起股民的高度警觉并随时清仓离场。

当这个强势整理区被有效向下突破后，它就可能变成一个重要的压力区，并成为未来股价向上运行的强大压力区。

4. 最后支撑区。上升行情中的最后支撑区，是指股价在上升过程中0.5—0.618这两条黄金分割线之间的区域。这个区域是判断股价的上升行情是结束还是希望尚存的重要区域，也是主力可能护盘的最后区域。

当股价运行在0.5—0.618这个区域时，说明股价的上升行情尚未结束，股价再次向上的可能性仍在。而一旦股价有效向下突破0.5—0.618这个区域时，则说明股价的上升行情即将结束，股价向下运行的可能性日益大增，此时的投资决策应以持币观望为主。

5. 无支撑区。上升行情中的无支撑区，是指股价在上升行情末期、运行在0.618这个黄金分割线以下的区域。0.618这条黄金分割线是上升行情的比较重要的支撑线，它不仅可以显示上升行情中回调整理的极限位置，还决定了这种回调整理是上升行情中的正常整理还是新的一轮下跌行情的开始。如果股价向下有效突破0.618线，则意味着原来的股价上升行情已经结束，股价将由原来的上升趋势转变为下降趋势。

与无压力区相同，这里的无支撑区并不是说股价运行无支撑，而是指股价在这个区域运行时，该区域对其支撑力非常小，股价大多以阴跌为主。此后，股价运行的唯一支撑点是在这轮上升行情的起点。对于刚刚进入无支撑区的股票，股民唯一的投资决策应该是持币观望。

（三）反弹压力区

在一轮比较大级别的下跌行情中，股票运行态势按黄金分割标准划分，自上而下可分为四个区域，即无支撑区、强压力区、最后压力区和无压力区等。

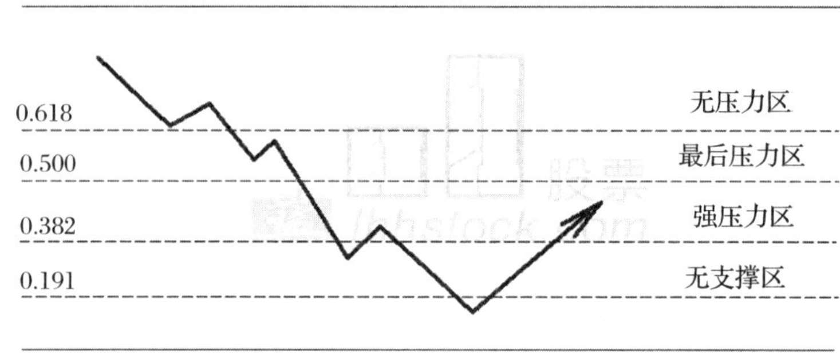

1. 无支撑区。下跌行情中的无支撑区，是指股价在上跌过程中的0.382这条黄金分割线以下的区域。在一轮大的下跌行情里，股价一般都会出现几次比较大的反弹走势，而在这种向上反弹过程中，只要股价始终运行在0.382这条线黄金分割线以下的区域时，股票的下降趋势就会持续下去。

下跌行情中的无支撑区对投资者来说是个非常重要的一个区域。在价值投资盛行的行情中，对于那些基本面已经或开始恶化的个股，股民不能因为其价低就买，因为股谚有云“跌不言底”，即在股市下跌过程中不能轻易地判断其底部，因此，面对那些运行在无支撑区的个股，股民最好的操作策略就是持币观望。

2. 强压力区。下跌行情中的强压力区，是指股价在下跌反弹过程中的0.382—0.5这两条黄金分割线之间的区域。当股价经过一段跌幅比较大的下跌行情后，反弹到0.382—0.5之间的区域时，就表明股价已经触及一个重要的强压力区。

如果股价能有效站稳或向上突破这个强压力区，则表明股价向上反弹的趋势还将继续，而如果股价只是触及这个区域后便重新掉头向下运行，则预示着股价的反弹行情即将结束，股价将开始新一轮的下跌行情。

对于大部分股票而言，经过一段幅度比较大的反弹行情后，在这个强压力区附近遇到强大压力而重新下跌的概率相当大，因此，当股票运行到这个强大压力区时，股民应密切注意股价的运行趋势，随时做好短线卖出股票的准备。

3. 最后压力区。下跌行情中的强压力区，是指股价在下跌反弹过程中的0.5—0.618这两条黄金分割线之间的区域。当股价经过一段跌幅比较大的下跌行情后，反弹到0.5—0.618之间的区域时，就表明股价已经触及非常重要的压力区。

如果股价能有效站稳或向上突破这个最后的压力区，则表明股价有了向上反转的趋势，如果股价突破该阻力区则将开始一轮涨势。因此，当股票突破最后压力区时，股民应密切注意股价的运行趋势，做好持股待涨的准备。

4. 无压力区。下跌反弹行情中的无压力区，是指股价在反弹到0.618这个黄金分割线以上的区域。0.618这条黄金分割线是反弹行情的比较重要的压力线，它不仅可以显示反弹行情中反弹的极限位置，还决定了这种反弹是下跌行情中的正常反弹，还是新的一轮上涨行情的开始。

这里的无压力区并不是说股价运行无压力，而是指股价在这个区域运行时，该区域对其压力非常小，股价大多以上涨为主。

总之，黄金分割线由于以数字形式明确了股价运行的支撑位与压力位，而且有多层支撑位与压力位，在分析时比较一目了然，所以，深受股民喜爱。

为什么MACD为第一技术分析指标

当你打开一个股票软件，你会发现技术指标里的第一个指标就是MACD，这是所有软件默认的第一技术分析指标。我们来看看什么是MACD指标。

MACD称为平滑移动平均线，对于指数来说称为指数平滑移动平均线，对于个股来说称为股价平滑移动平均线。它是从双移动平均线发展而来的，将快的移动平均线（EMA12）减去慢的移动平均线（EMA26）得到快线DIF，再用2×（快线DIF-DIF的9日加权移动均线DEA）得到MACD柱。如图：

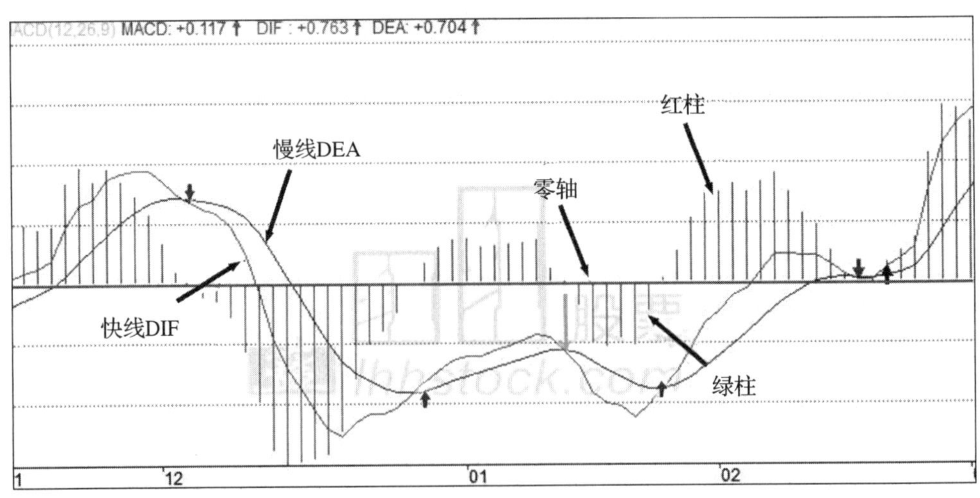

MACD的定义是平滑移动平均线，由此看出该指标的设计源于移动平均线。众所周知，移动平均线是最易识别趋势的单线类指标，组成的均线系统，可以帮助交易者对指数或股价进行趋势性的分析。MACD正是利用了均线的易识别趋势的特性而加工成的综合指标。所以从MACD的定义上表明了它成为第一技术分析指标的可能性。

我们再看看其指标的计算过程，先行计算出快速（一般选12日）移动平均值与慢速（一般选26日）移动平均值。以这两个数值作为测量两者（快速线与慢速线）间的“差离值”依据。所谓“差离值”（DIF），即12日EMA数值减去26日EMA数值。根据差离值计算其9日的EMA，即离差平均值，是所求的DEA值。为了不与指标原名相混淆，此值又名DEA或DEM。 计算出的DIF与DEA为正或负值，因而形成在零轴上下移动的两条快速与慢速线。为了方便判断，用DIF减去DEA，用以绘制柱状图。具体的公式如下：

12日EMA的计算：EMA12 = 前一日EMA（12） × 11/13 + 今日收盘 × 2/13

26日EMA的计算：EMA26 = 前一日EMA（26） × 25/27 + 今日收盘 × 2/27

差离值（DIF）的计算： DIF =今日EMA12- EMA26。

根据差离值计算其9日的EMA，即离差平均值，是所求的DEA值。

今日DEA = 前一日DEA × 8/10 + 今日DIF × 2/10

计算出的DIF与DEA为正或负值，形成了在零轴上下移动的两条快速与慢速线，用DIF减去DEA再乘以2得到MACD，用以绘制柱状图，柱状线正负值的临界线则成为零轴。

从上述的计算过程及计算后所形成的图形，可以看出其计算过程既复杂又周到，复杂的是通过12日与26日的差离值DIF再计算出9日离差平均值EMA，再计算出MACD柱，从而形成MACD指标图；周到的是在指标图上既有快慢线的涨跌指示又有MACD柱状线的涨跌指示，还有零轴的多空分割指示。因此，它是所有技术指标中唯一的一图三指示的指标。

我们再看看MACD指标在股价运行时所提示的市场意义：

1.MACD的意义。

当MACD从负数绿柱转向正数红柱时，是买入的信号。当MACD从正数红柱转向负数绿柱时，是卖出的信号。当MACD以大角度变化，表示快的移动平均线和慢的移动平均线的差距非常迅速地拉开，代表了一个市场大趋势的转变信号。

2.零轴的意义。

零轴又称之为多空分水岭，零轴以上表示股价趋势处于多头市场，零轴以下表示股价趋势处于空头市场。零轴就是多空转变的信号。

3.快慢线的意义。

白线DIF值和黄线DEA值在零轴以下时属于空头市场，当DIF值和DEA值穿上零轴时，表示股价趋势将进入多头市场；反之，DIF值和DEA值下穿零轴之下时，表示股价趋势将进入空头市场。当DIF上穿DEA时，称之为快线金叉慢线，属于做多金叉信号。反之，当DIF下穿DEA时，称之为快线死叉慢线，属于做空死叉信号。

从MACD在股价运行时所发出的信号看，其丰富程度也是其他指标无法比拟的。它快慢线既有MACD柱状线红绿信号提示，还有柱状线高低的信号提示；既有零轴以下或以上的信号提示，还有快慢线的金叉死叉信号提示，零轴还有多空分水岭信号提示。所以，从MACD在股价运行时所显示的多种信号来说也是相当齐全的，这也是其他指标无法比拟的。

MACD在实际运用中最多使用的是DIF和DEA交叉用法，即DIF和DEA的金叉死叉。

而当DIF与DEA在零轴之上发生金叉时，股价属于强势市场，此时的金叉自然也就定义为强势金叉，股价后市成功惯性上攻的概率较高。若零轴之上出现二次金叉信号时，又被称之为零上二次红金叉，属于股价强势中的强势，此时跟进做多，股价往往容易出现加速上涨。属于短线极佳买点。如下图：

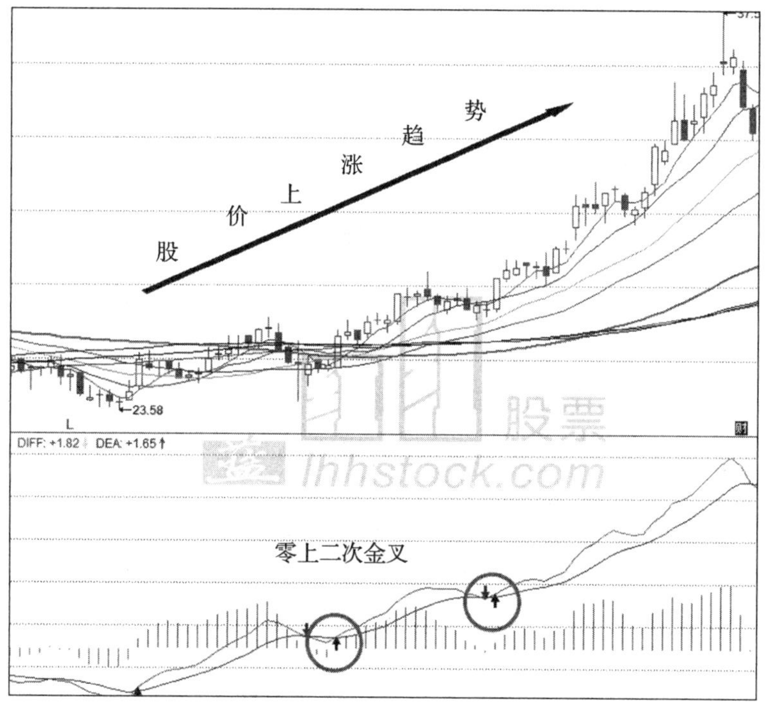

金叉是技术指标中比较常用的做多法则。但是MACD指标的金叉有其相当的实用性。主要是本身指标原理是源于均线原理，所以，DIF和DEA线条形态与股价走势非常之贴切，因此，金叉频率非常适度，没有像KDJ等其他指标要么金叉频率过高，要么金叉频率过低，使股民难以把握。而从上图可以看出，零上金叉只是在行情起动时出现了两次，这就是MACD的高明之处。

反之，当DIF与DEA在零轴之下发生死叉时，通常定义为股价下跌趋势途中的继续回调，后市股价惯性下跌的概率较高，尤其是MACD零轴之下出现二次死叉时，股价更容易出现加速下跌行情，所以零轴之下，无论出现的是一次死叉或二次死叉，股民都应当采相应的做空策略。如下图：

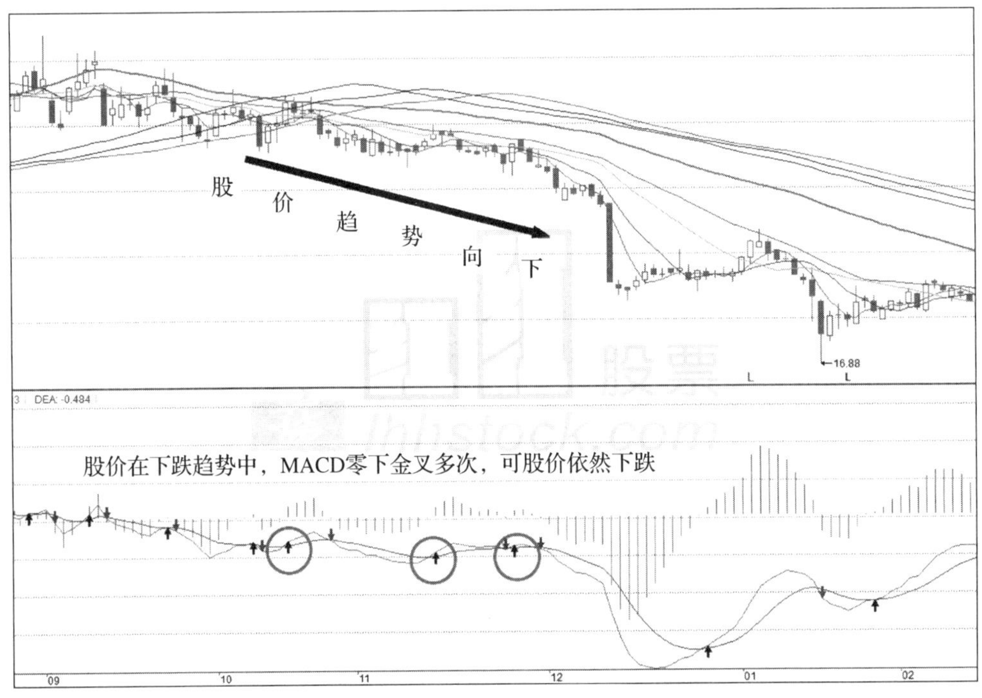

死叉也是技术指标中比较常用的做空法则。从上图中可以看出当DIF与DEA在零轴之下时，股价也在中长期均线之下，其走势非常贴切说明处于弱势状态。当然，还有股价大幅上涨后的死叉用法。无论是哪种死叉用法，其直观性在所有技术指标中都是最强的。

在查看DIF与DEA金叉死叉的同时，还可以观察MACD柱状线作辅助。当零轴之上刚刚出现较短的红色柱状体时，表示股价刚刚进入多头市场，股民可以配合DIF与DEA金叉死叉择机介入做多或继续持股待涨。当零轴之上随着红色柱状体的逐渐延长，目测感觉红色柱状体无法继续放大时，应谨防红柱缩短，再配合DIF与DEA金叉死叉考虑止盈策略。反之，当零轴之下刚刚出现绿色柱状体时，表示股价刚刚进入空头市场，应静观其变。当零轴之下，随着绿色柱状体的逐渐放大增长，目测感觉绿色柱状体已经增长到极限，无法再继续放大增长时，可以试探性做多。

综上所述，MACD指标无论在设计原理的源头，还是在内容的完整性及参考的多样性上都是其他指标无法比拟的，称其为第一趋势技术指标应该是当之无愧。其内容的完整及参考的多样，使之相对其他技术指标的可靠性也最强。所以，几乎所有的股票软件均把MACD指标列为第一技术指标。

23 为什么MACD与KDJ金叉共振需要配合其他因素

KDJ指标是一个随机性摆动指标，反应很灵敏，用于预测短期的股价走势。股价稍有波动，就能明显地从KDJ指标中看出来，造成频繁出现买卖信号，使股民摸不着头脑，不知如何操作。所以有些股民就再利用预测中期股价走势的趋势指标MACD的金叉买点的叠加来判断股价的未来走势，从而既克服了KDJ的信号频繁性，也解决了MACD趋势指标的滞后性。这样综合使用这两个指标可以过滤掉一些虚假信号，使买入点位更可靠。所以，MACD与KDJ金叉共振是有些股民比较看重的。

但是在实际的操作中，却并没有想象的那么容易。即使找到了金叉共振也存在很大的不确定性，我们来多看几个实例吧。

300458全志科技在这么漫长的一轮走势中，只有两个金叉共振，而且相隔只有两周左右，金叉共振后并没有大的趋势行情，相反形成了一波大的跌势。单从技术分析此股金叉共振应该要涨，但是从基本面分析此股为虚拟现实概念股，市盈率将近100、主营业务为集成电路的研发与销售，增长只有3.5%、股价却在100元左右，虽然是2015年上市的新股，但是其成长存在很大的不确定性，所以技术性的金叉共振对此股没有作用，只是逃命的机会。

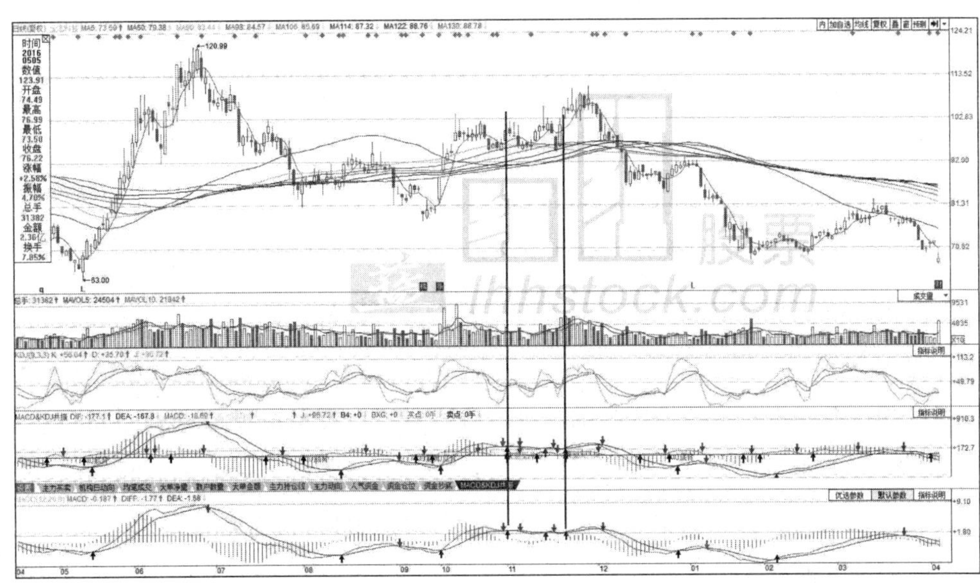

300484蓝海华腾也是在漫长的走势中只有一个金叉，但是也正是这一个金叉后却引发了一轮跌势。再看看其F10的基本面，公司主营电动汽车电机控制器，新能源产业国家扶持，净资产收益率24.84%，市盈率为50，主营业务及净利润增长率均超100%，毛利率47%，2016年3月上市的新股，此股的下跌明显是因为创业板大盘的下跌所致，而技术上的MACD与KDJ金叉共振也挽救不了创业板大盘的跌势影响。

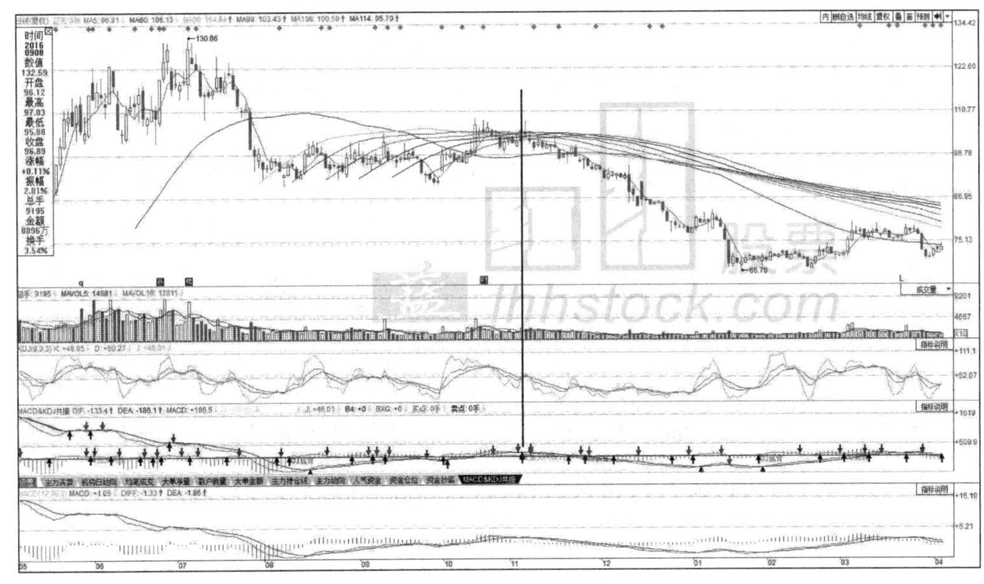

从上面的例子中可以看出，MACD与KDJ的金叉共振带有一定的巧合性，因为，一个是趋势指标，一个是随机指标，其基本的算法也是不同的。再说KDJ的金叉死叉频率是比较高的，偶尔遇到金叉死叉频率较低的MACD，并不代表一定有共振的效应。所以，MACD与KDJ的金叉共振还是需要一些大盘因素和股票的基本面因素的配合。我们看几个有其他因素配合的金叉共振。

600828茂业商业在最近的一轮行情中连续三次MACD与KDJ金叉共振，虽然金叉后有所回档，但是都是一浪高过一浪，金叉共振效果明显。看看F10基本面，公司主营超市百货的零售与批发，市盈率34，主营业务增长50%，利润同比下降12%（这种数据是非正常数据）。此类股应该避而远之。但是它却随着一轮上证指数的上涨，也上演了一轮涨势，MACD与KDJ的金叉共振再加上上证指数的共振起到了推波助澜的作用。

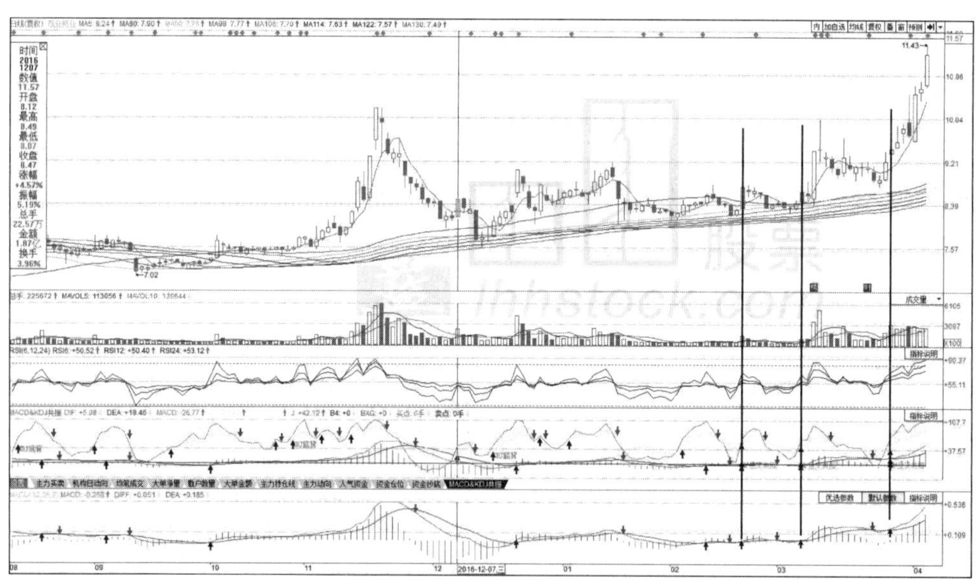

300156神雾环保在这波的升势中出现了三次金叉共振，而其升幅也是相当可观。再看看其F10的基本面，主营业务为电石行业提供工业炉窑清洁生产技术服务，并一直致力于为以电石行业为主的高耗能工业领域提供节能环保的工业炉窑系统的解决方案。这是一个绝对的节能环保朝阳行业，财务数据市盈率50，净资产收益率34%，主营业务增长率为157%，净利润增长为289%，扣非后净利润增长率也有250%，其深度财务数据负债率48%，货币资金195954.21万元，存货只有95153万元，固定资产20117万元（轻资产），股东权益258049万元，而且财务报表显示公司大单不断，2017年3月又中标59亿大单。所以此股无视创业板的跌势一路走牛。良好的基本面，驱使股价上涨，而股价的上涨形成了MACD与KDJ金叉共振的不断出现。

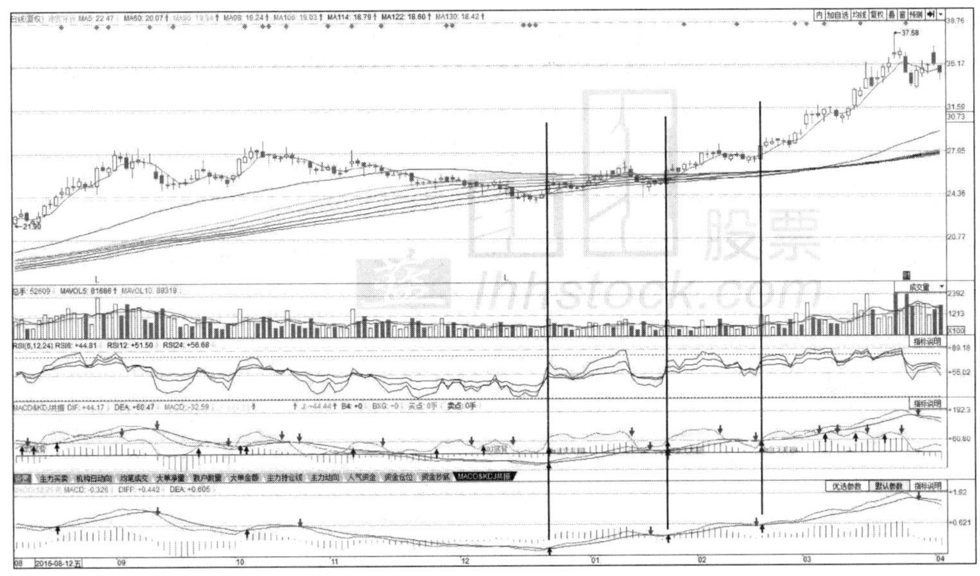

600260凯乐科技在股价横盘一段时间后向下，幅度不小，形成一个坑后出现了两次金叉共振，股价一路上扬，我们看看其F10，主营通信光纤、光缆、通信硅管等，其还有量子通信概念，应该属于通信科技股。市盈率122，净资产收益率3.9%，主营业务增长156%，净利润增长0.27%。不过这是季报，年报数据会有所修正。其业务比较分散，主要的专网通信毛利只有4.01%。所以，此股基本面一般。但是一轮上证指数的上涨带动了其的一轮上涨。

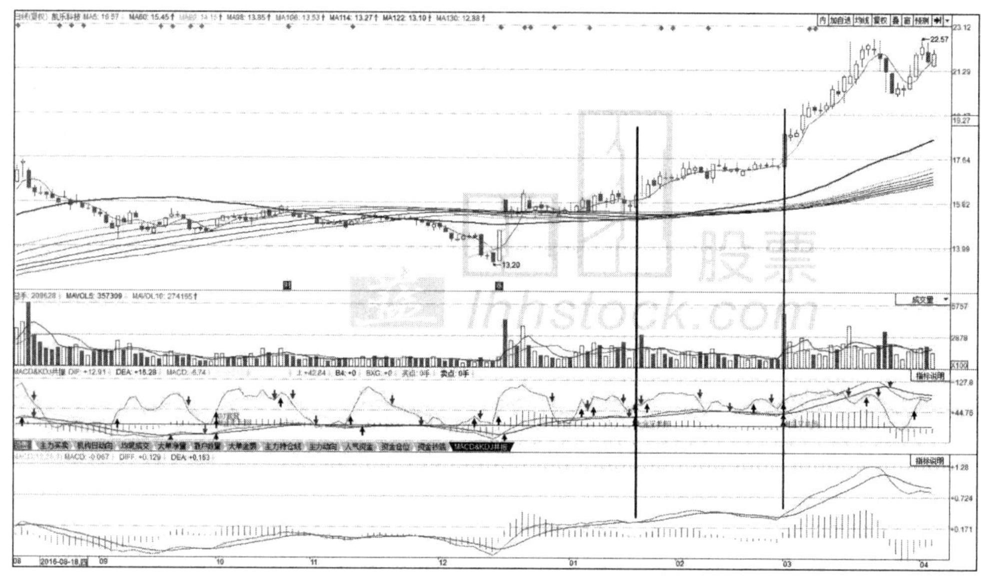

其实，有了一定的因素配合，无所谓金叉共振不共振，股价也会走出上升行情。

601155新城控股在完整的一轮涨势中却没有一个金叉共振。

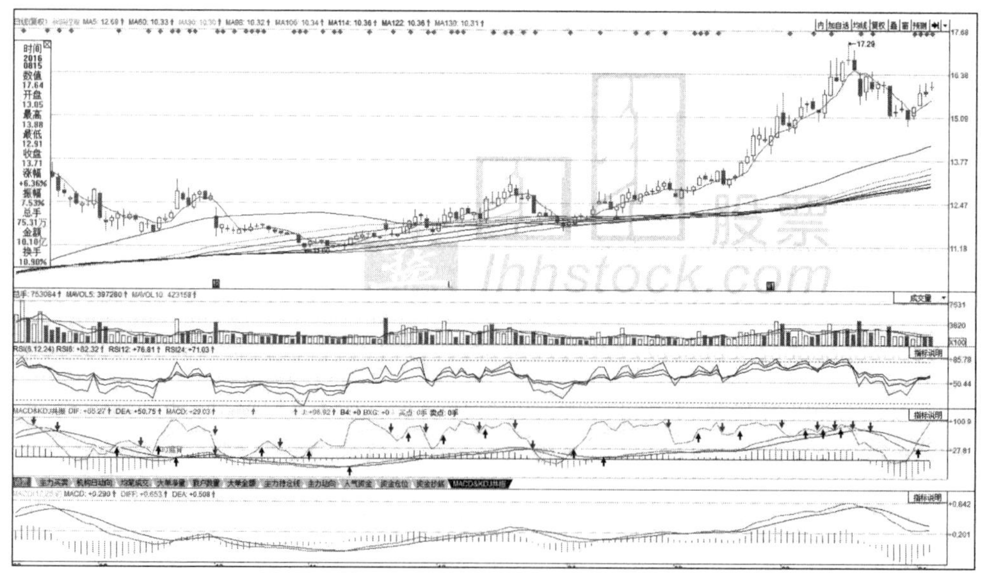

300072三聚环保也是在完整的一轮涨势中没有一个金叉共振。

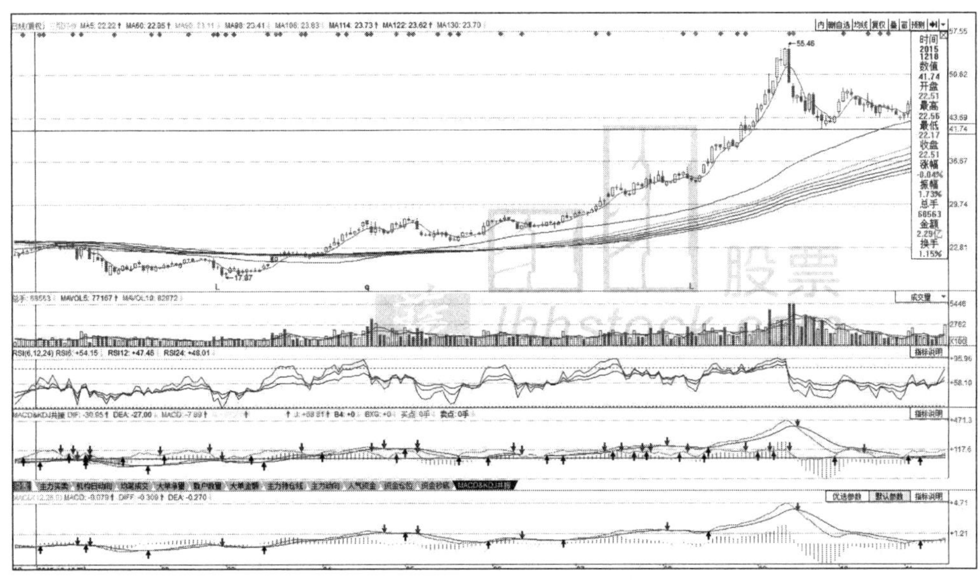

总之，MACD与KDJ金叉共振，有时可能是巧合，有时可能是起涨的开始，所以要配合股票的基本面及大盘的走势一起分析。一旦股票进入上涨阶段，就有可能出现MACD与KDJ的金叉共振，但是也有可能整个上涨阶段都不会有金叉共振的出现。所以，一味地追求技术面的金叉共振，可能有时事半功倍，也有可能错失良机。股价永远在前，指标永远在后。无论技术指标的信号多强烈，毕竟是参考性的，还需要其他因素配合分析。

为什么会说MACD指标零上金叉时买进股票

在多头市场中，当一波大行情来临时，有些股票的MACD指标零上金叉后，股价产生了一波不小的升段，因此，市场上有一种说法就是要等MACD零上金叉时再买股票，很多上涨的图形确实显示MACD零上金叉后会有一段再上涨行情，往往还是主升浪。所以，MACD零上金叉后人们的乐观情绪往往很高。但是如果说这是铁律的话，那么很多人都在股市中赚钱了，赚钱不赚钱我们放一放再说，先看几个MACD零上金叉的情况。

601933永辉超市在零上第一次金叉后没有上涨，第二次金叉后才有了上涨，但是伴有MACD背离现象。

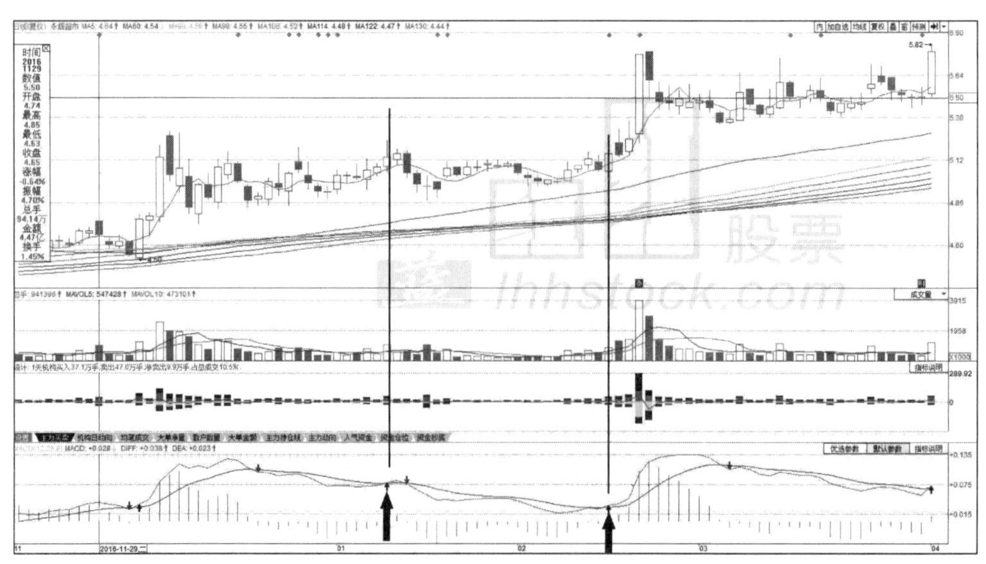

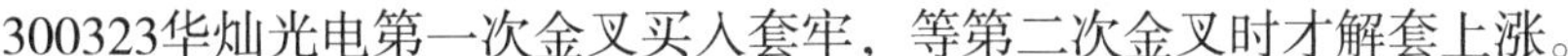

300323华灿光电第一次金叉买入套牢，等第二次金叉时才解套上涨。

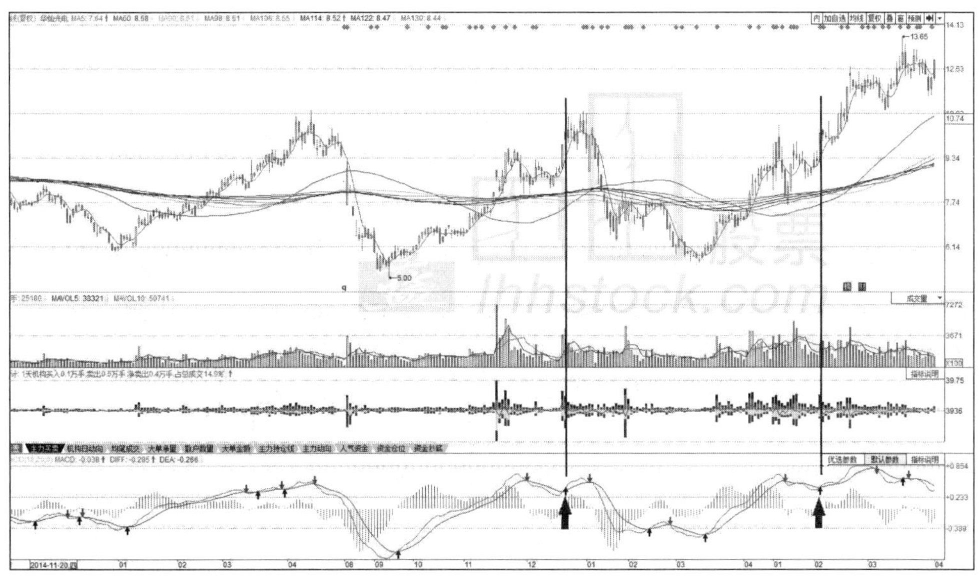

600072中船科技第一次金叉时套牢，第二次金叉才解套后略有上涨。

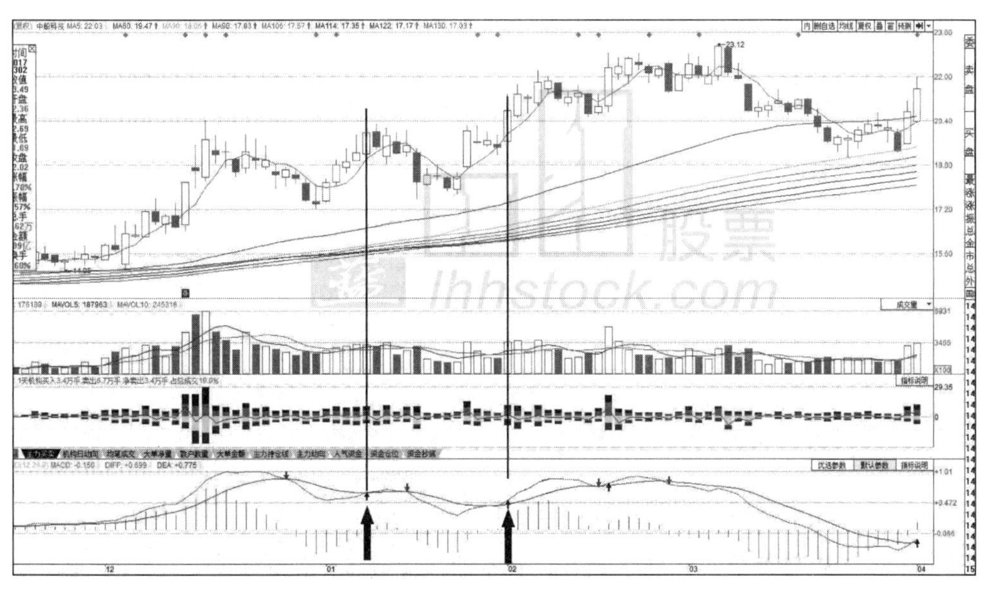

002524光正集团零上第一次金叉后股价缓慢走高。

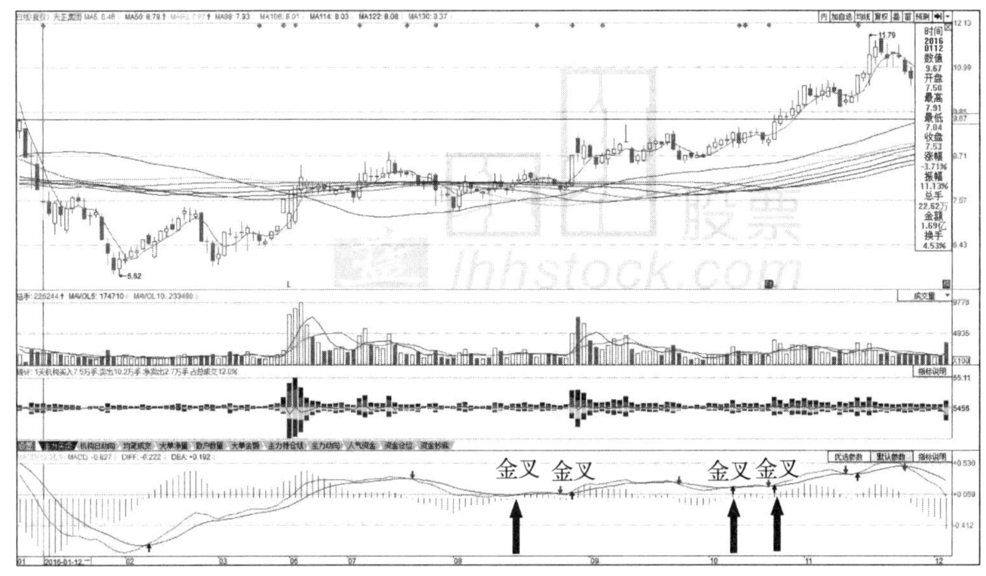

002178延华智能零上第一次金叉之后一路上涨。

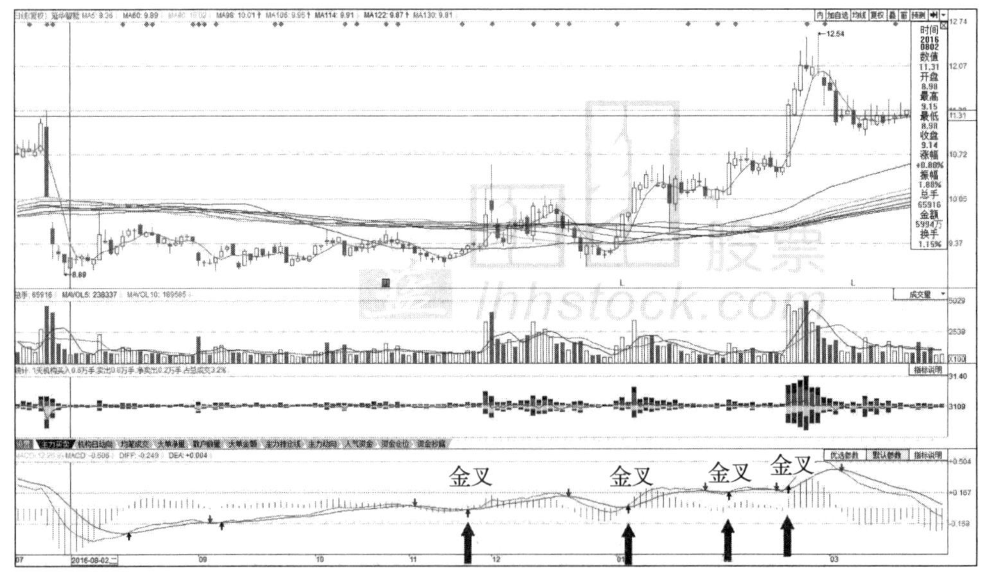

从以上几个例子可以看出MACD零上金叉后确有上涨的可能，但是，也会出现套牢。从趋势上分析，MACD爬上了零轴，形成了上涨的趋势，再加上MACD的金叉论。基于这些理由，股民看到MACD零上金叉当然就乐观了，但是，从前面的几个例子中可以看出金叉之后或金叉之时买入，都是追高买入。

我们再看些出现零上金叉后股价一路下跌的失败的图形。

600773西藏城投第二次金叉后却一路下跌。

600176中国巨石多次零上金叉后股价却没有上涨。

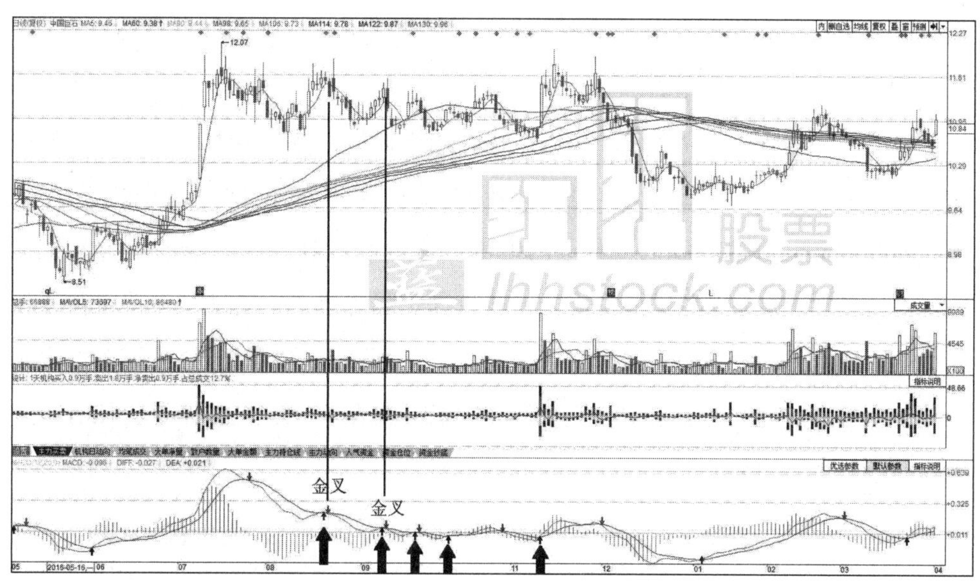

002259升达林业第一次金叉后上涨而第二次金叉后却下跌了。

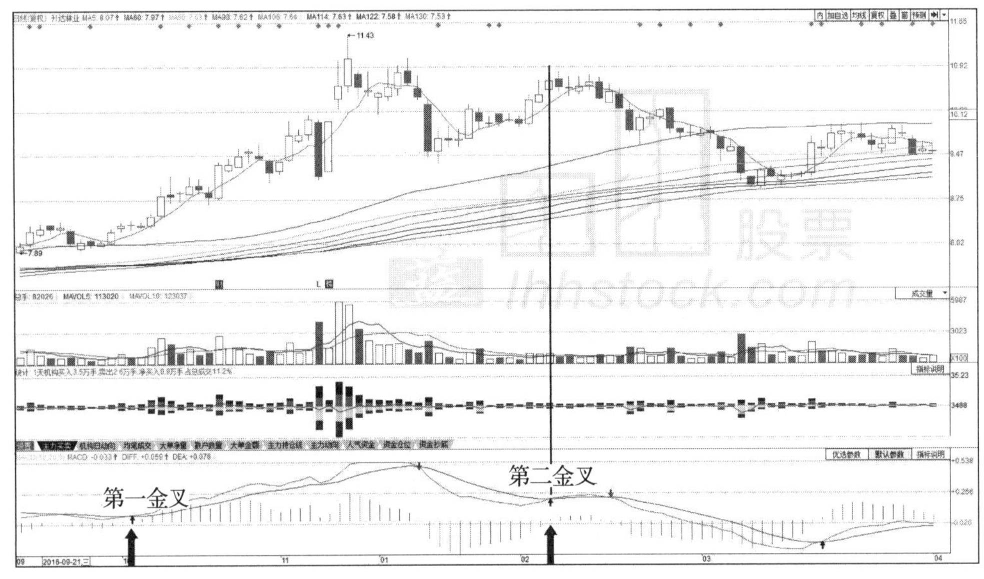

其实，对单单MACD零上金叉并不能乐观，还要结合整个市场环境。如果是处于多头市场，则个股的MACD零上金叉可能会预示有一定的涨势，这还要看该股的股性与基本面及股价是否处于高位；如果是处于盘整震荡市场，则大盘的不确定加上个股的不确定，情况就更复杂了；如果是处于空头市场，虽然MACD零上金叉，在操作上还是谨慎为妙。

当然，MACD零上金叉法在多头市场，用于捕捉一些强势股确实有一定的成功率，但是也要做好不成功的准备，只有做好最坏的准备才会迎来最好的结果。

可以说MACD零上金叉买股票的说法，主要是依据多头市场股价容易上涨的观念，再加上MACD在零上金叉时，股价处于强势状态，上涨的股票也往往在MACD零上金叉之后发力上涨而进入主升段，所以，MACD零上金叉买入的说法有一定的道理。金叉之后追买有它的理由，相比低吸的主张更科学，仍然有很多人选择逢低吸纳的策略。

为什么MACD连环双杀之后要格外小心

随着股价的上涨MACD也随之上涨，但是随着股价在顶部的回落，MACD出现死叉，接着股价反弹，MACD又现金叉，股价又很快下跌，则MACD很快又现死叉。在零上死叉之后金叉接着又是死叉称为MACD连环双杀。

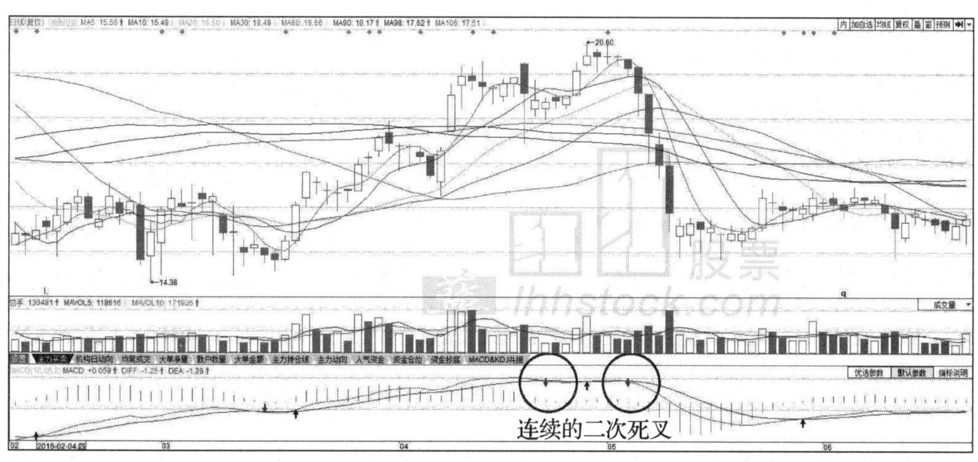

MACD二次死叉的出现往往伴随的是双重顶的出现，而在顶部的特征中，双重顶是最容易出现的图形，所以，当MACD二次死叉即连环双杀出现时要格外小心双重顶的出现。

在一些题材股的炒作中，尤其是一些没有业绩和增长的个股中在顶部出现MACD二次死叉即双重顶时，要格外小心。因为暴跌往往就发生在这类股票上。

000601韶能股份MACD连续三次的连环双杀之后股价一泻千里。此类股发生暴跌的原因与其固定资产有关，其主营为电力、发电，而且是水力发电，如果要在主营业绩增长方面有所提升主要靠固定资产的投入建水坝，也就是既靠资金的投入，又靠资源的提供。这样的主营业务肯定会受到各方的制约，对公司的发展不利，因此公司定增发展其他新能源项目，当然这还是个未知数。这就是公司的基本面状况。这样的基本面在二市股票中只能算中下。因此股价在技术面走坏的情况下就会发生暴跌。

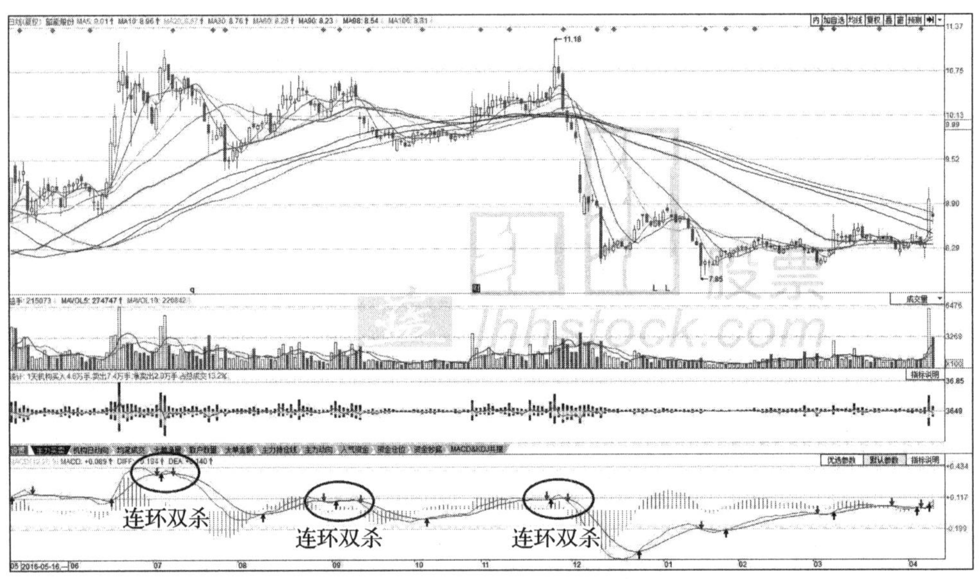

600687刚泰控股也是在连续的二次MACD连环双杀后股价一路下跌，与其基本面有直接的关系，主营业务为贵金属黄金及黄金饰品，在国际金价一路下跌的情况下，其业务也受到很大影响，再者黄金及黄金饰品已经不是人们时兴的消费品，而是一种过了时的可有可无的商品，人们购买的目的已经不是为了炫耀，而是为了投资。因此，这样的技术面一旦走坏，其后果同样严重。

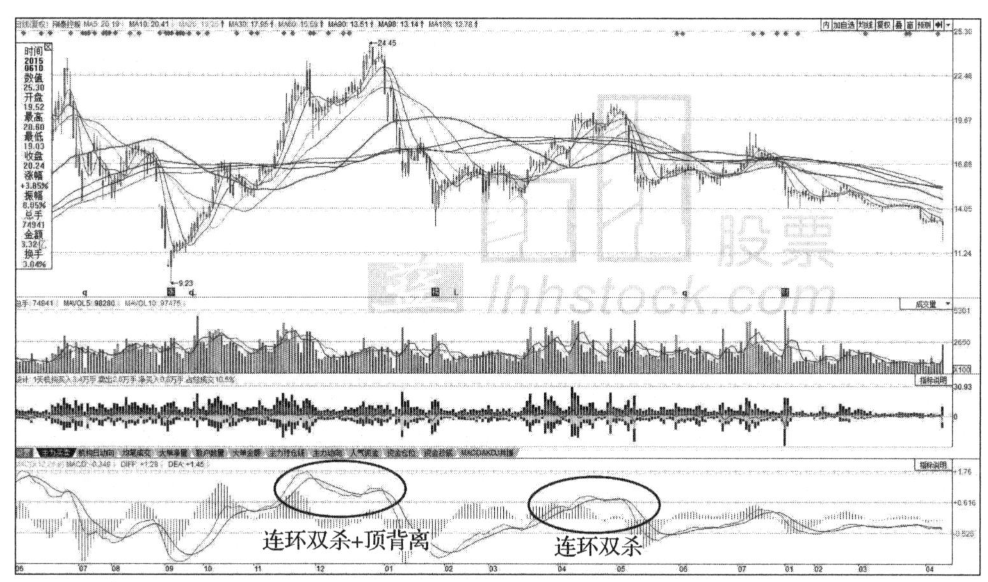

600408安泰集团主营业务生产并销售焦炭及副产品、生铁、电力、化工产品，亏损相当严重，负债率已达84%，2016年净资产收益率-46%。所以此股不管股价有多低，只要技术面有跌的趋势则其毫无抵抗之力，一路下探。

当然，对于一些本身基本面相当好的股票，其作用仅仅是回调而已，良好的基本面仍旧会使股票价格回升。

300072三聚环保主营销售能源净化产品、实施能源净化项目、提供能源净化综合服务等，属美丽中国概念股。市盈率45，净资产收益率29.73%，净利润同比增长97%，主营业务收入同比增长207%。单看这几个数据已经相当出色，据报道其产品已经打开美国市场，前景非常良好，主营业务增速有望延续。因此，MACD的二次死叉对其毫无作用，股价略微回调后继续步入上升轨道。

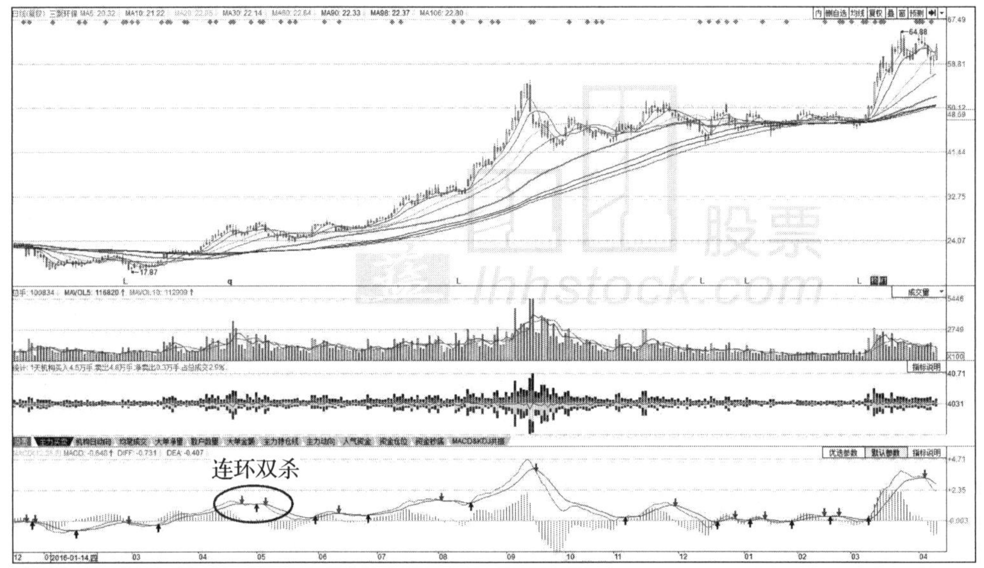

600660福耀玻璃主营汽车级浮法玻璃设计、生产、销售及服务。市盈率17，净资产收益率18%，营业收入及净利润同比增长均在20%左右，其以低市盈率、高净资产收益率及稳定增长率属蓝筹股，因此，技术上的MACD死叉对其作用也是甚微。

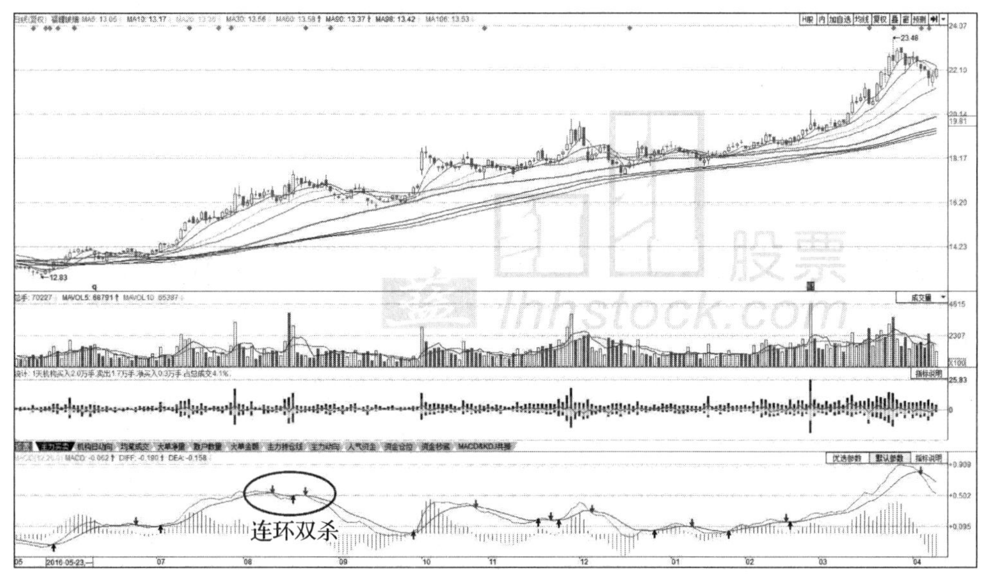

因此，股价走势一旦MACD出现二次以上连续的死叉后要格外小心。

第一，要小心股价的技术走势。若离均线太高，就有双重顶的风险。

第二，要注意股票基本面的情况。所持股票是否有基本面的支持，非优质股，均有很大风险。

第三，要注意大盘的系统性风险。一旦大盘有空头K线图形出现或有下跌趋势，相当多的个股会有风险。

26 为什么KDJ指标发出的买卖信号不如图形可靠

KDJ指标在一般的股民中往往在使用短线指标时是比较常用的，但是，一个指标总有其优缺点，这里我们讲讲与图形相比的可靠性。

我们先来看看KDJ指标，它也叫随机指标，起源于期货市场，由美国人乔治・莱恩创造。随机指标KDJ最早是以KD指标的形式出现，而KD指标是在威廉指标的基础上发展起来的。不过KD指标只判断股票的超买超卖的现象，而KDJ指标则融合了移动平均线速度上的观念，形成相对可靠的买卖信号依据。在实践中，K线与D线配合J线组成KDJ指标来使用，被用于股市的中短期趋势分析，是期货和股票市场上常用的技术分析工具。

最常用的以9日为周期的KD线为例，即未成熟随机值，计算公式为：

9日RSV=（C–L9）÷（H9–L9）×100

公式中，C为第9日的收盘价，L9为9日内的最低价，H9为9日内的最高价。

K值=2/3×第8日K值+1/3×第9日RSV

D值=2/3×第8日D值+1/3×第9日K值

J值=3×第9日K值–2×第9日D值

若无前一日K值与D值，则可以分别用50代替。

KDJ指标的计算过程在所有的技术指标中也不算简单的，它比较例外地使用到了最低价和最高价，这在比较常用的指标中是比较少见的，这也是它的一大特点吧。由于其顾及了股价波动中的随机振幅，因而有些股民认为随机指标更能真实地反映股价的波动，其提示作用更加明显。

KDJ虽然称为期货和股票市场上常用的技术分析工具，但是，其适用性偏于期货市场的特性——短期走势。我们来看看其实际的运用。

KDJ指标在图表上共有三根线，K线、D线和J线。KD线称为随机指标，K为快速指标（在K线图上用黄色表示），D为慢速指标（在K线图上用蓝色表示），在K线图上J线为紫色。 根据KDJ的取值，可将其划分为几个区域，即超买区、超卖区和徘徊区。按一般划分标准，K、D、J这三值在20以下为超卖区，是买入信号；K、D、J这三值在80以上为超买区，是卖出信号；K、D、J这三值在20-80之间为徘徊区，宜观望。

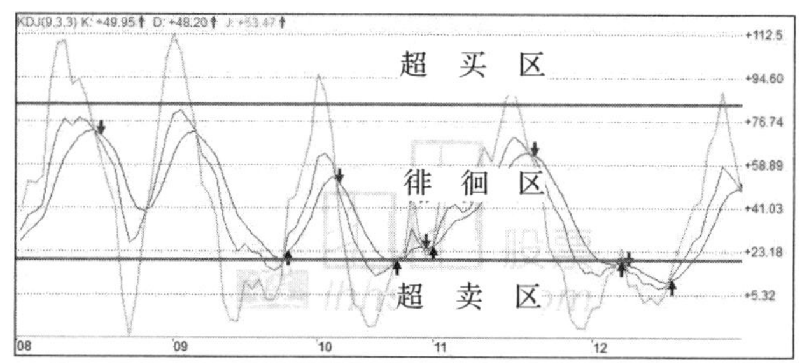

除了上述区域的买卖信号参考外，KD交叉点买卖法即黄金交叉和死亡交叉也是KDJ的买卖信号。

黄金交叉就是K、D、J三线都处于50线以下时，一旦J线和K线几乎同时向上突破D线，即为买入信号，表明股价即将上涨，可以开始买进股票。这是KDJ指标“黄金交叉”的一种形式。当股价经过一段上升过程后，并且K、D、J线都处于50线附近徘徊时，一旦J线和K线几乎同时再次向上突破D线，形成交叉时，表明股价仍处于一种强势，也可以称为“黄金交叉”，其使用原理相同。

死亡交叉就是当股价经过一段上升行情后，一旦J线和K线在高位（80以上）几乎同时向下突破D线时，表明股价即将由上升转为下跌，这时应卖出股票，这是 “死亡交叉”的一种形式。当股价经过一段时间的下跌后，各种均线对股价形成较强的压力时，KDJ曲线在经过短暂反弹到80线附近、但未能重返80线以上时，一旦J线和K线再次向下突破D线，就表明股价将再次进入下跌，可以卖出股票，这也是“死亡交叉”的一种形式。

那么，我们看看金叉死叉的几个实例吧。

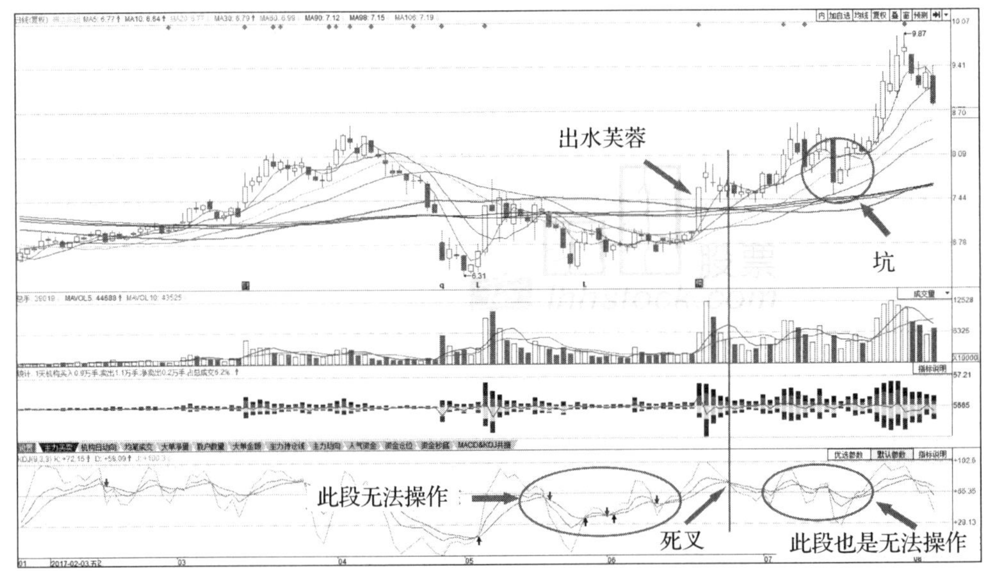

上图是002056横店东磁2017年1月份到2017年8月份的一段股价走势。2017年6月20日一只出水芙蓉引出了一段上涨行情，可是KDJ在股价前期低位，数次金叉死叉并没有明确信号，而股价出现出水芙蓉后，KDJ却发出了死叉信号，在死叉信号后股价震荡期间，KDJ也是处于没有明确信号阶段。然而，如果按照图形，出水芙蓉后持股一段时间，或者有坑出现的时候买入，这倒是容易识别的。单看KDJ而不看图形，则错失行情的概率很高。

下图是300162雷曼股份2015年10月到2017年1月的股价走势图，在2016年7月27日在股价图形上出现了一根断头铡刀，而在之后的一周内KDJ连续发出买入信号。如果不看图形单看KDJ，那么应该买入，但是如果看了图形可能就知道断头铡刀之后该做什么了。而在股价下跌趋势中也有二次KDJ金叉买入信号。

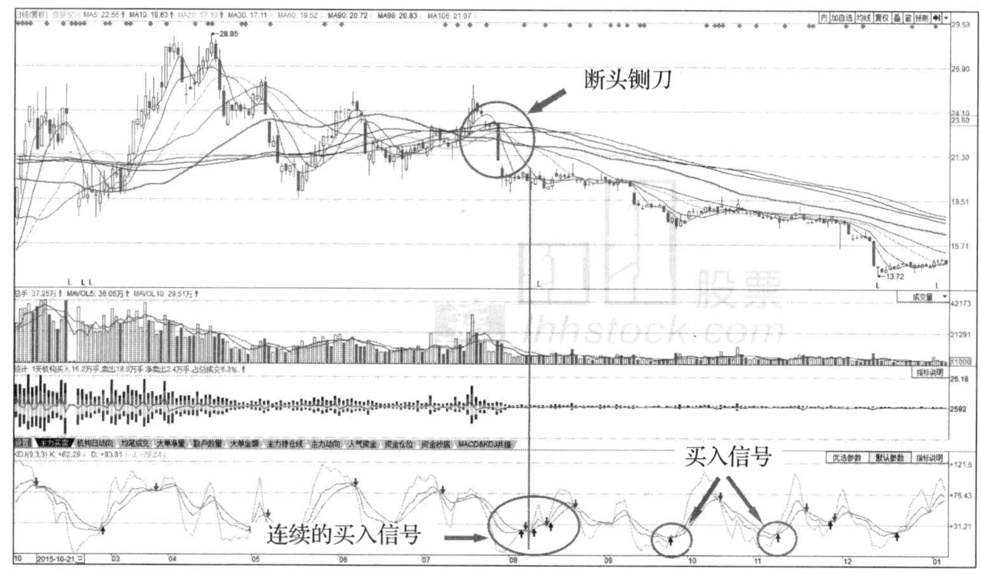

从上面的实例的金叉死叉交易中，可以看出图形走势的可靠性高于KDJ指标。

我们再看看KDJ指标的背离信号。

KDJ指标背离：它是指当KDJ指标的走势方向正好和K线图的股价走势方向相反。具体分两种情况：

第一种是“顶背离”，若股票价格不断创新高，但KDJ指标的值不创新高，即为顶背离。顶背离现象一般是股价将高位反转的信号，表明股价中短期内即将下跌，是卖出的信号。

第二种为“底背离”，若股票价格不断创新低，但KDJ指标的值却不再创新低，即为底背离。底背离现象一般是股价将低位反转的信号，表明股价中短期内即将上涨，是买入的信号。

那么，我们看看背离信号的几个实例吧。

下图是600036皖维高新在2015年上半年的一段走势，股价在多头趋势下开始上涨，然而在初期KDJ指标就发出了背离信号，股价却在60日均线处止跌，即在黄金分割的最小处0.19处就止跌开始主升浪。如果单单看KDJ指标的背离情况则将错失主升浪，而在真正的顶部，图形显示离60日均线乖离率相当大，是卖出的时机，但KDJ的背离情况却并不明显。如果等待明显的KDJ顶背离，那么，将带来不小的损失。

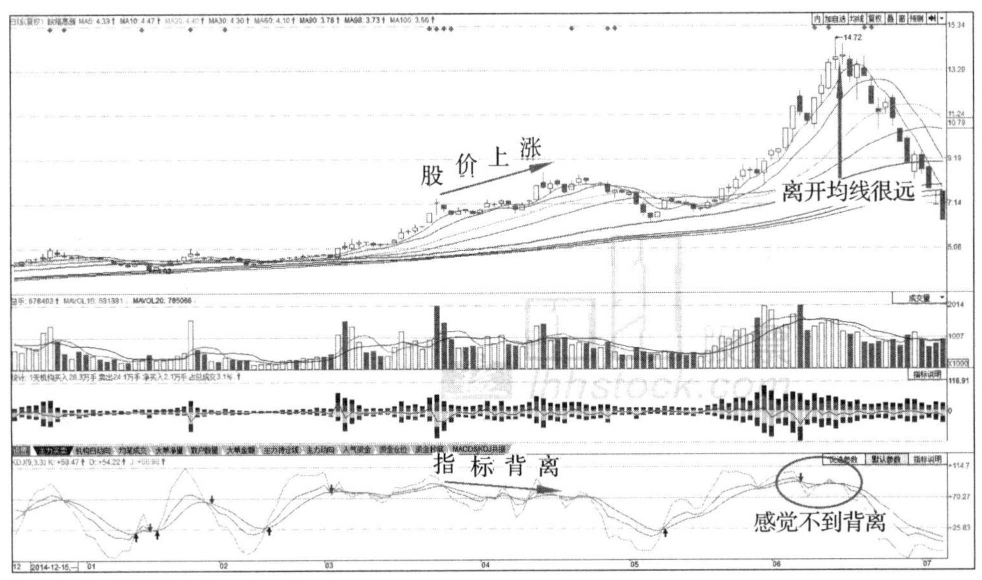

下图是300147香雪制药在2016年9月到2017年8月的一段下跌走势，而KDJ在下跌初期就出现了底背离现象，之后还是出现底背离一次，二次的底背离并没有带来股价的多少回升，从图形上看并没有见底的信号，如果单凭KDJ底背离信号，并不能踏准行情。因此盲目地相信KDJ的背离信号，反而会带来不小的损失。

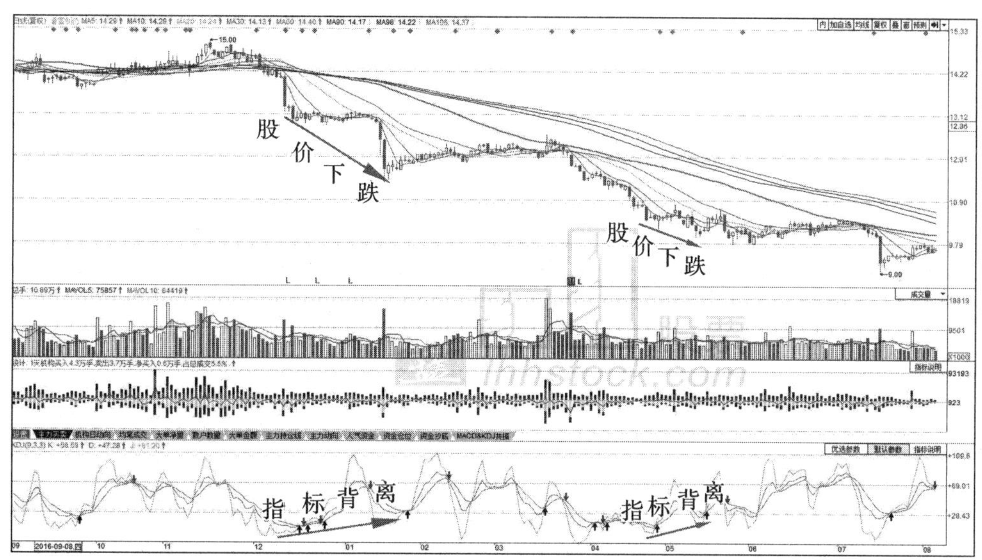

由前面的例子可以看出无论是用KDJ指标的金叉死叉信号，还是KDJ的背离信号，都不如实际股价走势图形所发出的买卖信号可靠。当然，这里不是彻底否定KDJ指标，KDJ指标对于一些短线客来说还是较好的指标，毕竟，KDJ指标是期货市场中交易者的智慧结晶。

27

为什么单单用KDJ指标底背离找趋势底部不合适

在一般的短线操作中，KDJ底背离有两层意思：一层当然是短线有操作机会了，另一层意思就是趋势到达底部了。短线有机会了，这无可厚非，短线的机会很多，但是如果说是趋势底部了，这就有待商榷了。因为，底部就意味着股价下跌将停止，转而进入上升期。众所周知，股价的下跌是不言底的，这是说股价可能会进入漫长的跌势，下跌时间下跌幅度都是不言底的。所以，在实际的操作中可能就会遇到KDJ底背离后并没有上涨，而是略微上涨后又跌入下降轨道。

300144宋城演艺2016年4月到2017年3月份的一段股价走势中，2016年11月23日在断头铡刀的作用下股价进入下行通道，此时KDJ却是进入上升通道，但股价略微反弹后继续下跌。从图中可以看出股价前期的小幅下跌已经把KDJ拉入20以下，在断头铡刀出现后股价跌幅较深，可是KDJ已经跌无可跌，自然就出现底背离。但是，一旦断头铡刀这种具有相当杀伤力的空头K线图形出现，如果股票在基本面上不怎么好的话，跌势是很长的。因此，这样的KDJ底背离作为趋势的拐点判断是不合适的。

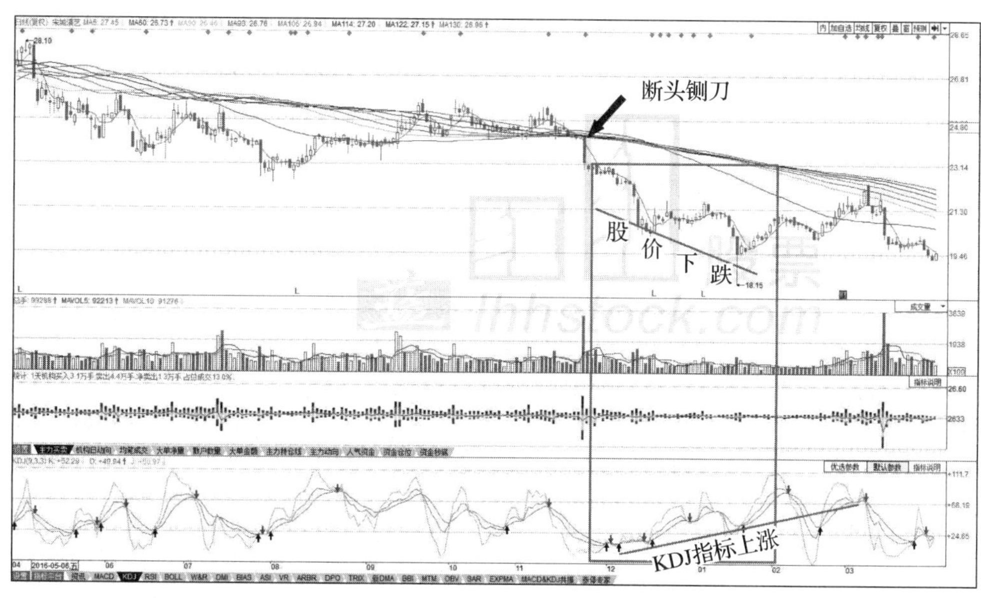

300146汤臣倍健2016年8月到2017年3月的一段股价走势，也是在一根长阴时KDJ在20以下，长阴之后，股价深幅下跌，KDJ跌无可跌，小幅上翘形成底背离，虽然股价出现小幅阶段性底部，但是，这样的底部没有实际操作意义，而是下跌中继。

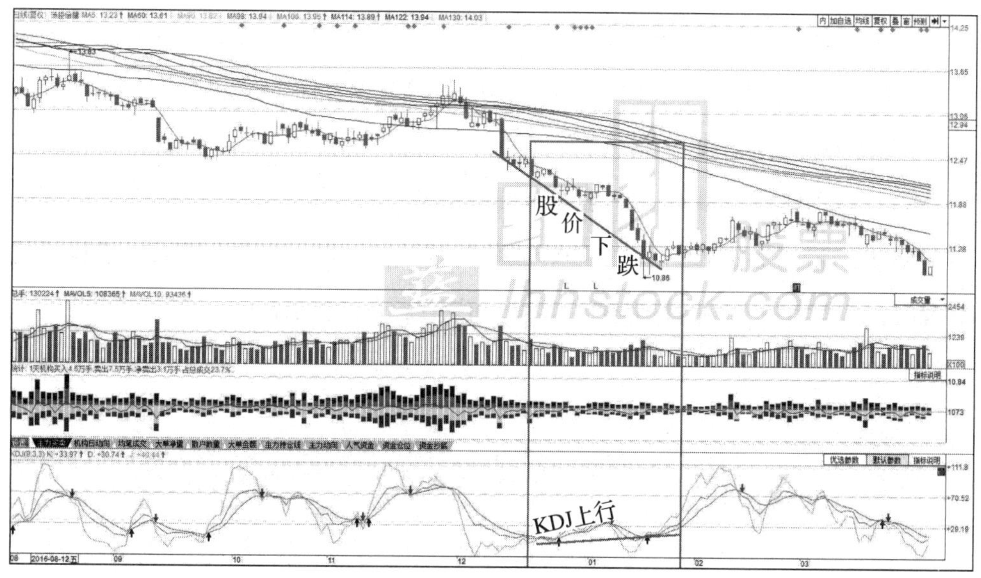

300147香雪制药2016年8月到2017年3月的一段股价走势和前面的300144、300146如出一辙，KDJ在20以下后跌无可跌，形成底背离，但是KDJ底背离后的底部没有实际操作意义，而是下跌中继。

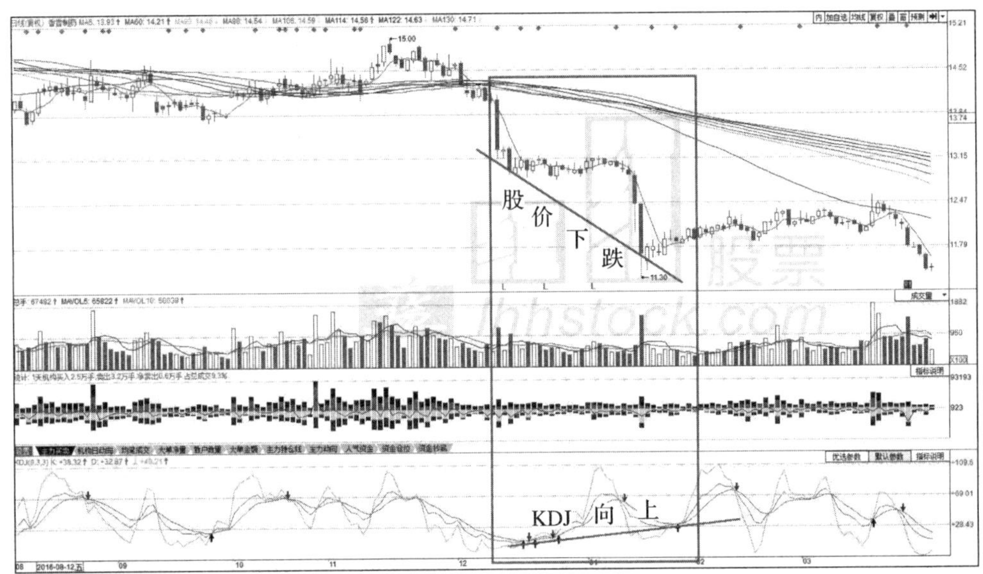

以上三个是发生在中长期均线向下趋势中下跌初期的KDJ底背离，或许还有一点底部味道。但是如果发生在中长期均线向上趋势中而且股价在中长期均线之上的KDJ底背离则就没有一点底部味道了。

600749西藏旅游2016年9月到2017年4月的一段股价走势。2017年1月在筑顶时，KDJ已经回到30附近，但是随着股价的进一步下跌，KDJ出现了一定程度的底背离，从图形中看很明显非底部形态，根本没有底部的味道。

600250南纺股份2016年7月到2017年4月的一段股价走势。在2016年12月时KDJ形成顶背离后，KDJ回落到20左右，但是，股价还是小幅下跌，KDJ跌无可跌，形成底背离，这样的底背离在图形上就可以看出没有底部的味道。

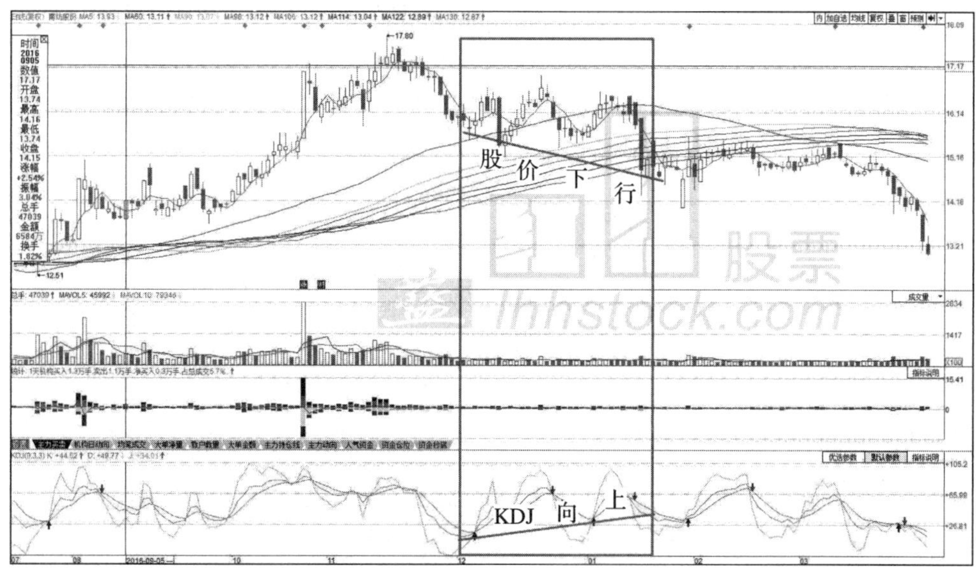

从以上例子可以看出，KDJ的底背离可以出现在均线系统的下方，有时还会出现在均线系统的上方，所以单单从技术上以KDJ的底背离来寻找下跌趋势的拐点不太合适。

但是，有人会说KDJ底背离需要2至3次才能确认，其实KDJ底背离2至3次时其他各项指标也都已经指向底部，所以不具有独立的指导意义。

我们再看看KDJ指标在底背离上对大盘指标的指导作用是不是会可靠度大一点呢。这是2014年5月份上证指数在2080点左右的底部图。

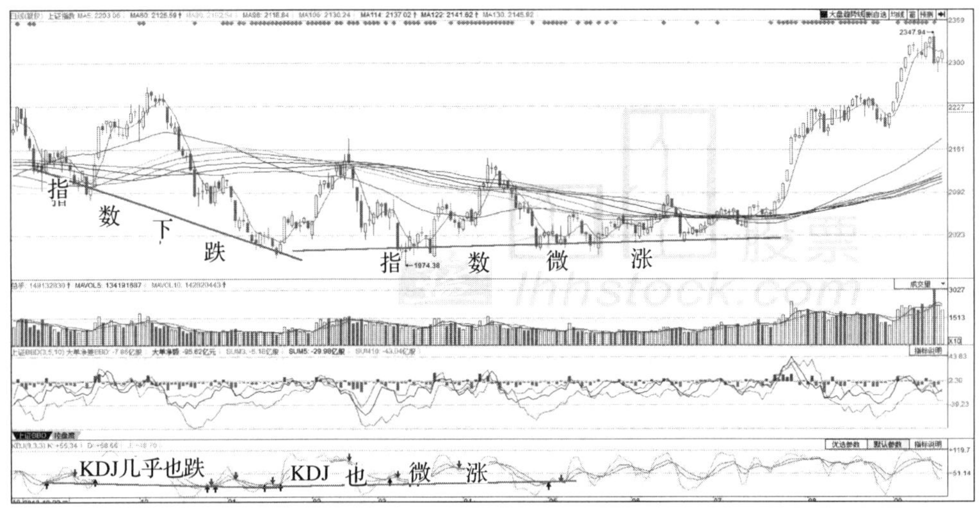

上证指数下跌时KDJ没有明显背离，而在筑底的这段时间也没有明显背离。我们再看看2005年6月左右的上证指数底部。不管指数是下跌还是走平KDJ指标都是在30左右为底没有明显差别，其指导意义可想而知了。

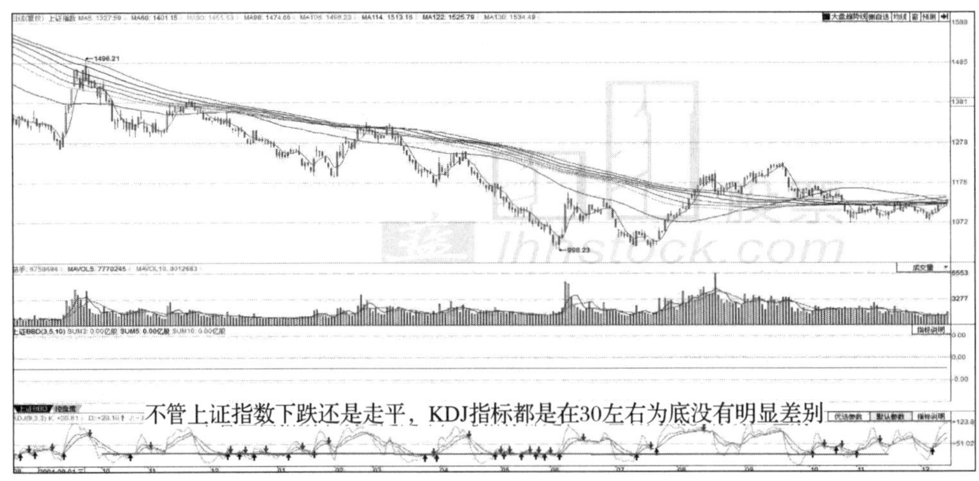

所以，从上述的例子中，可以看出KDJ指标的底背离用于做好短线止损准备的操作，是有价值的。但是，由于KDJ本身是短线指标，用于做趋势性的寻底指示，其可靠性不高，换句话说就是不太适合。

为什么三金叉共振较难捕捉

三金叉共振就是指两根均价线、两根均量线、MACD同时产生黄金交叉点，称为三金叉共振。这里的两根均价线一般指5日、10日，均量线一般也是指5日、10日。

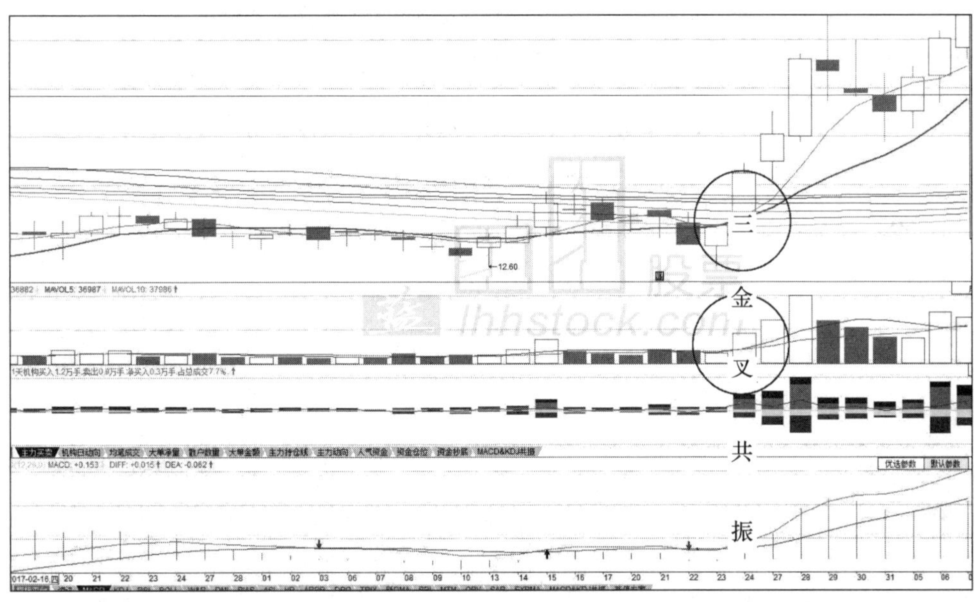

通常股价在经过长期下跌整理后慢慢爬升或者在上升的平台突破中，会出现均价线、均量线、MACD同时共振金叉的情况，还会伴有技术突破形态的图形，如出水芙蓉、多方炮、曙光初现等。一旦出现三金叉共振，有些股民认为该股上

涨的可能性很大。确实，突破形态形成金叉共振的概率很高，有时会走出一波上涨行情。但是，金叉共振与上涨行情既不是必要条件也不是充分条件，也就是说有金叉共振不一定有上涨行情，上涨行情前也不一定出现三金叉共振。

我们看几个图形。

600992贵绳股份在一波上涨行情前均价线、均量线比MACD提前了两天金叉，二共振少了一振。如果强求三金叉共振则错过了一轮行情。

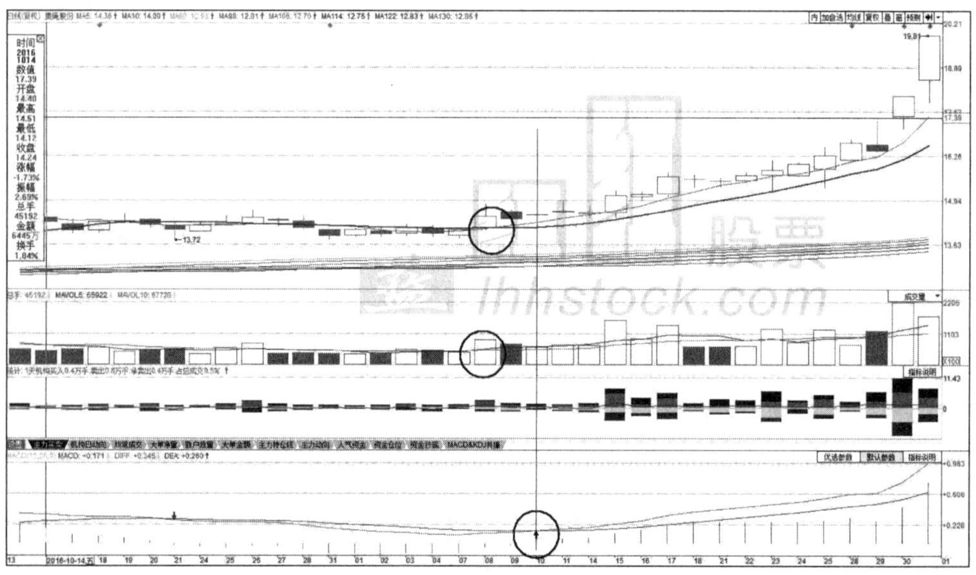

600298安琪酵母均价线与MACD金叉共振，均量线提前一天金叉。

601111中国国航只有二金叉，没有三金叉。

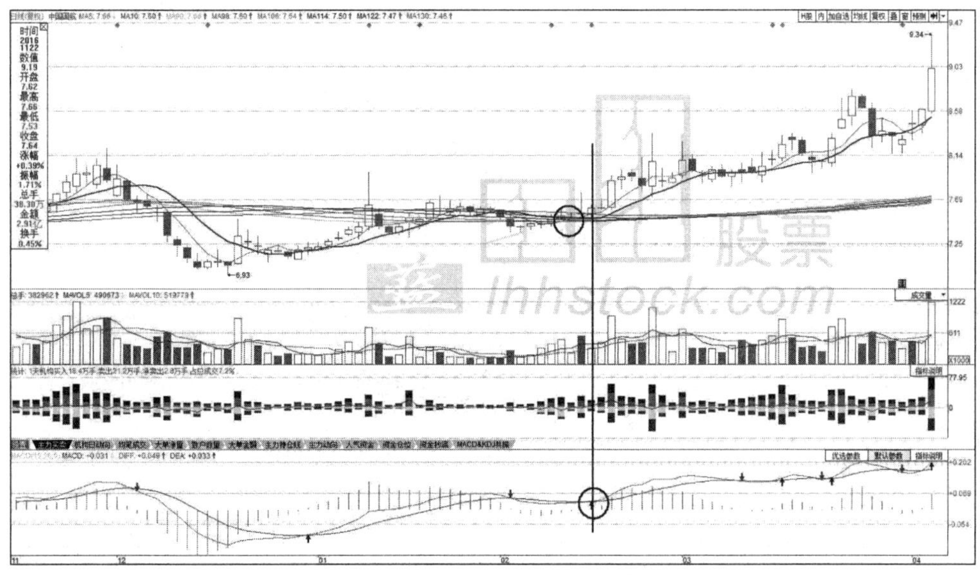

600985雷鸣科化MACD、均量线、均价线先后金叉。

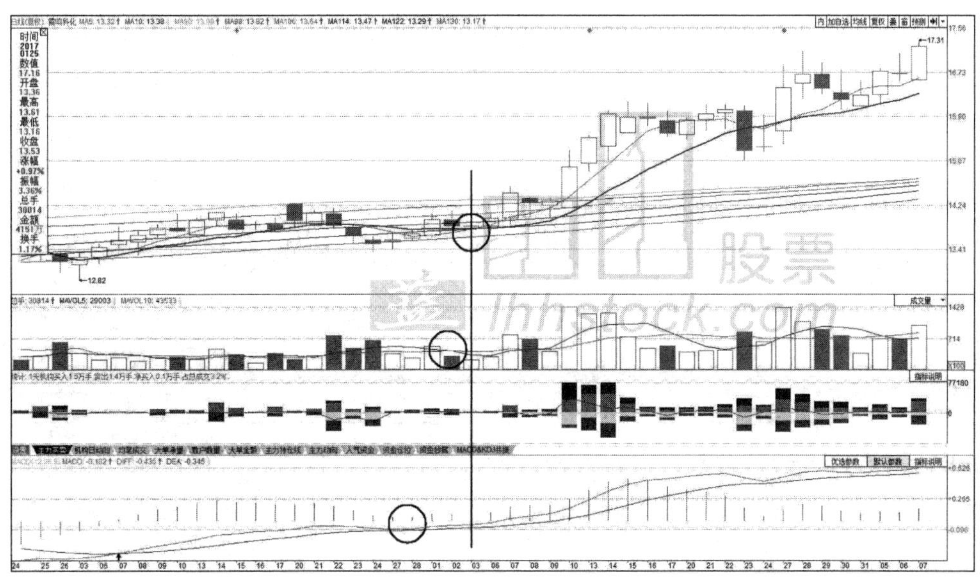

600416湘电股份可以认为是三金叉共振。

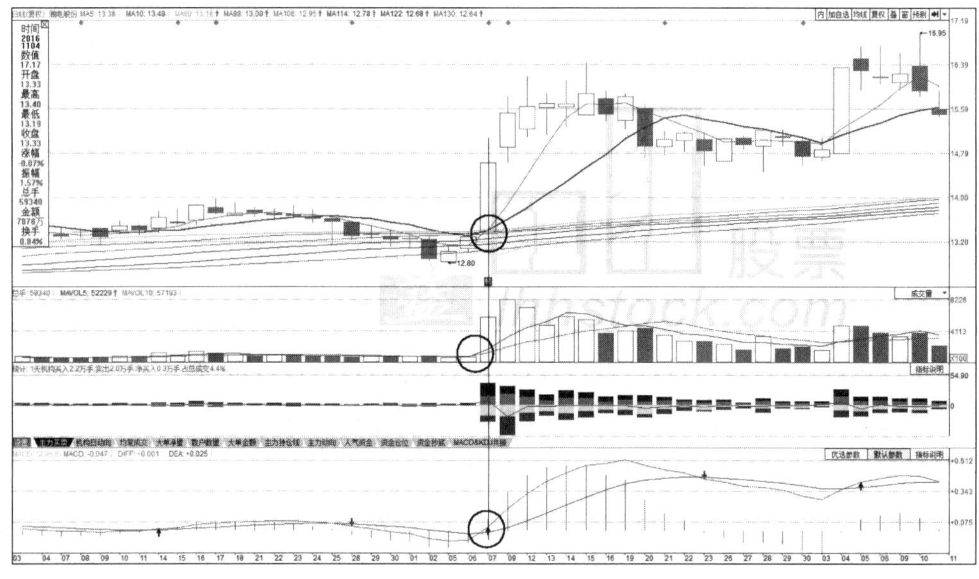

600970中材国际也是三金叉共振。

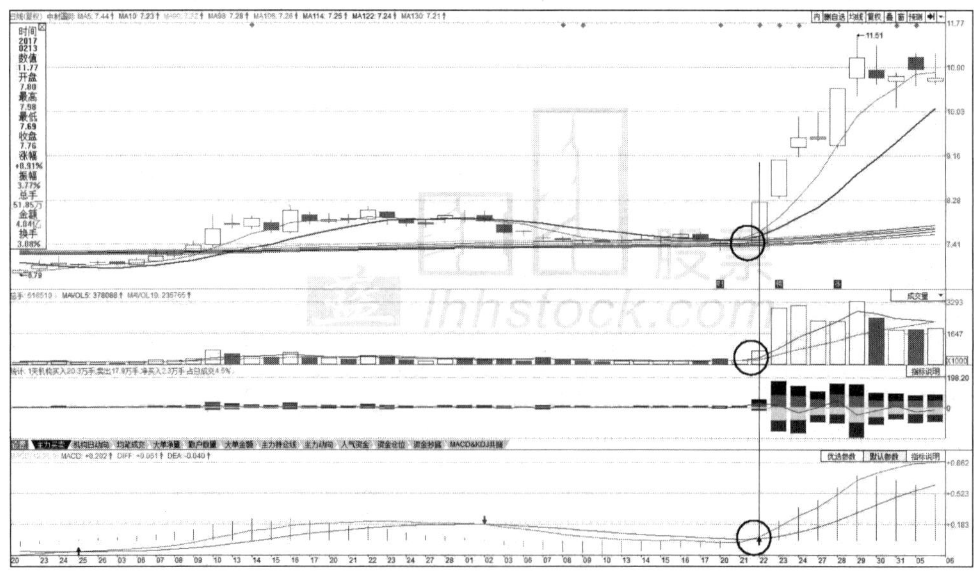

从上面的实例可以看出，三金叉共振本身需要三个指标的重合，当然可靠性是高了，但是漏掉的机会也相应多了。而且因为要三指标重合，在选股时难度要大大提高，当你费好大劲找到三金叉的个股，你也不会立即就买吧，你总得看看基本面吧，基本面不好你也不敢买，删掉的话，还得费劲找，因为三金叉的概率实在很小。再者如果你在自选股中等三金叉共振，问题是它没发生共振而直接上涨，你岂不是踏空了？反而得不偿失。

所以，三金叉共振在实际运用中，主要是观察自选股中是否有三金叉共振以提振自己的持股信心，而不是在全部的股票中寻查三金叉共振，即使碰上不是自选股中的三金叉共振，也要仔细分析后才能决定，千万不能先买股票再分析。还是这句话：股价在前，指标在后，指标永远跟着股价走。是头牛的一定有四肢，有四肢的不一定是头牛，也会是头熊。

29 为什么BOLL线多用于波段操作

布林线（BOLL）由约翰·布林发明，是股市中较常用的技术指标之一，属于价格路径指标。整个指标形态由中轨线、上轨线、下轨线和价格线组成，也称为布林带。

虽然，在实际的运用中并不需要掌握指标计算的方法，但是，也需要了解一下，以便理解指标的含义。在BOLL指标的计算方法中，引进了统计学中的标准差概念。以日BOLL指标计算为例，其计算方法如下：

1. 计算MA

MA=N日内的收盘价之和÷N

2. 计算标准差MD

MD=平方根（N）日的（C−MA）的两次方之和÷N

3. 计算MB、UP、DN线

MB=（N−1）日的MA（中轨线）

UP=MB+K×MD（上轨线）

DN=MB−K×MD（下轨线）

（N一般取20，K一般为2，可根据股票的特性来做相应的调整）

MB即为中轨线，UP即为上轨线，DN即为下轨线和以美国线表示的价格线。如图：

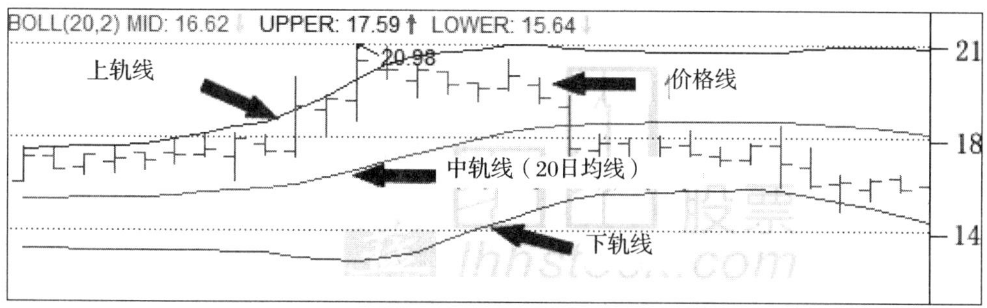

从上述的指标运算公式及最后成形的BOLL线，可以看出实际是K线在一定的轨道内围绕一条均线上下波动，这里最关键的还是均线，通常这条均线为20日均线。市场的价格运动往往会围绕某一价值中枢如均线之类而上下波动，BOLL线指标正是利用了带有趋势性的均线，可见其从设计之初就融进了趋势的元素，这正好与捕捉趋势的波段操作相呼应。

BOLL线指标在实际使用中的四个作用：

1. 可以通过开口来判定变盘窗口。

2. 可以指示一定的趋势。

3. 可以指示支撑与压力位。

4. 可以显示超买与超卖。

从这四个作用中，可以看出其对波段操作的价值。

接下来说说BOLL线的实际用法。

一、布林线“喇叭口”的研判是BOLL指标所独有的研判手段

布林线“喇叭口”是指在股价运行的过程中，布林线的上轨线和下轨线分别从两个相反的方向与中轨线大幅扩张或靠拢而形成的类似于喇叭口的特殊形状。

当股价经过一定时间的整理后，布林线的上轨线和下轨线逐渐收缩，轨距越来越小，在一些因素的刺激下，股价出现上涨或下跌行情，此时布林线上轨线也同时急速上扬，而下轨线却加速向下运动，这样布林线上下轨之间就形成了一个开口形状的喇叭口。

如300072三聚环保在2016年11月到2017年4月的一段股价走势。2017年3月9日突破上轨后形成了喇叭开口的形态，之后股价走出一段升势，在喇叭开口的初期虽然有超买现象，但是，该股走势经过长期整理，所以不必过于担忧，而让趋势走一段再说，当股价三次触碰上轨后无力突破时，表示压力位的存在，应考虑卖出，从而完成一个波段的操作。

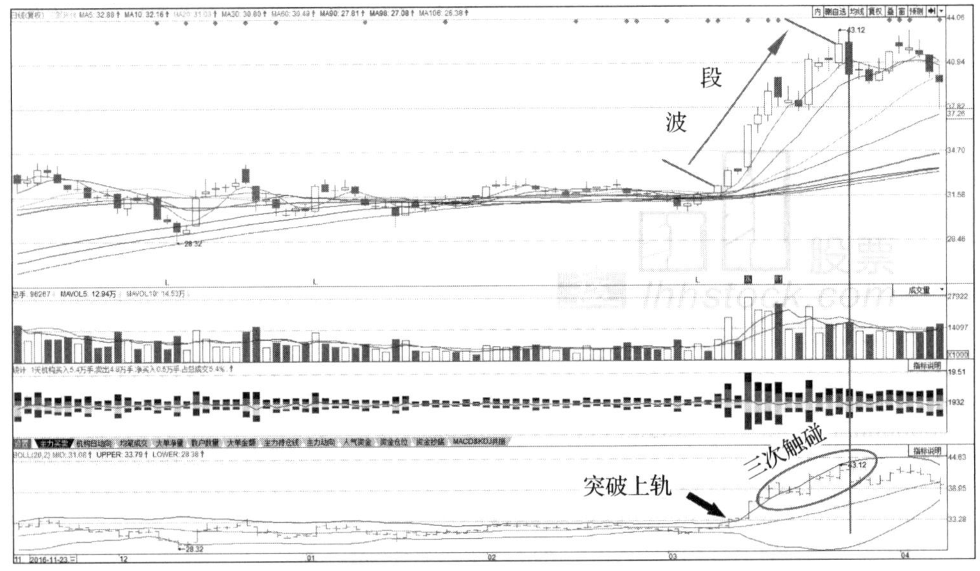

下图为002753永东股份在2017年3月到2017年8月的一段股价走势。2017年6月28日突破上轨后，形成整理。因为股价并没有多少涨幅，此时应耐心等待，当三次回敲中档获支撑后，在7月26日再次突破上轨，形成一轮涨势，完成一轮波段。

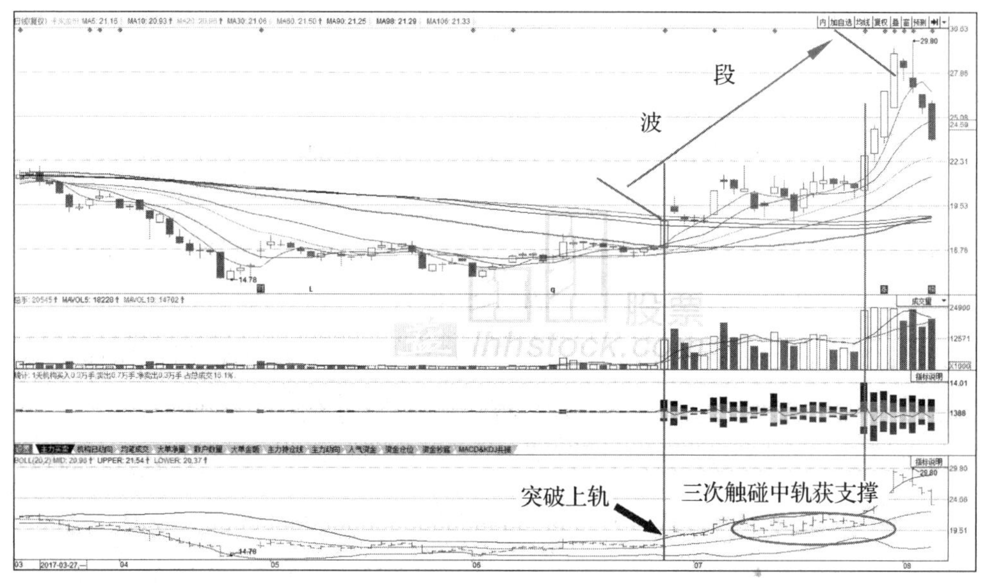

下图为600111北方稀土在2017年5月到8月的一段股价走势。在7月7日突破BOLL线上轨后，股价稍作整理后大幅上涨，完成了一轮波段。

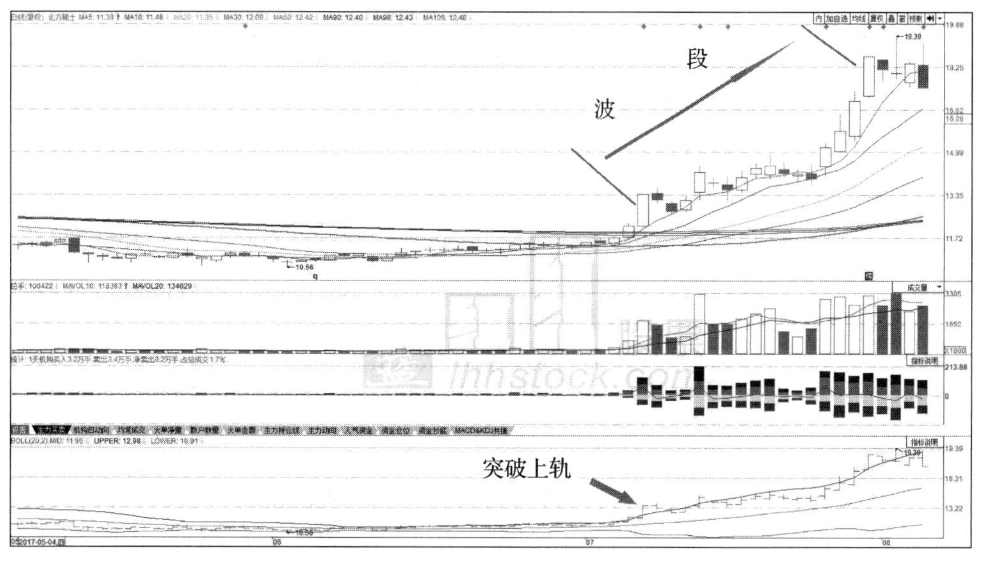

二、BOLL线的中轨买卖研判也是适合波段操作的

当K线向上突破布林线中轨后，如果股价依托布林线中轨向上攀升，则意味着股价的中短期向上趋势已经形成，这是布林线指标揭示的逢低买入或持股信号。

当K线向下突破布林线中轨后，如果股价被布林线中轨压制下行，则意味着股价的中短期下降趋势已经形成，这是布林线指标揭示的持币观望信号。

下图为601678滨化股份在2017年3月到8月的一段股价走势。在6月7日突破中轨后股价依托中轨沿着上轨向上攀升，中短期的上升趋势形成，一个波段产生。

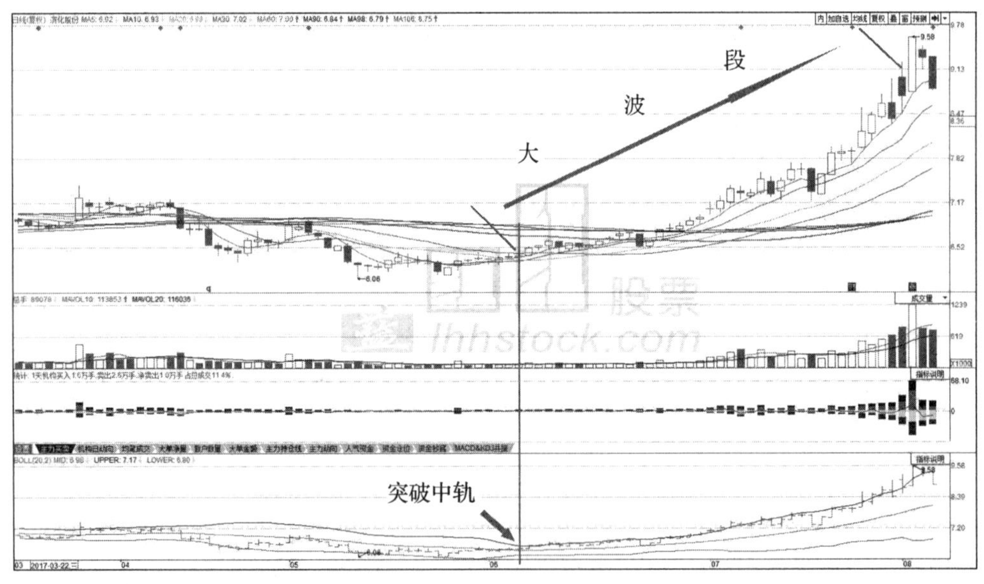

下图为 000831五矿稀土在2017年3月到8月的一段股价走势。

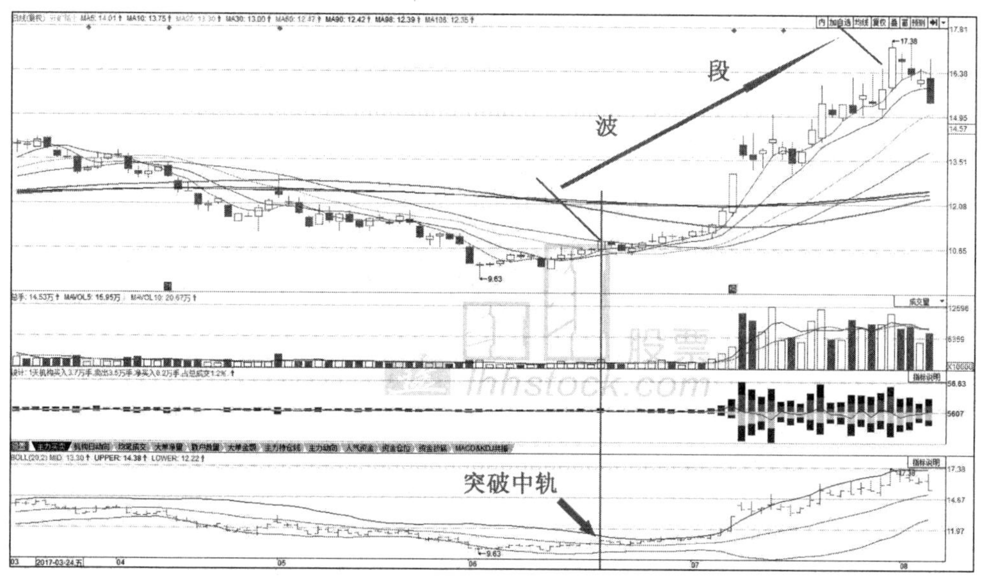

6月20日突破中轨后股价也是先依托中轨，后沿着上轨上升，完成了一轮波段。

综上所述，由于BOLL线是一个路径指标并不如随机指标给出的信号频繁，再加上其设计之初就以均线为设计元素，而使其具有趋势信号的特性，因此，无论是以喇叭口的研判信号还是突破中轨的研判信号，都说明BOLL线是比较适合波段操作的技术指标。

为什么强弱指标RSI酷似KDJ而有区别

在众多股票分析软件中的底部一栏技术分析指标中紧跟着KDJ指标的就是RSI指标，而RSI指标在图形及数值上也酷似KDJ指标。那么，何为RSI技术分析指标？在使用中到底有什么不同呢？

RSI称为强弱指标，又叫力度指标，属于中短线指标。是一定时段内市场的收盘涨幅与收盘涨幅加上收盘跌幅的比值。它是买卖力量在数量上和图形上的体现，所以，称其为强弱指标。

N日RSI =N日内收盘涨幅的平均值/(N日内收盘涨幅均值＋N日内收盘跌幅均值)×100%。一般RSI指标由N=6、N=12、N=24三根线组成。RSI值在0—100之内变动。

而KDJ指标在计算中使用的是最高价与最低价，具体算式可以参考29问。所以，仅从其算式取值来看KDJ的范围幅度要大，而相同的是二指标均是三线构成，在0—100之内变动，仅KDJ的J值有时会超出该范围。这就是RSI酷似KDJ的原因。

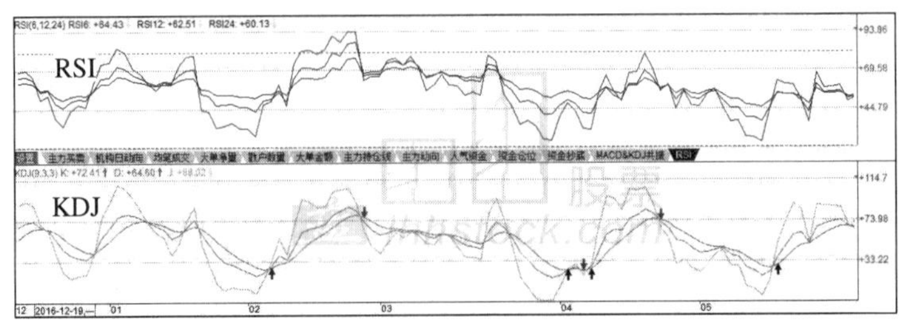

我们更关心的还是这两个指标的用法比较。

由于RSI指标与KDJ指标几乎均在0—100之内波动，所以，研判标准不外乎区域研判、叉点研判、背离研判三种标准。

一、区域研判

在29问中我们已经把KDJ从0—100的区域内分成了三个区域，80以上为超买区、80—20为徘徊区、20以下为超卖区。那么RSI也一样是这样三个区域。划分这三个区域的意义也是在于更好地识别股价的强弱势状态，80以上的超买区为股价的强势状态，80—20的徘徊区为股价的蓄势状态，20以下的超卖区为弱势状态。强弱指标就要能够比较正确地反映股价的强弱势。

我们来看看实际两指标的反映情况。

600971恒源煤电在2017年3月到8月的一段股价走势中，随着股价走势的蓄势向上，在6月13日KDJ指标早早地进入了强势区，RSI指标则随股价的强势而进入强势区。再看前面股价有蓄势时的RSI指标也是比较正常地在徘徊区域运行，而KDJ有二次触碰20线。RSI指标比较中规中矩地反映股价的强弱情况。

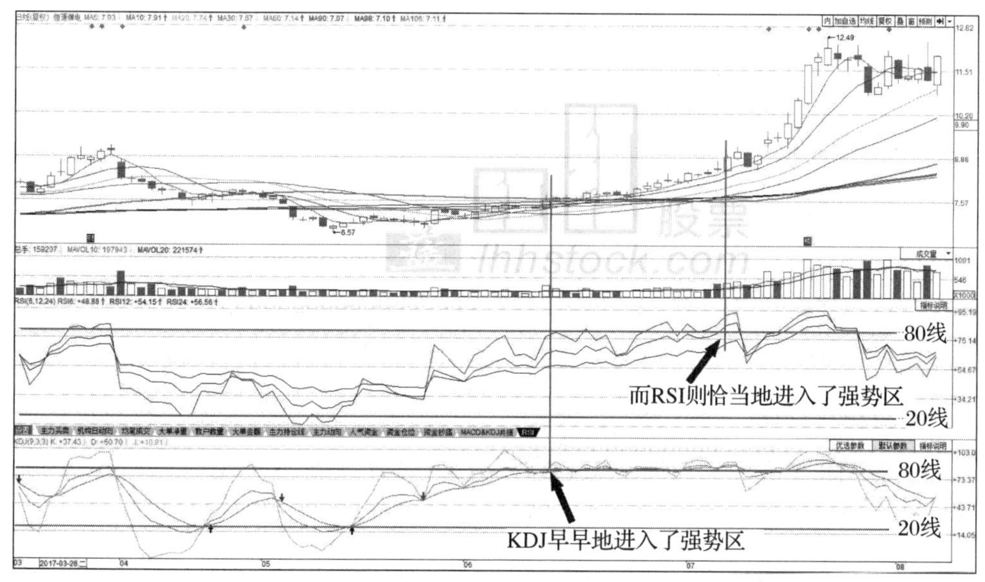

600975新五丰在2016年11月到2017年7月的一段股价走势中，随着股价的慢慢下跌，在3月15日KDJ就已经早早触碰弱势区，而RSI指标随股价的弱势而进入弱势区。

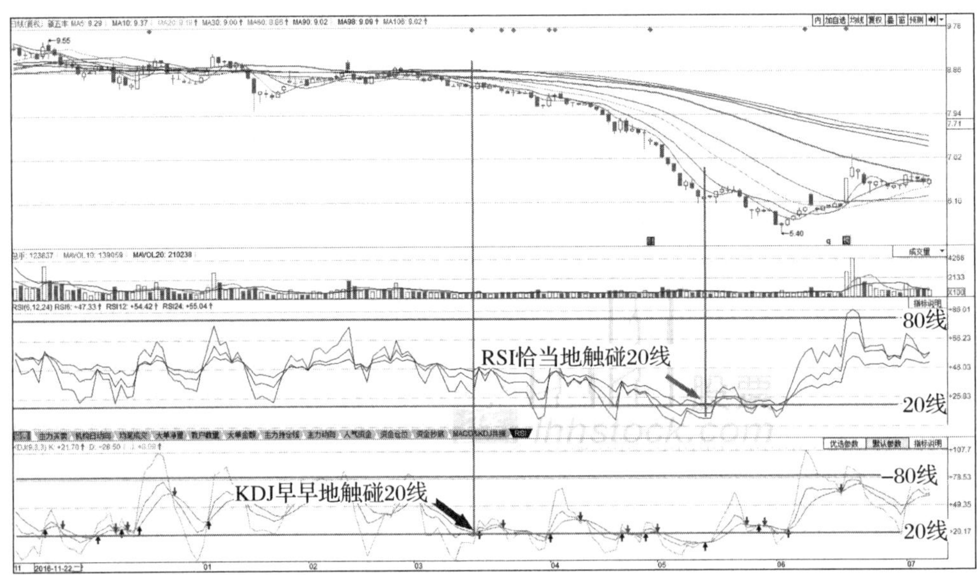

从上述两例子中可以看出RSI指标能够比较正确地反映股价的强弱势，而KDJ指标则反映股价的强弱势情况没有RSI指标准确。因此，把RSI指标称为强弱指标是名副其实的。

二、叉点研判

当短期指标线在低位向上突破较长期指标线时，形成“黄金交叉”，为买入信号。具体说来就是，当短期指标线在较长期指标线之上时，市场则属于多头市场。当短期指标线在低位向上突破较长期指标线时，一般为指标的“黄金交叉”，为买入信号。

当短期指标线在高位向下突破较长期指标线时，形成“死亡交叉”，为卖出信号。具体说来就是，短期指标线在较长期指标线之下时，市场则属于空头市场。当短期指标线在高位向下突破较长期指标线时，一般为指标的“死亡交叉”，为卖出信号。

我们来看看个股指标所反映的情况。

下图是600976健民集团2016年5月到12月的一段股价走势。在8月到9月的股价整理中KDJ指标在8月8日和9月9日的二次金叉，其位置明显抬高，预示着股价强势的到来。而RSI指标则虽然也是二次金叉，但是，高低位置却没有明显变化，反映不出股价未来的走向。

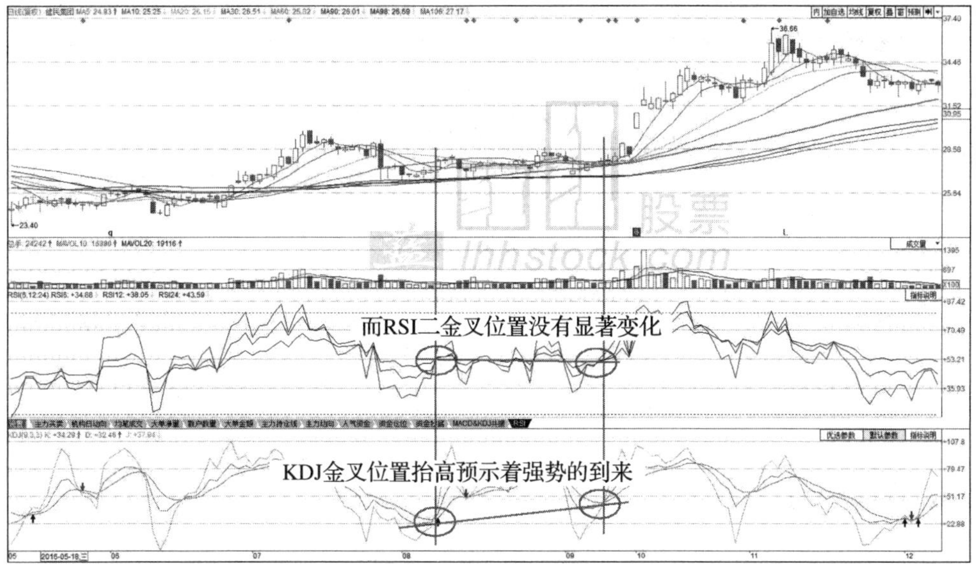

下图是600990四创电子2016年10月到2017年5月的一段股价走势。在2017年1—2月的一段突破均线的小幅上涨中，KDJ指标出现了二次死叉并且位置明显下移，预示着股价弱势的到来。而RSI指标则虽然也是二次死叉，但是，高低位置却也没有明显变化，反映不出股价未来的走向。

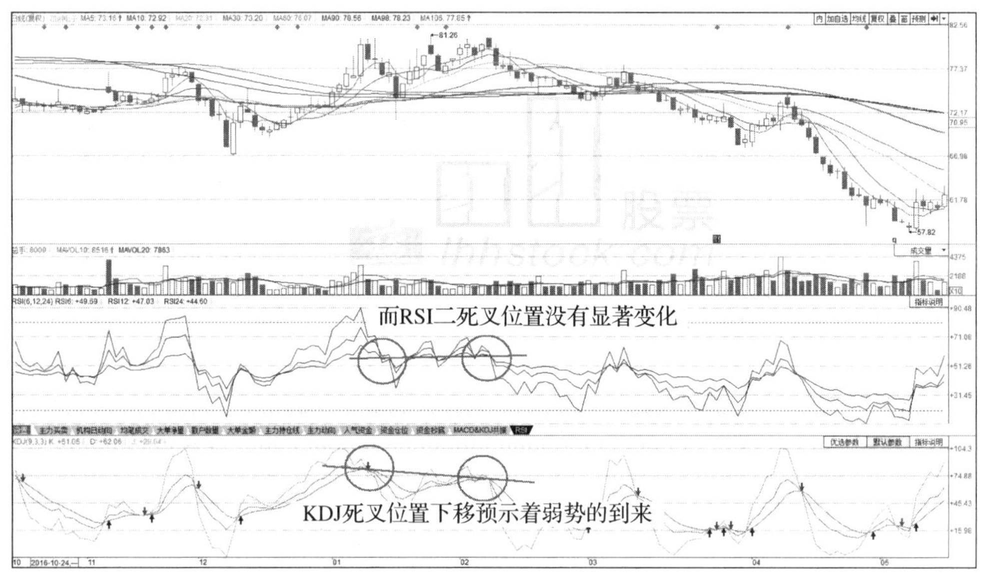

从上述二例中可以看出KDJ指标在用金叉死叉法判别股价未来走向上相对RSI指标有一定的优势。

三、背离研判

指标的背离是指指标的曲线的走势正好和股价K线图的走势方向相反。背离分为顶背离和底背离两种。顶背离预示着股价将有下跌走势，底背离则预示着股价将有上涨走势。

下图为300500启迪设计在2016年6月到2017年2月的一段股价走势。2016年9月到11月的股价上涨走势中，KDJ指标出现顶背离现象，预示着股价将有下跌走势。而RSI指标却并没有出现背离现象，股价未来的走势无从判断。

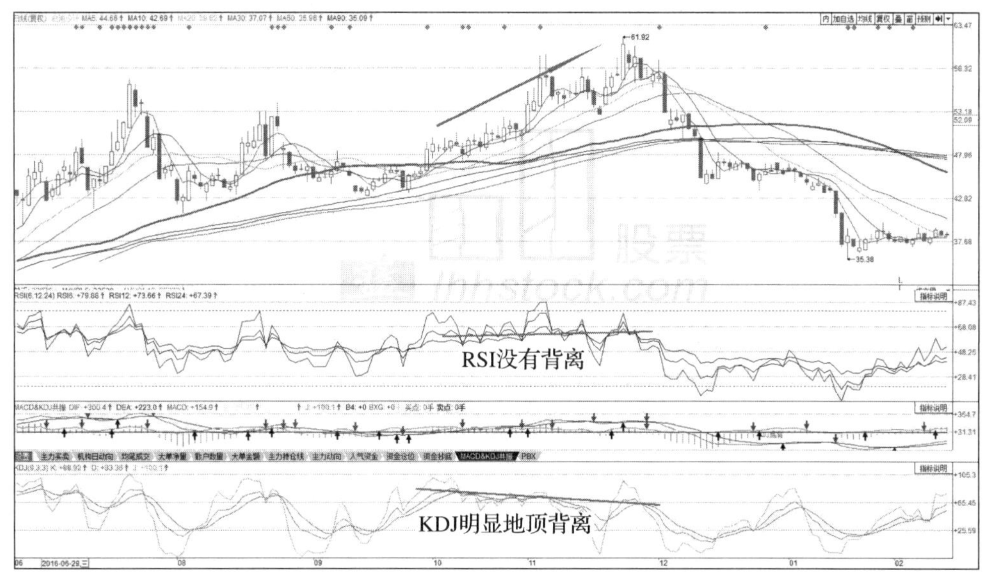

下图是002386天原集团在2017年3月到8月的一段股价走势。在5月底的时候，随着股价的下跌KDJ指标却出现底背离现象，预示着股价将有上涨走势。而RSI指标却并没有背离，反映不出股价未来的走势。

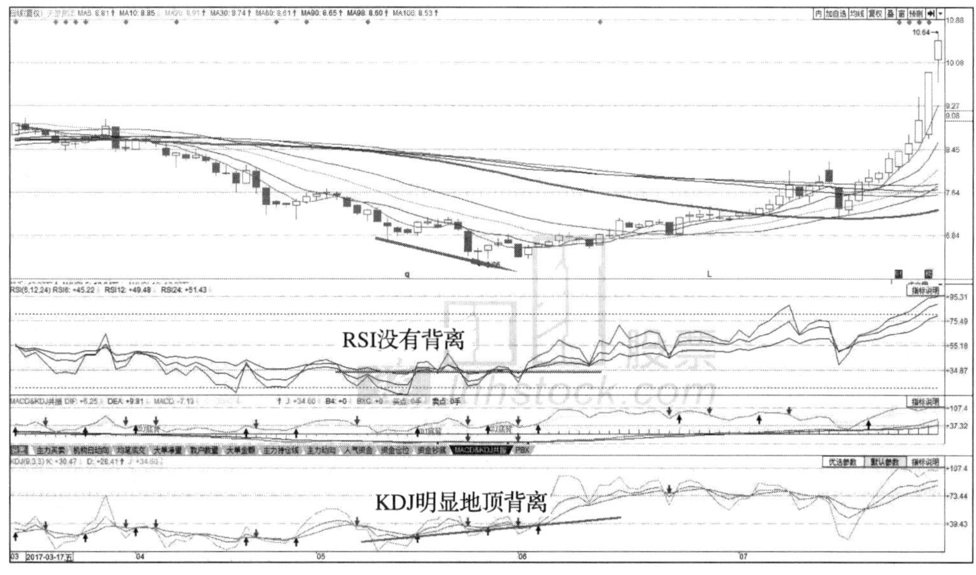

上述二例也表明KDJ指标在用背离法则判别股价未来走向上相对RSI指标也有相当的优势。

综上所述，RSI指标在显示股价走势的强弱时，具有比较明显的优势。股价的强弱也就是股价的超买与超卖。在实战中一般RSI结合MACD指标或者均线系统使用，进入超买区就考虑卖出，进入超卖区就考虑买进。而KDJ指标则在叉点法及背离法上相对RSI有一定的优势，可利用KDJ指标金叉死叉法则作为短线的参考，背离法则作为中线的参考。

为什么使用乖离率BIAS指标容易放跑牛股

乖离指市场指数或收盘价与某条移动平均线之间的差距。则乖离率是用百分比来表示价格与MA间的偏离程度(差距率)。正的乖离率越大表示股价高于平均持仓成本越大，短期获利越多，则获利回吐的可能性越大；负的乖离率越大表示股价低于平均持仓成本越大，短期套牢者越多，空头回补的可能性越高。所以其指导意义就是提醒股民相对于近期股价高了还是低了，当然也就是要高卖低买。

乖离率(BIAS)，又称偏离率，简称Y值，是通过计算市场指数或收盘价与某条移动平均线之间的差距百分比，以反映一定时期内价格与其MA偏离程度的指标，从而得出价格在剧烈波动时因偏离移动平均趋势而造成回档或反弹的可能性，以及价格在正常波动范围内移动而形成继续原有趋势的可信度。

乖离率曲线(BIAS)，是将各BIAS值连成线，得到的一条以0值为横向中轴之波动伸延的曲线。

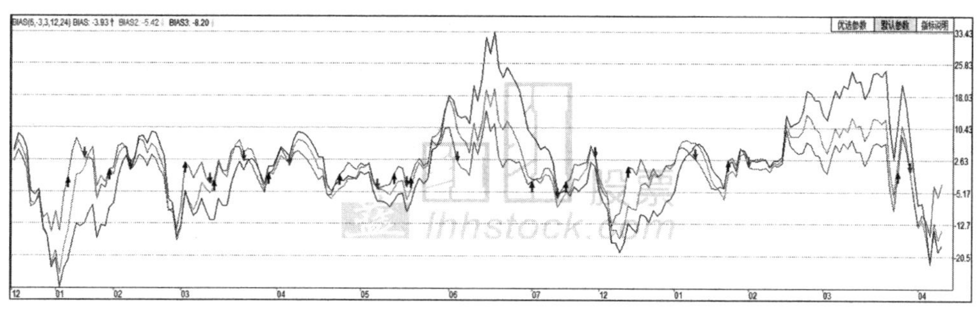

计算公式：

1. BIAS=（收盘价-收盘价的N日简单平均）/收盘价的N日简单平均×100

2. BIAS指标有三条指标线，N的参数一般设置为6日、12日、24日。

从乖离率的定义和计算公式可以看出，该指标的纵坐标单位是百分率即%，也就是股价与某条移动平均线之间的差距百分率，低于或者超出一定的差距百分率就是买卖点。我们先看看使用方法。

一、从乖离率BIAS的取值大小方面考虑买卖点

我们可以对乖离率指标设置一对固定的数值（其中一个为正值，另一个为负值）作为上下分界线，当BIAS取值超过所设置的正值时，发出卖出信号，反之，若BIAS低于所设置的负值，则发出买入信号。而这条分界线具体数值因为股价所处阶段不同、股票的股性不同所以只能根据一些经验值确定，在多头趋势下上线一般取15%，下线一般取-5%。那么我们看看多头趋势下的分界线的卖出买入点。如600058五矿发展K线图：

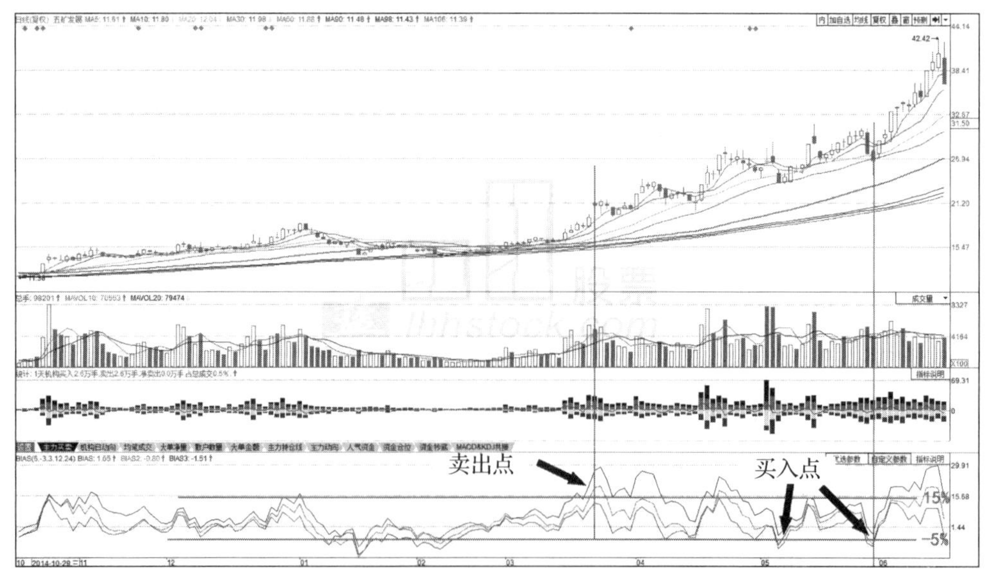

从图中可以看出，当股价刚刚开始形成多头趋势时，乖离率指标就已经发出卖出信号，如果此时卖出，那么一只牛股将被放跑。虽然中途有两次买入点，但是往往会因为卖出价格低而放弃买入，从而错失牛股。

二、从乖离率的曲线形状方面考虑买卖点

若BIAS指标出现从上到下的两个或多个下降的峰值，而此时市场价格仍在上升，则这很可能是卖出信号；反之，若BIAS指标出现从下到上的两个或多个上升的谷值，而市场价格仍在下跌，则此时很可能是买入信号。那么我们再看看多头趋势下的曲线形状卖出买入点。就拿前图来看吧：

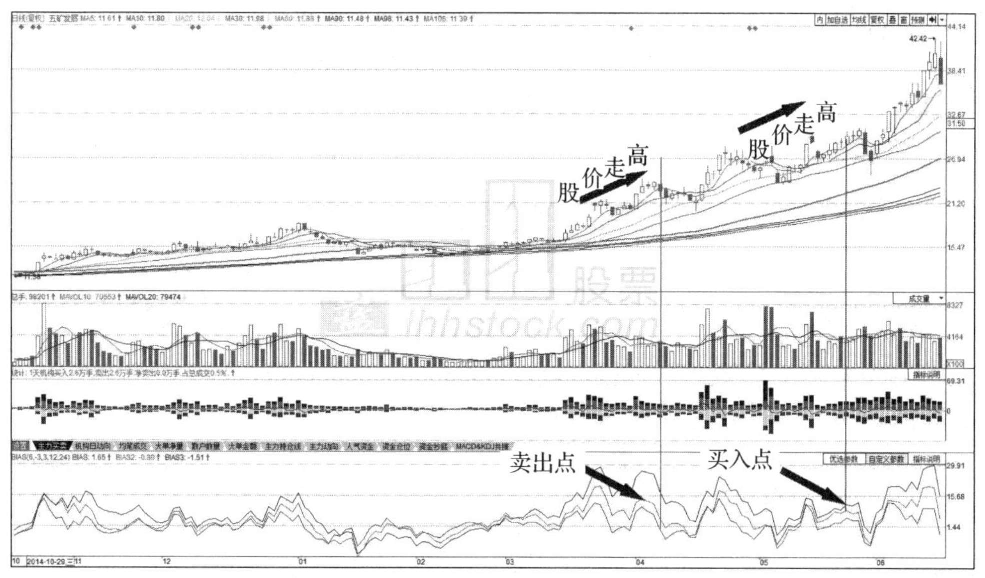

从图中可以看出按照乖离率形状方面考虑的买卖点，因为形状的不确定而比取值分界线更难把握，虽然是能抛在一些小高点，但是还是会跑掉大段利润。

我们看几个实例。

600289亿阳信通在2015年3月24日出现高点后，乖离率指标发出卖出信号，而在2015年4月16日继续发出卖出信号，之后股价却进入主升浪，如已经卖掉，则跑掉一大段利润。

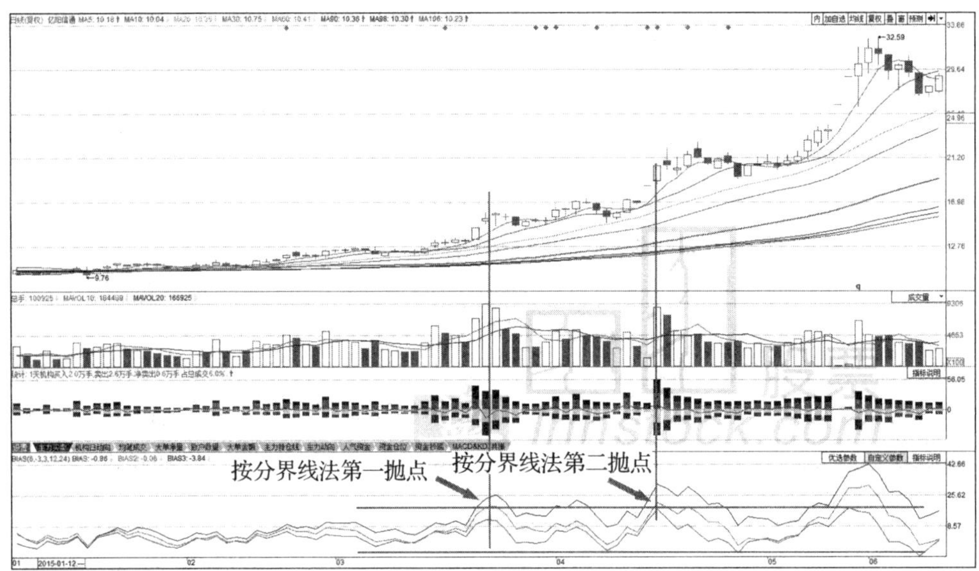

600273嘉化能源在2015年3月20日进入阶段性高点后，乖离率指标形状上发出卖出点后，股价略作浅回调后进入了主升浪。

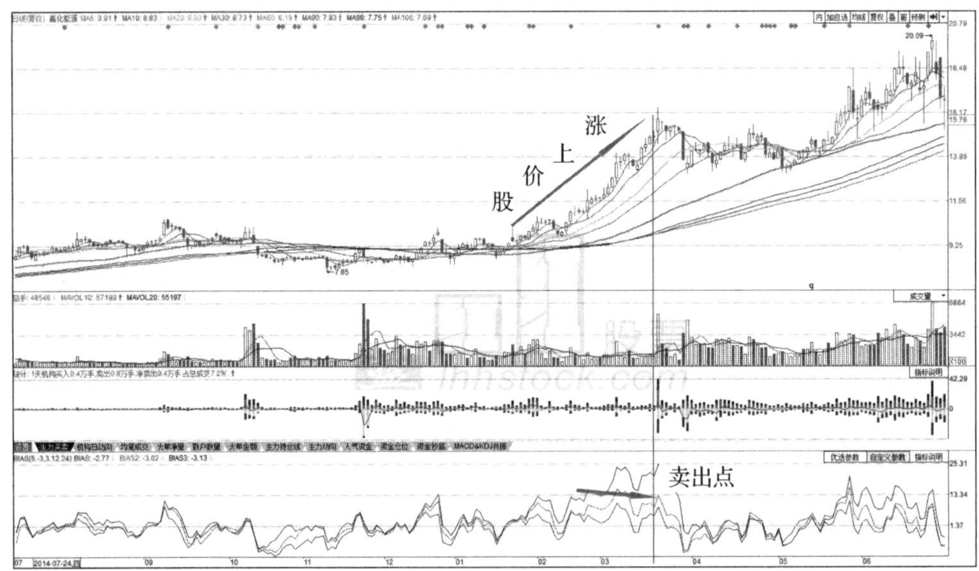

由此可以看出乖离率指标在多头市场中，由于其本身的用法是见高点卖出，所以，会错失一些大的上升段，即放跑牛股。虽然，乖离率会错失牛股，但是见高点抛的做法，也不失为一种赢利之道，有时宁可错失也不回吐的策略可能是上策。因此，技术指标有对的时候也会有不对的时候，主要还是看使用者怎样把握。

32

为什么威廉指标WR更适合中期趋势的研判

我们先来看看威廉指标的定义及用法。

威廉指标WR又称威廉超买超卖指数，是一个震荡指标。在公式设计上和随机指标的原理比较相似，两者都是从研究股价波幅出发，通过分析一段时间股票的最高价、最低价和收盘价三者关系，利用震荡点来反映市场的超买超卖行为，分析多空双方力量的对比，从而给出市场中短期行为走势的有效信号。

威廉指标主要用于分析市场短期买卖走势，是测量超买超卖的简易指标。威廉指标由WR1线和WR2线组成：

WR1= 100×（N日内最高价–收盘价）/（N日内最高价–N日内最低价）

WR2=100×（N1日内最高价–收盘价）/（N1日内最高价–N1日内最低价）

一般参数设置为：WR1:N=10，WR2:N1=6。

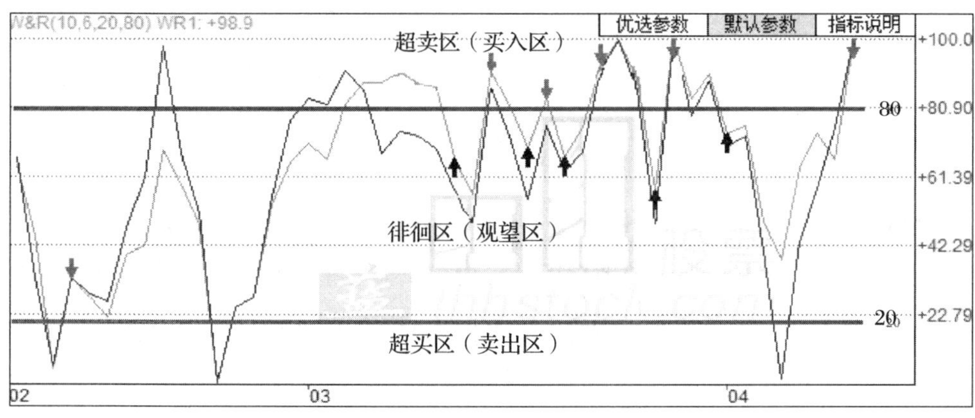

威廉指标的二指标线WR1、WR2在0—100之间运行，与KDJ的超买超卖区正好相反，在20以下是超买区，80以上是超卖区，20—80是徘徊区。

由以上定义及一般参数设置可以看出威廉指标主要用于研判短期的震荡走势。因为设置指标的一般参数仅为10日和6日，这样指标在理论上可以较快捷地指示买卖信号，这就是震荡指标与随机指标的特点。我们可以看几个威廉指标在短期走势中的信号指示。

600125铁龙物流在2017年2月到8月的一段股价走势中，2月18日股价在空方炮开炮的下跌中，进入80超卖区，威廉指标发出了买入信号，但是，股价依然下跌，短线套牢。股价企稳后，在小幅波动中威廉指标频繁发出买进卖出信号。7月18日股价突破中长期均线起涨，而威廉指标却发出卖出信号。可见，如果在频繁的信号下短线买进卖出，则没有多少盈利甚至亏损。

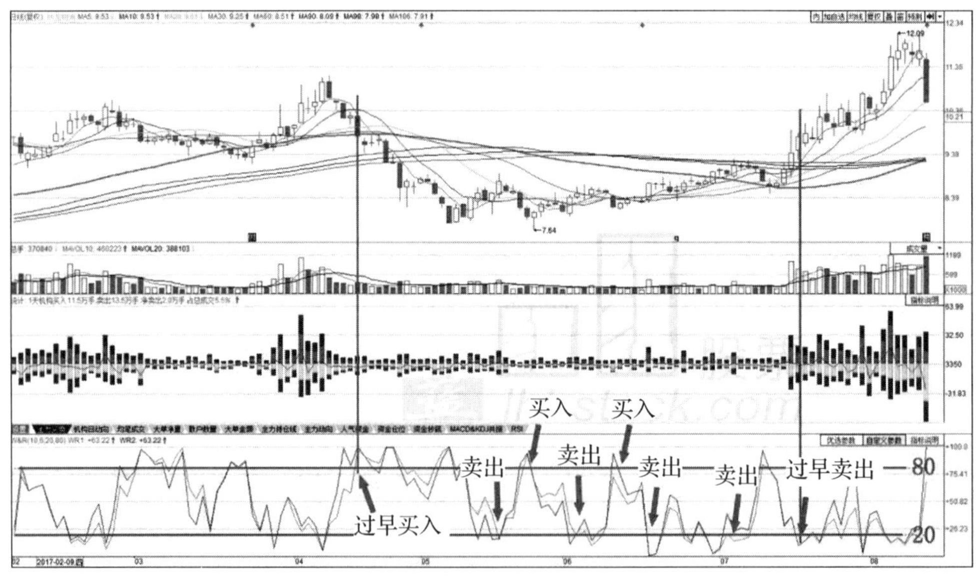

000990诚志股份在2017年2月到8月的一段股价走势中，5月23日威廉指标发出了买进信号，而在6月7日威廉指标就发出卖出信号，几乎没有盈利。但是，股价却是一路上扬，其间随着股指的不断上扬威廉指标频繁地发出卖出信号，而错过了一段上升行情。

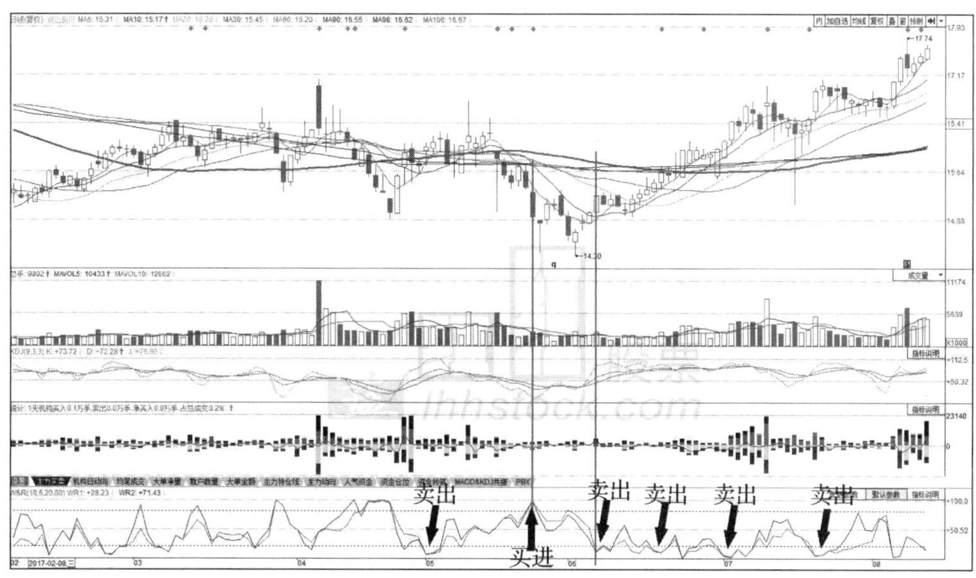

由上述例子可以看出，威廉指标是一个短线震荡指标，但是，由于信号给出过于频繁，使得使用者有些茫然而不知所措，甚至引起亏损。其实，这也是短线指标的通病，所以，往往把短线指标当成趋势指标使用，例如，KDJ背离法则就是用于判断趋势。

既然信号过于频繁，那么我们是否能把威廉指标参数放大一些，按中期趋势指标设计，使得信号尽可能与趋势一致呢？我们把江恩理论中的数字7来检验一下。

以7为基数，WR1取7×13=91，WR2取7×5=35。我们再来重新看看前面的两个例子。

600125铁龙物流，同样是在2017年2月到8月的一段股价走势中，4月11日威廉指标中的二指标线同时进入20超买区，发出了明确的卖出信号，而在底部5月8日指标进入80区发出明确的买入信号，实现逃顶抄底。抄底后，股价一路上涨，途中威廉指标没有发出卖出信号，恰恰在股价顶部威廉指标进入20区发出卖出信号，指标指示相当完美。

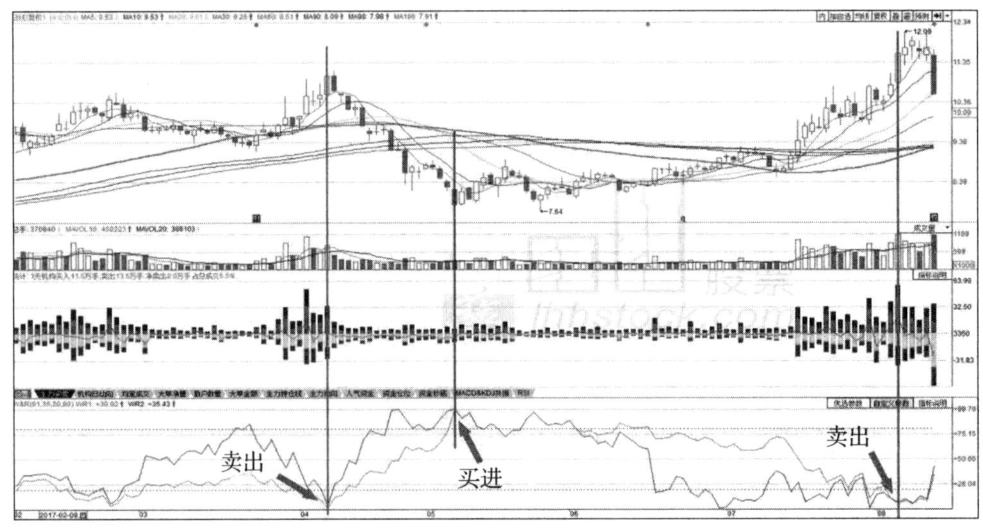

000990诚志股份，在2017年2月到8月的一段股价走势中，6月1日以前股价整理震荡，而威廉指标也是在20—80之间震荡。6月1日股价止跌，威廉指标中的二指标线同时进入80超卖区，发出买入信号。之后股价一跌上涨，在7月21日指标进入20区发出卖出信号，其间没有其他的买入卖出信号，对使用者没有干扰。虽然没卖在最高价，但是已经获利颇丰。

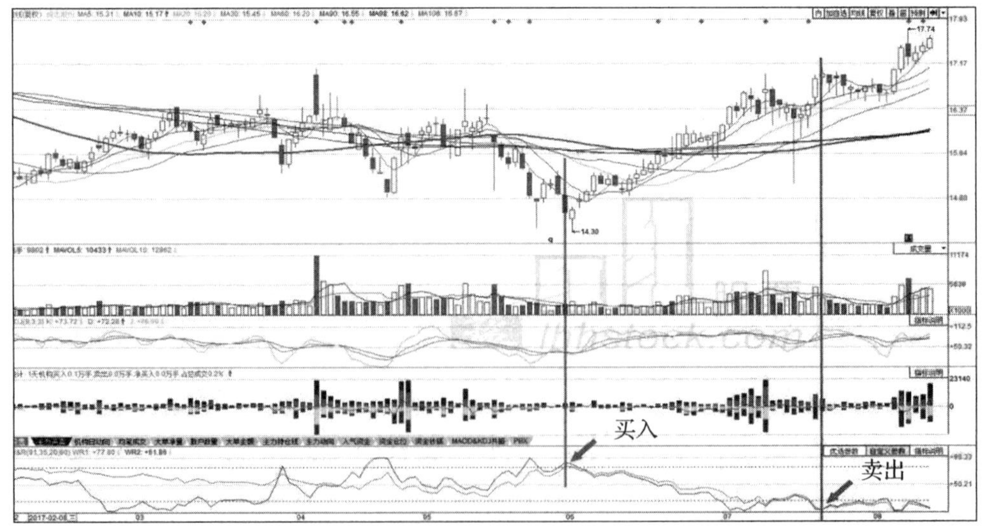

从上面的例子可以看出，短线指标并不一定在短线中使用，有时，灵活运用后更加适合趋势研判。威廉指标虽然是一个短线震荡指标，但是通过参数的设置能够使它更加适合中期趋势的波段操作。

第三部分

经典K线形态的市场意义

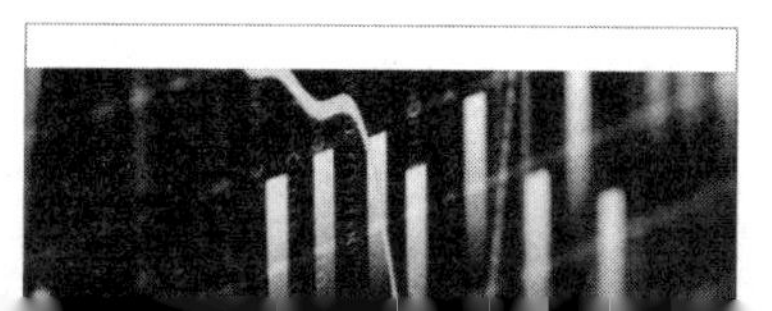

为什么想象中的早晨之星有时会成为中继之星

早晨之星又称“黎明之星”“晨星”“希望之星”，是由三根K线组成的K线组合形态，一般是一种行情见底转势的形态。该形态多数出现在下降趋势的末端，有可能是一个较强烈的趋势反转信号。

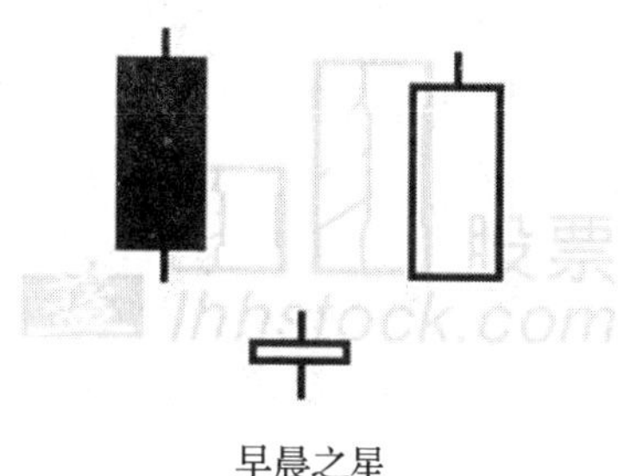

早晨之星

所以，一般认为当在下跌趋势中有这样的K线形态出现时，是一个非常好的买入机会，后市将有一波涨势。

中继之星是指股价在下跌途中形成的星线，判断的标准是星线之后的股价继续下跌。

固然早晨之星是我们在操作中希望看到的星星，但是它却是在其形成之后才叫它早晨之星，所以，判断在星星出现时它有没有可能成为早晨之星才是关键，也就是说后面有没有涨势才是关键。到底什么样的星星可能成为早晨之星，什么样的星星虽然像早晨之星但是亮度不够、时间太短，什么样的星星又会成为可怕的中继之星呢?

一、成为早晨之星的几种条件

1. 星星出现在上升趋势回调中的30日或60日均线附近，而且60日线均线是向上行进的，则成为早晨之星的可能性较大。尤其是优质成长股，星星出现在30日或60日均线之上，或者在向上的60日均线附近出现，则成为早晨之星的可能性很大。

2. 在下降趋势末端，股价大幅下跌之后出现星星，而且下一日放量走高，股价站稳在昨天价位之上，则成为早晨之星的可能性较大。

我们看两个实例。

300136信维通信在2016年5月到12月的一段股价走势中，11月14日在60日线附近收出一根上涨趋势中的十字星，股价稍作调整后，股价一路上涨，企业良好的基本面，是其背后助力的主要原因。信维通信主营移动终端天线，其产品得到了华为、JABIL、三星的认可，而且企业正在成长为全球性企业，得到政府奖励金2亿元，政府都如此看重，当然，这样的股票回档后就会上涨。

600846同济科技在2017年1月到8月的一段股价走势中，7月18日出现了一颗下跌趋势中的星星，第二日由于受到入围雄安新区的规划设计的利好消息，放量涨停，股价站稳前一日股价之上。该星星成为了一颗早晨之星。

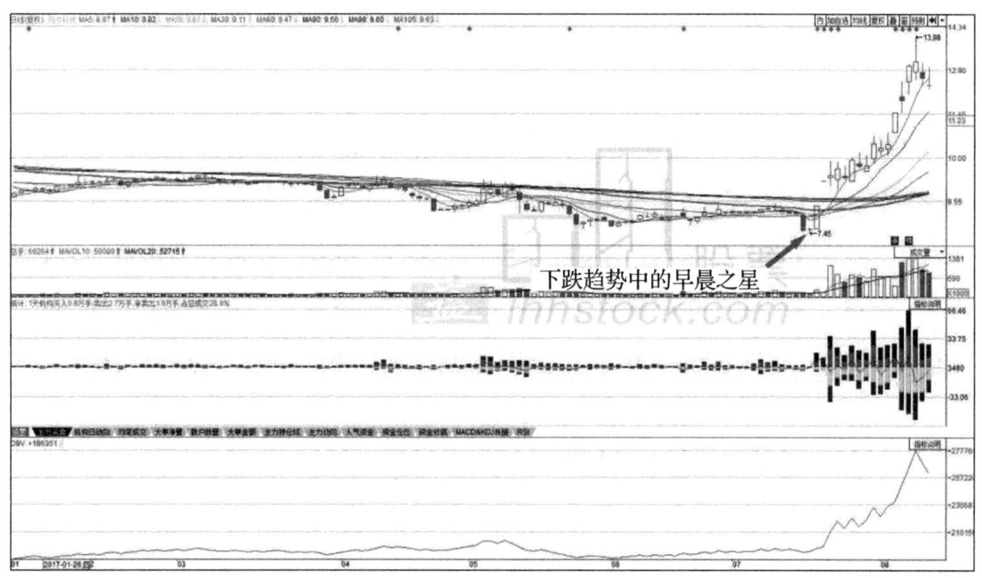

从上述实例中可以看出，早晨之星既可以出现在下跌趋势中，也可以出现在上涨趋势中。

然而，当一颗星星出现时，有些股民就认为这颗星星就是早晨之星，尤其是当套牢而被迫持股时这样的愿望特别强烈，但是往往事与愿违，想象中的早晨之星成为了中继之星。

二、成为中继之星的几种可能性

1. 星星出现在60日均线之下，而且60日均线向下运行，离60日线乖离率不大，股票基本面也一般甚至较差，那么，这样的星星有可能亮度不够、时间不长，可能成为中继之星。

2. 星星出现在股价的上升段回档期，而且60日均线向上角度已经很陡，那么，这样的星星有可能成为中继之星。上升趋势中的星星，尤其是在股价已经大幅上扬、中长期均线向上发散严重的情况下，即出现顶部特征的上升趋势回档中的星星，成为中继之星的可能性很大。在牛市顶部回落时有很多股票都在下跌时中途都产生了星星，此时，许多股民盼望的是早晨之星，然而，却事与愿违，大部分都成了中继之星。

我们也看两个实例。

600645中源协和在2016年7月到12月的一段股价走势中，在60日均线之下出现的星星，均亮度不够，几乎无反弹，这样的股价走势与该股的基本面有着密切的关系，其主营生命科学技术开发和干细胞基因工程产业化，但其实质只是干细胞的存储，并未直接涉及干细胞研究开发领域。所以其业务量自2008年开始从事以来一直没有大的提升，而且2013年公司又开始涉足化妆品业务，然而也没有取得好的效益。可见不专心主业。2017年又开始考虑转型。这样的企业股民最好慎选。

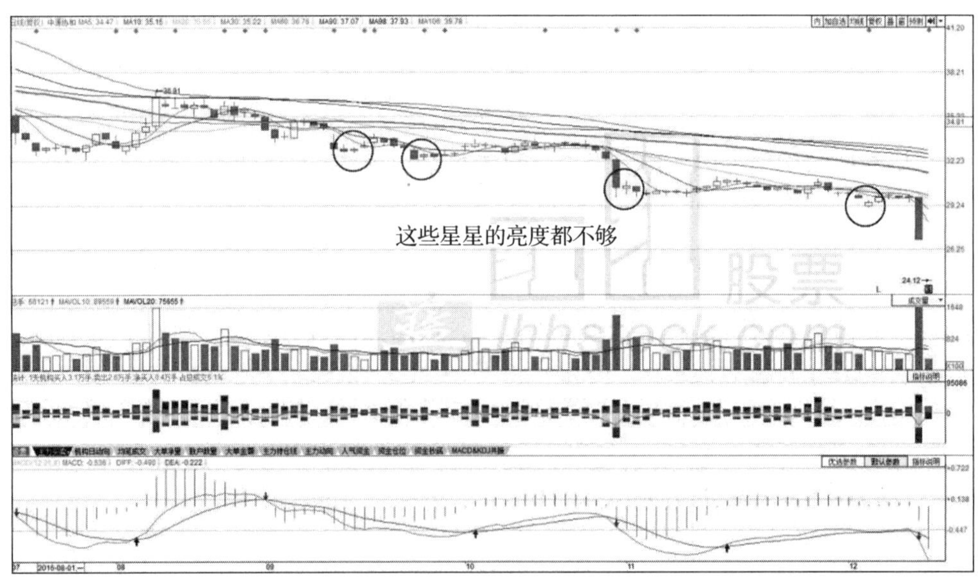

下图是2015年6月创业板指数顶部回落时出现的星星，最后成为到目前为止不可逾越的中继之星。

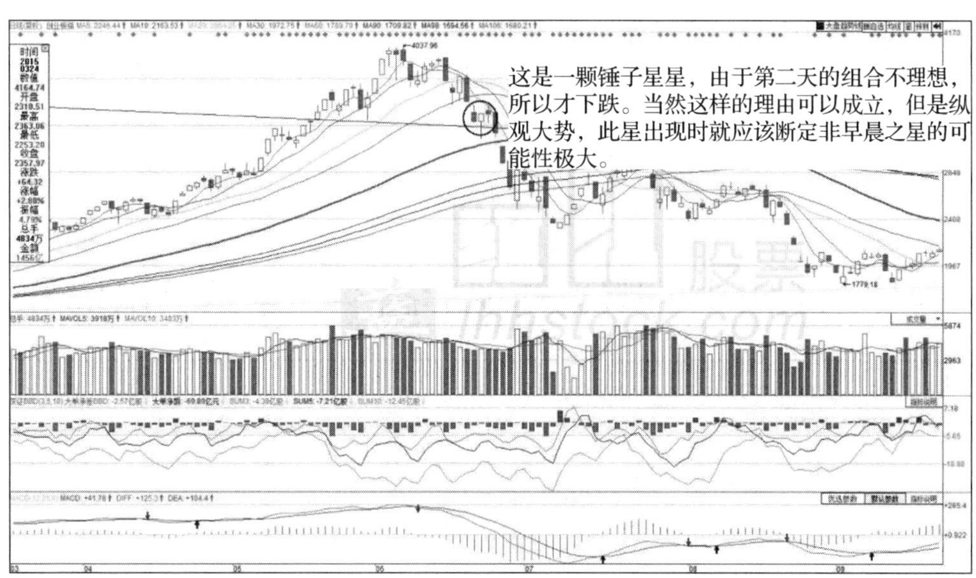

综上所述，早晨之星既会出现在下跌趋势中，也会出现在上升趋势中，成为早晨之星还得要一些因素的配合，一般要有消息面或者是基本面的配合。而且，由于企业的基本面不好或者股价涨得太高，无论是下跌趋势还是上涨趋势都会有中继之星的出现。

为什么熊市中的曙光初现形态不一定是上涨信号

曙光初现顾名思义就是在黑夜中，东方露出了鱼肚白，人们看到了一线希望。其形态特征是由两根K线组成，左边的K线为长阴线，右边的K线为长阳线，阳线的最低价比阴线要低，收盘价在阴线的二分之一之上，如图所示：

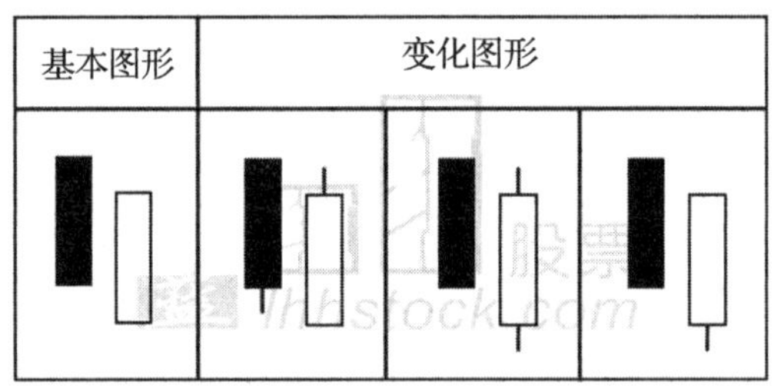

曙光初现形态预示着跌势已尽，市况将要反转，市场一边倒的现象即将结束，就像是漫漫长夜之后，天边终于泛出了鱼肚白，清晨的第一缕曙光燃起了人们对一天的希望。

然而，有时当曙光初现后，阳光并没有到来，随之而来的仍旧是夜色蒙蒙。创业板指数在2016年12月15日曙光初现后，并没有迎来阳光，仍旧是夜色蒙蒙。

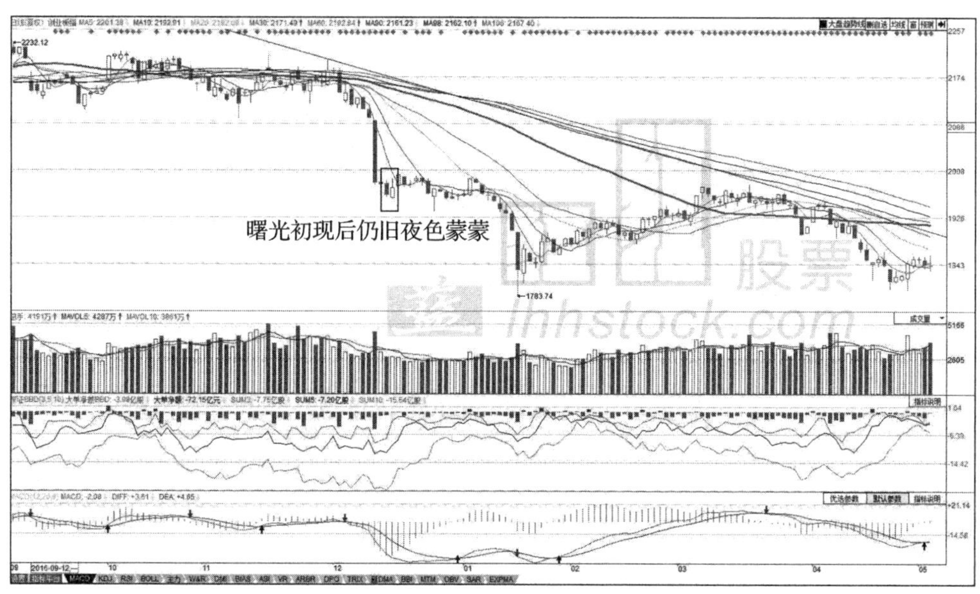

000428华天酒店在2017年4月5日曙光初现后微微亮了三下就继续进入漫漫长夜。

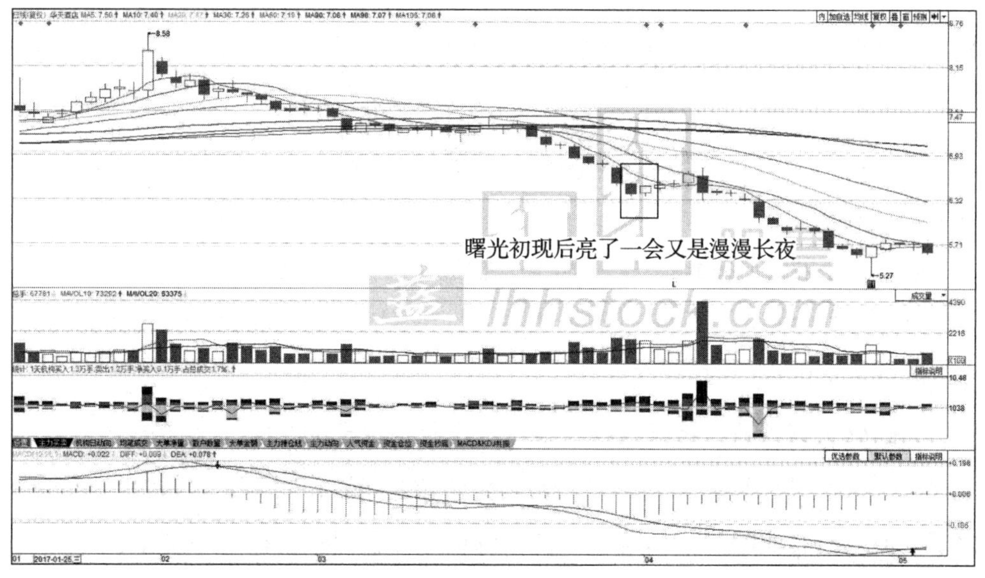

300528幸福蓝海在2017年1月17日出现了穿过头的曙光初现，但只是产生了一点淡淡的阳光后，天色又黑了下去。

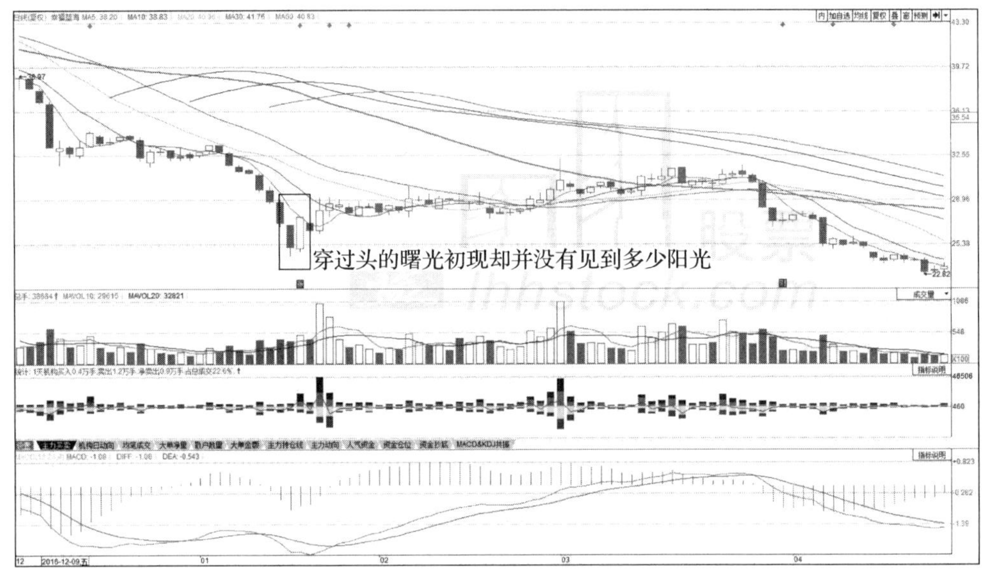

所以，单从技术面去判断曙光初现后就有阳光并不是十分可靠，在技术面已经到位时还需结合基本面，基本面不好的股票虽然也会曙光初现，但是后面的阳光并不怎么灿烂，接踵而来的可能仍旧是长夜漫漫。尤其是在熊市中更是要有条件地选择买入股票。

第一，熊市中基本面一般的股票，不做b浪反弹，无论其力度有多大，不碰。

第二，如果做了基本面一般的股票，快进快出，不得犹豫。

第三，如果是由于行业原因而被错杀的基本面良好的股票，出现曙光初现时，就要及时介入，不得犹豫。

002466天齐锂业。由于受到新能源汽车补贴取消的影响，新能源汽车板块及锂电池板块股价都有所下跌，天齐锂业也受到拖累，股价下跌到中长期均线之下。但是其企业的基本面相当出色，各项财务数据都很优秀，市盈率只有30不到，净资产收益率近40%，2016年主营业务增长一倍，由于涨价净利润增长500%，这样出色的股票当然在技术面到位的情况下加上基本面助力，股价上涨就是情理中的事了。

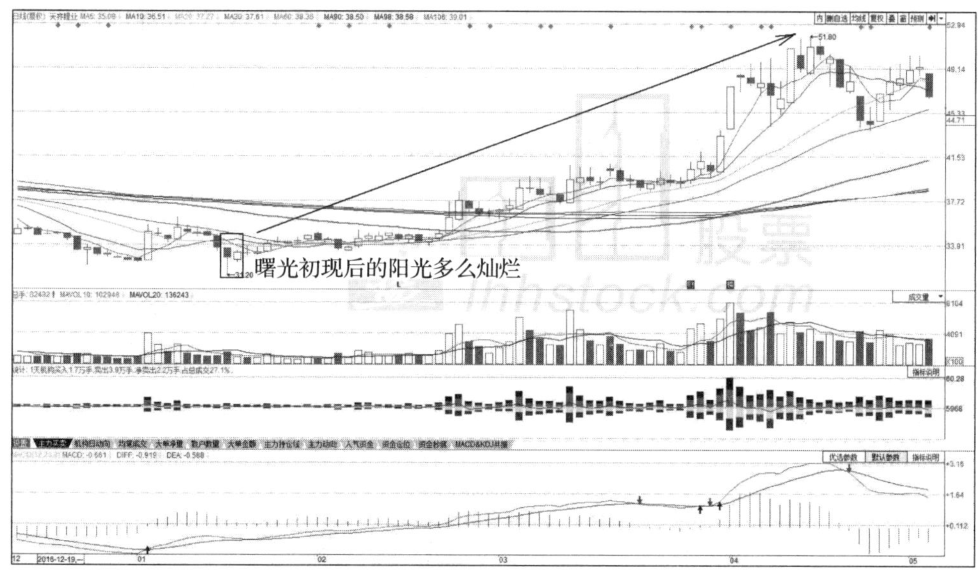

600477杭萧钢构，由于前段时间房地产股下跌的拖累，其股价下跌到中长期均线之下，但是其企业的基本面相当出色，主营钢结构建筑，由于企业内部技术管理的整改及专利使用方式的转变，合同量不断增加，每月有两到三个合同签订，每个合同就有3000万的专利费，效益相当可观，所以股价一路上涨。

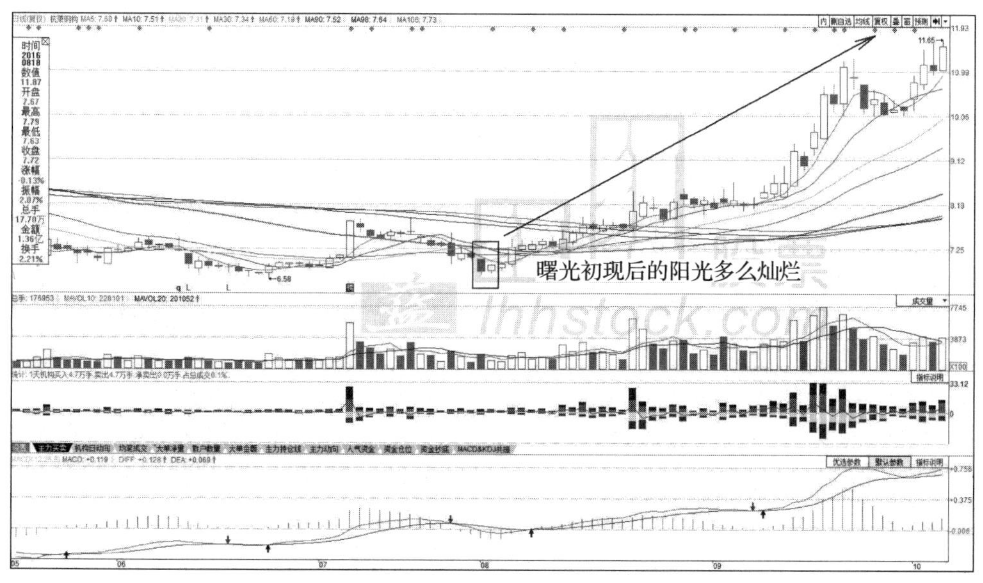

由于曙光初现的图形结构比较简单，只有两根K线组合，所以技术上的可靠度，是不够的。只有结合企业的基本面才有更高的可靠度，如果你单凭技术面，那就要做快枪手，快进快出及时了断，不得犹豫。

600177雅戈尔主营服装兼营房地产，各项财务数据显示基本面中下。在2017年1月13日曙光初现出现后，打个短平快，勉强可以赢利。

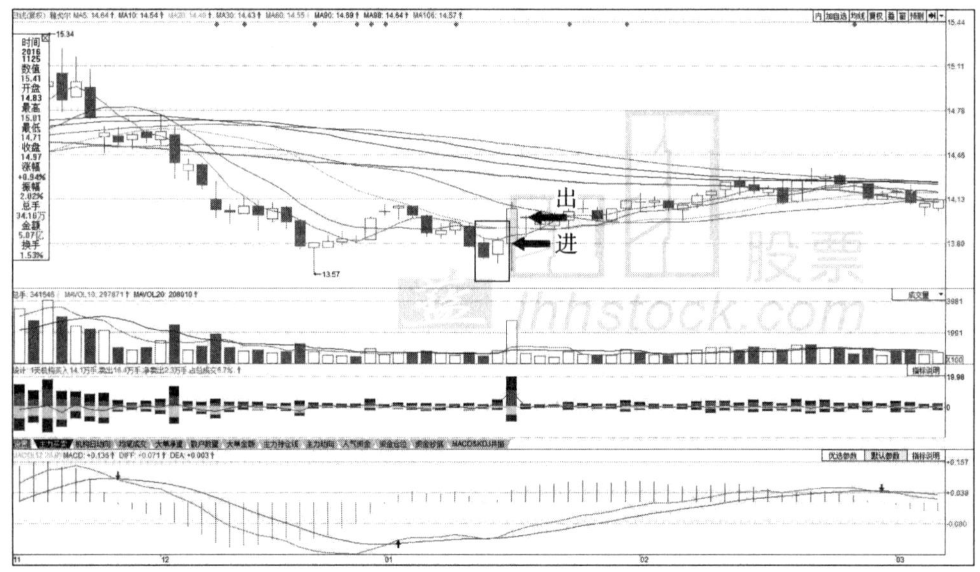

为什么红三兵在上升趋势中出现后势看涨

红三兵亦称三红兵，是三根阳线依次上升形成的一种形态。

这是一种比较强势的K线组合，具体的K线组合情况如图：

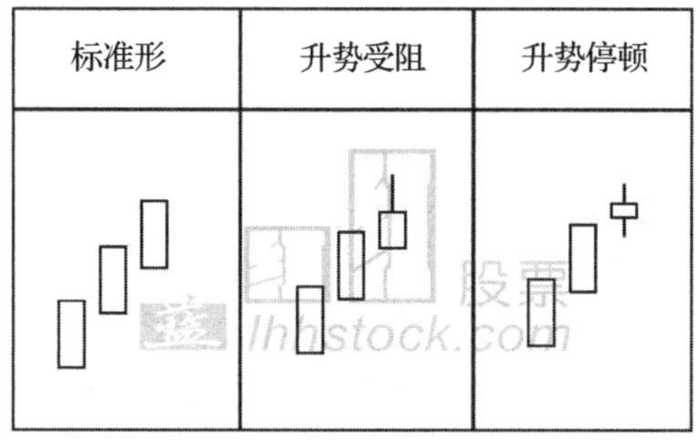

这三种K线组合出现时，标准形是最强势型，后两种则稍微弱一点，但是后势看涨的情况基本相同。

红三兵形态是一种较为常见的三日K线组合形态，它由连续出现的三根中小阳线组成，从其形态上看，是一种上升走势，当然也就是看涨的信号，尤其是在下跌趋势中出现了红三兵的K线组合，那么看跌的思路必须扭转了。如果红三兵出现时还伴有成交量的放大，则看涨的信号就更强了，因为那正是买盘资金开始涌入、多方力量稳步增强的标志。

600400红豆股份在2013年7月11日下跌趋势中出现了红三兵之后就没有再创新低，而在2013年8月30日再次出现红三兵后股价就一路直上连创新高。

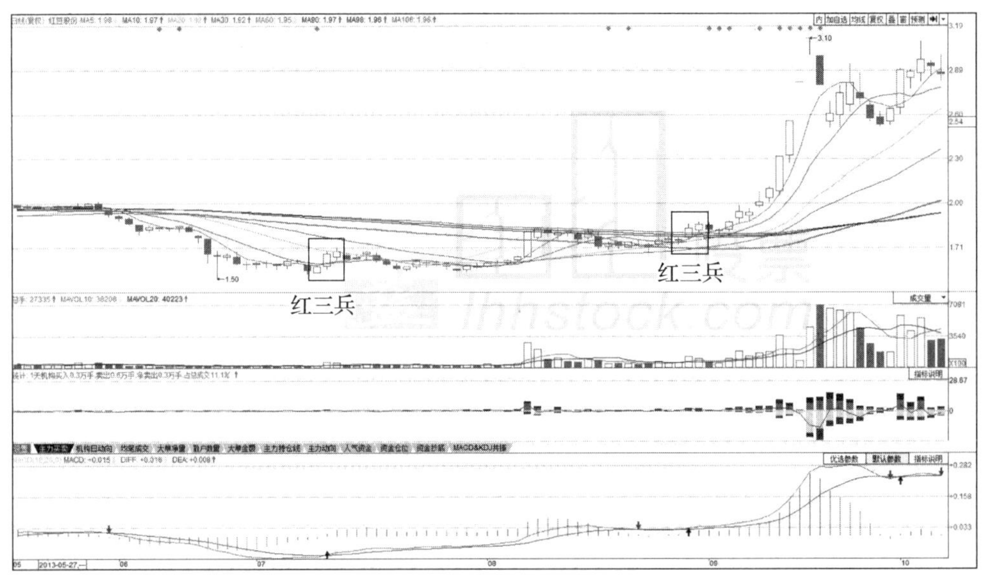

一般认为，红三兵往往出现在下跌趋势中，而且其转市的信号较强。因为市场经过长时间的下跌，人们在恐慌之中已经等待了漫长的时间，盼望曙光的到来，所以，红三兵的出现缓解了人们的恐慌心理（注意：没说增强了人们看多的信心）。此时，人们松了口气，跌势终于要到头了。但是，由于对前面的跌势人们还心有余悸，不敢追高，所以股价还是会缓缓地回落。正如前面600400红豆股份截图中的第一个红三兵之后，股价缓缓回落，甚至有时股价还要继续创新低。更有甚者跌势中的红三兵引发了更大一轮的跌势。

600067冠城大通2011年10月26日在下跌趋势中出现了红三兵后略微上涨，后继续下跌再创新低。

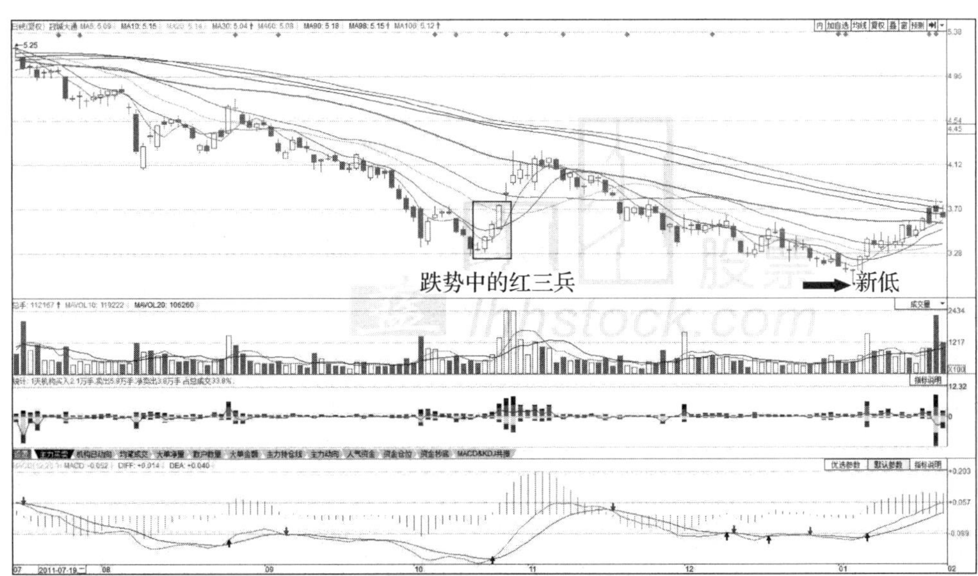

300019硅宝科技2017年3月6日在跌势中出现红三兵，却跌势不止，引发了更大一轮的跌势。

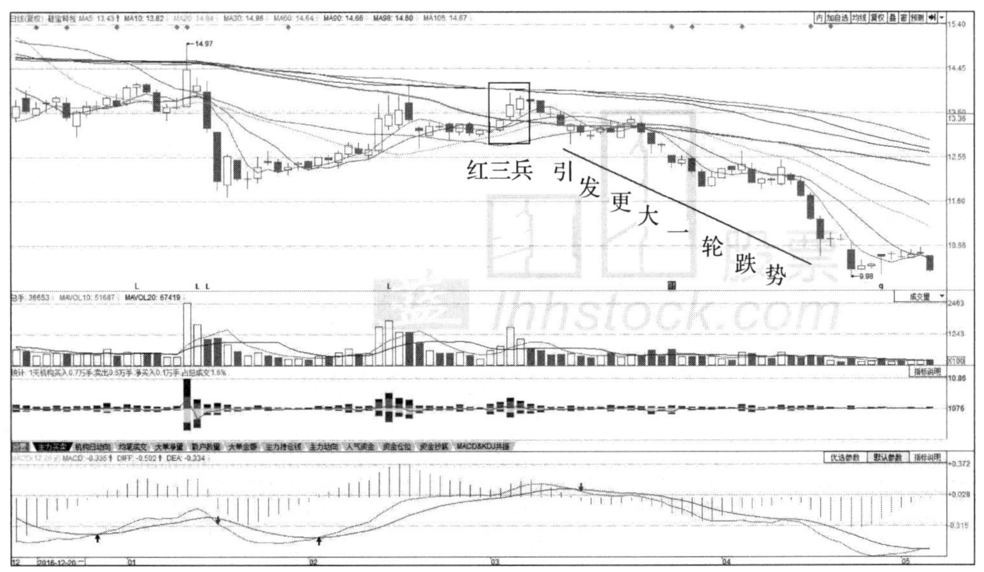

可见跌势中的红三兵，虽然是看涨的信号，但是并非要立即看涨，而是要等等再看。同时还要结合股票的基本面，在选股时尽量要选基本面好的股票，即使随大势下跌，跌幅也会小一些。

相反，在上涨趋势即均线成多头排列情况下的红三兵，虽然在一定程度上会遇到冲顶的风险，但是在上涨趋势的助力下，红三兵的出现会增强人们对后市看多的信心，从而促使股价更上一层台阶。其信号比弱市中的转市信号来得更加强烈，更加直接。

600196复星医药2017年3月14日在上涨趋势中出现了红三兵后，股价如脱缰野马一路上涨。

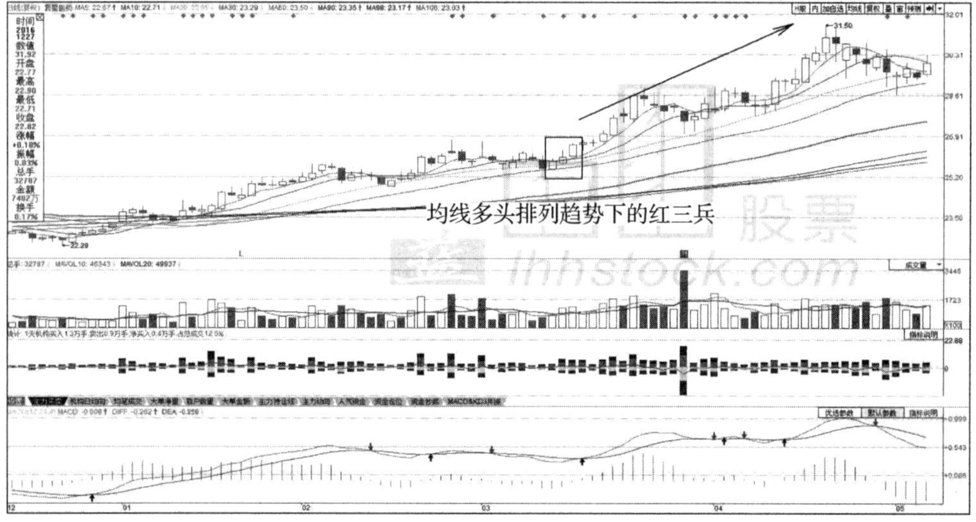

600116三峡水利2017年3月20日在中长期均线之上出现红三兵之后稍作回档，立即展开一轮强劲的升势。

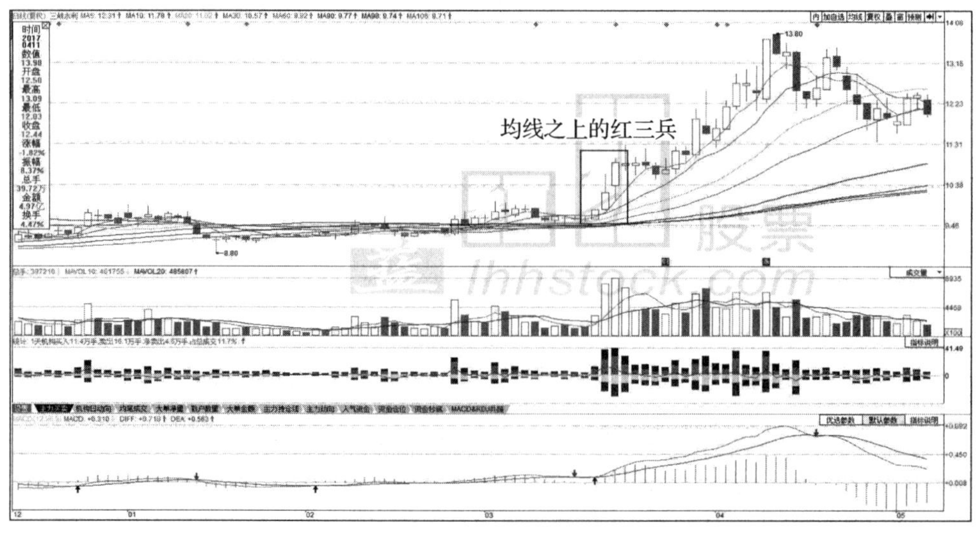

600477杭萧钢构2017年4月7日在多头趋势下出现了红三兵，则展开了一轮上升趋势。

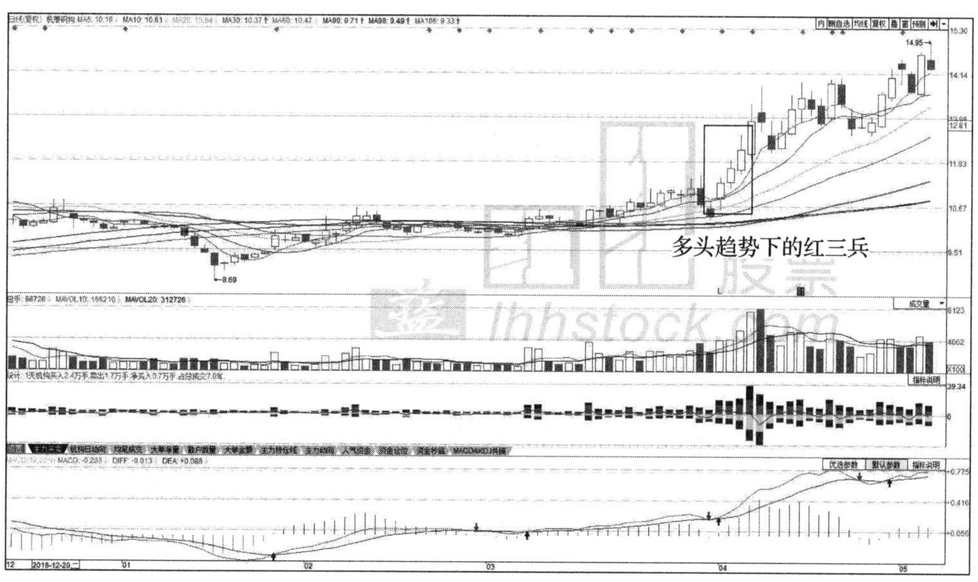

总之，上涨趋势中的红三兵比下跌趋势中的红三兵上涨信号更加强烈直接，主要是由于上涨趋势本身有助涨的作用。捕捉上涨趋势中的红三兵需要注意几点：

第一，三根阳线实体不要太长，即涨幅不要太大，避免筑顶的可能。

第二，中长期均线不要发散，经过前一段时间黏合最好。5日、10日线需要发散向上，而且要在中长期均线之上。

第三，要选择基本面良好的股票操作，避免踩到地雷。

为什么锤子线不一定是回升信号

锤子线是一根带有长下影线的K线构成。它必须出现在下跌趋势中，如果出现在上升趋势中则就不叫锤子线，而叫上吊线。锤子线的基本图形如图：

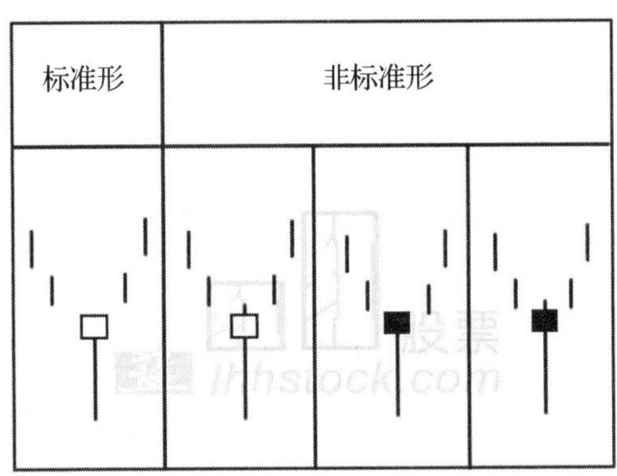

锤子线的特点是：上部实体较短；下影线较长，至少是实体的2倍以上；没有上影线为最强势，即使有长度极短；下影线越长，止跌信号越强。

一般认为，锤子线属于底部反转形态。在锤子线出现之前，必须先有一段下跌趋势，下跌趋势越大，锤子线的止跌信号越强烈。

事实究竟是什么？我们先看几个例子：

300404博济医药在2016年10月开始的一波深度下跌中，三次出现锤子线，两次却几乎没有上涨，而是继续下跌，只有最后一次算是缓慢小幅上行了一段时间，最后还是继续创出新低。

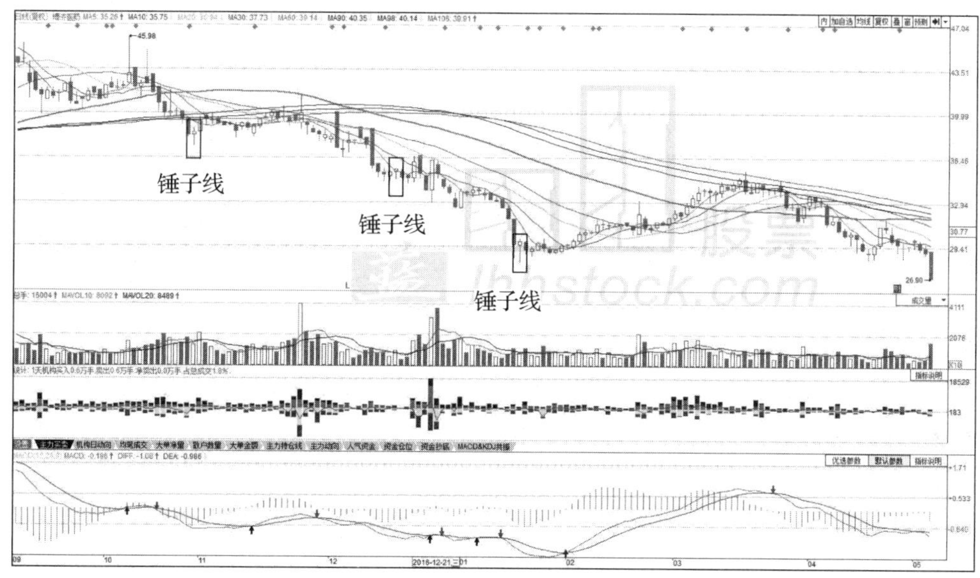

300221银禧科技在2016年11月开始的一波下跌中，标准的一个锤子线，引发的不是止跌上涨而是漫漫的下跌熊途。

300061康耐特在2016年12月3日出现了锤子线，却也引发了一轮下跌趋势。

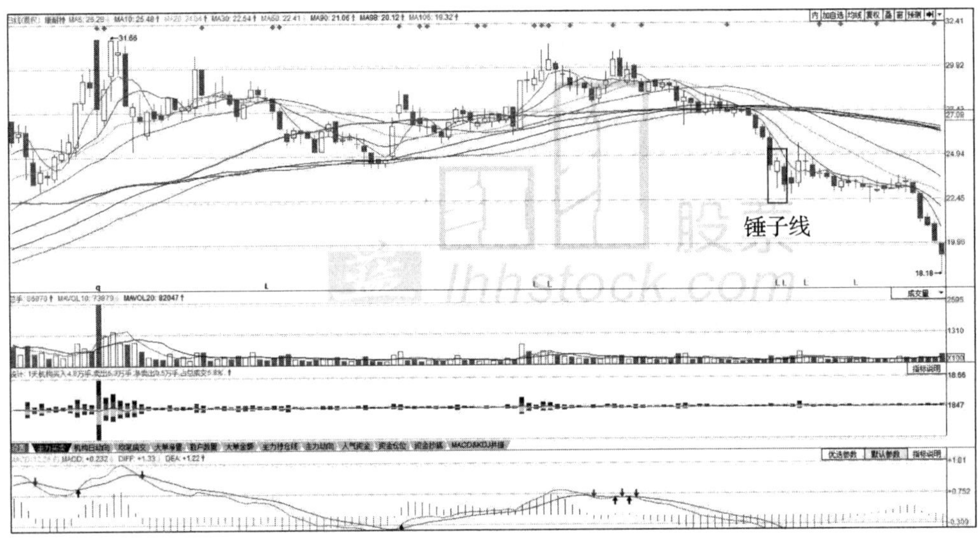

300157恒泰艾普在2016年6月29日出现了一个锤子线后，接着是一轮大的跌势。

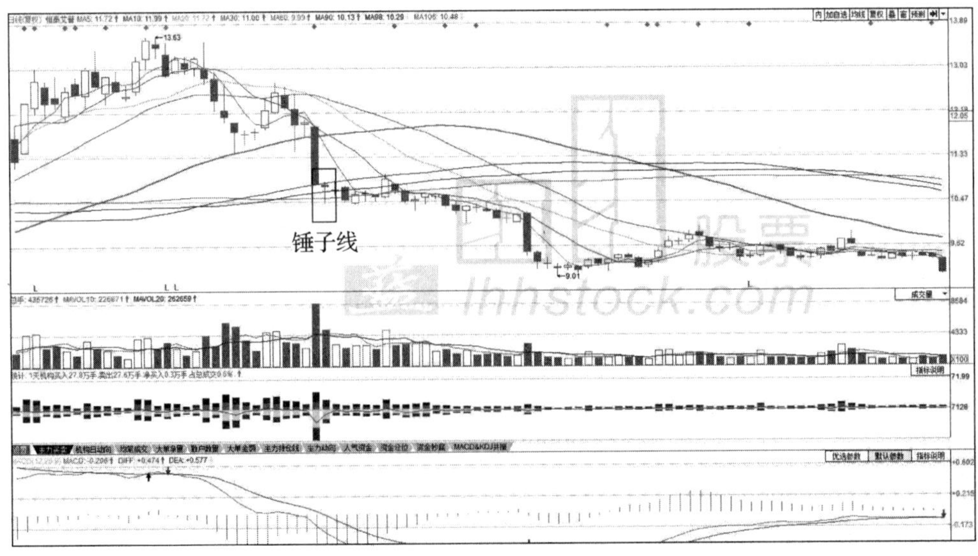

锤子线是一种强烈的止跌信号，这句话的言外之意就是不跌了要涨了。但是从前面几个例子中我们可以看出，当在下跌趋势中出现锤子线，确实出现了一定的止跌或跌势趋缓，然而涨势却并不怎么样，而且不久就又重新步入跌势中。在实际操作中，我们需要的是一波上升趋势，单单是暂时的止跌对于我们的操作并无多大意义甚至是可怕的。

从前面几个例子我们还可以看出，引起继续下跌的锤子线都出现在中长期均线刚刚开始掉头向下，其实中期跌势刚刚开始，这时候的锤子线并不意味着止跌回升，只有在跌势相当充分、风险充分释放后的锤子线才意味着止跌回升。

600843上工申贝在2017年4月27日出现锤子线后，反弹幅度相当不错。因为这样的锤子线是在跌幅较大的情况下出现的，而且离中长期均线60日线的乖离率也较大，所以这样的锤子线意味着止跌回升。当然做超级短线的话，注意止赢，如果想做波段的话则要结合基本面，决定是否继续持有。

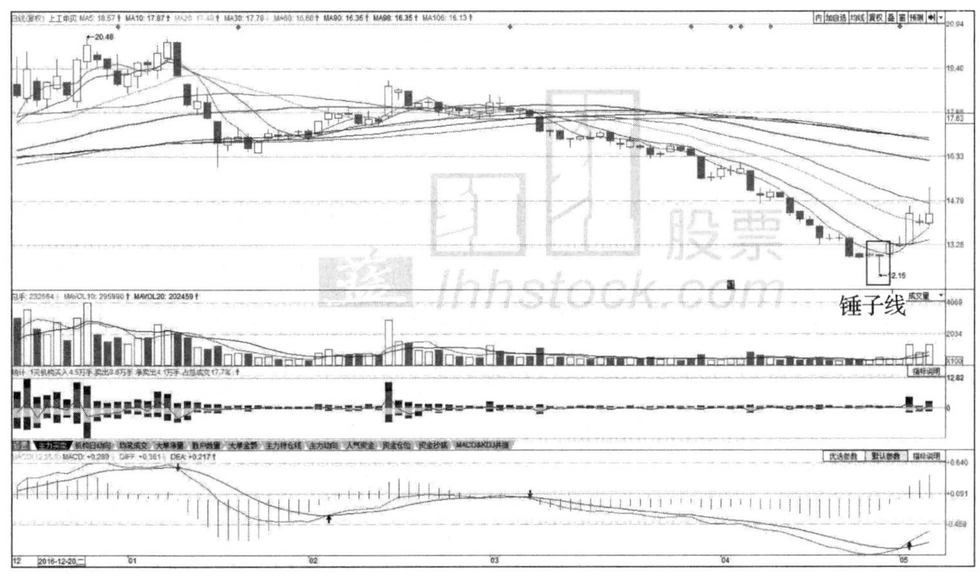

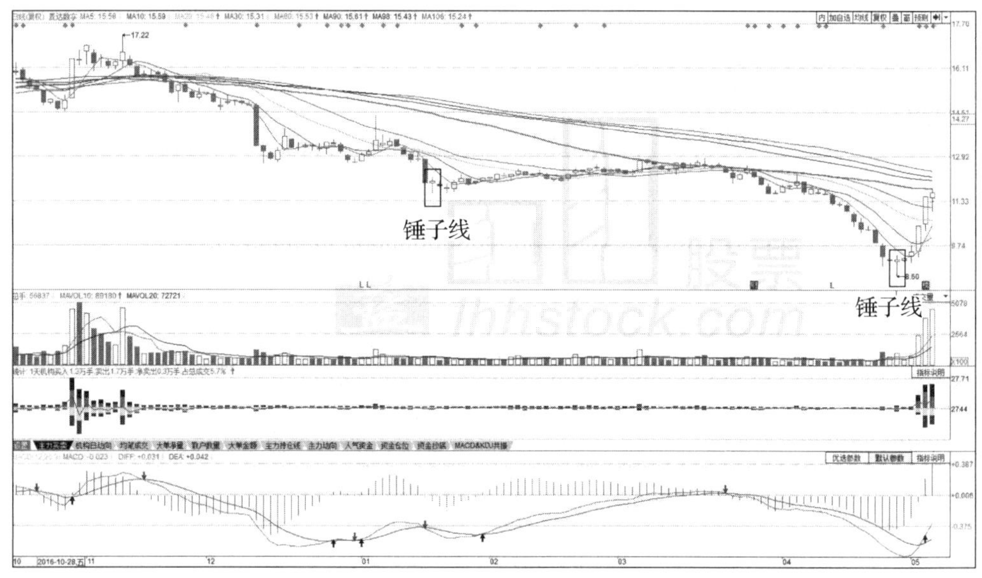

002137麦达数字在2017年4月27日经过前面深度下跌后第二次出现锤子线，而且在出现锤子线之前出现了11个连续的阴线，其风险释放相当充分，所以其反弹力度也是相当可观，从最低点算起近35%的反弹力度，当然超短线能抓住一半也相当不错了。

总之，锤子线形态的出现不一定是止跌回升的信号，尤其是在中长期均线刚刚开始掉头向下，段票基本面并不是太好的情况下，对锤子线的认识要慎重，因为此时可能还会有更大的跌幅。锤子线是否意味着止跌企稳要注意两点：第一，锤子线出现在离中长期均线下方不远即乖离率不大、中长期均线刚刚掉头，此时的锤子线要慎重。第二，对于股票基本面一般或者由于即兴买入不了解基本面的股票，则以超级短线形式做差价，千万别恋战。

为什么多方炮的信号没有空方炮可靠

多方炮是由三根K线组成，一边一根中阳线，中间一根小阴线，即二阳夹一阴形成上攻态势，故称为多方炮，预示着多方即将开炮，股价即将上涨。具体形态如图：

多方炮		
弱势形	标准形	强势形

一般情况，标准形与强势形才是多方炮的典型形态，弱势形虽然是多方炮形态，但是往往失去多方炮的作用。

空方炮的形态与多方炮相反。如图：

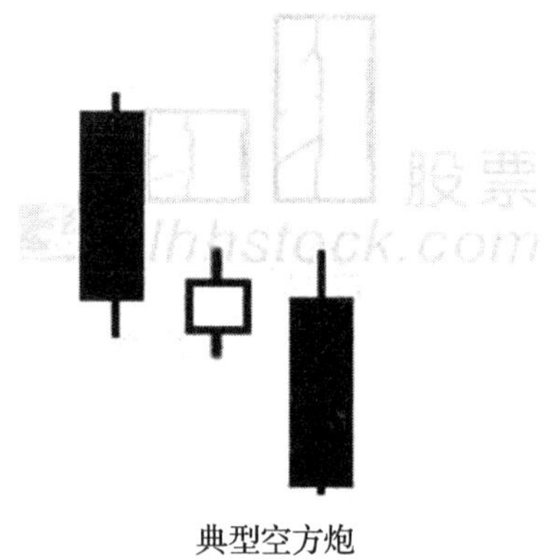

典型空方炮

空方炮也是由三根K线组成，一边一根阴线，中间一根小阳线，后面的阴线比前面的阴线更低，即二阴夹一阳形成下跌态势，故称为空方炮。其发出的信号正好与多方炮相反，预示着股价即将下跌。

多方炮在众多的看多K线形态中，知名度是比较高的，大部分股民对多方炮三个字是耳熟能详。

一、多方炮

300284苏交科在2017年2月到5月60多个交易日中，出现了四次多方炮和一次变形多方炮。

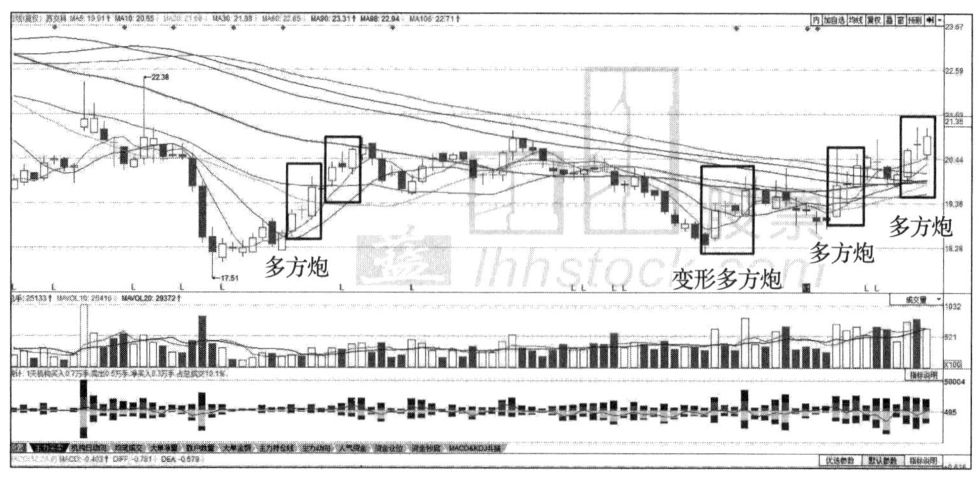

002058威尔泰在2016年10月至2017年1月也是50多个交易日中竟出现了5次多方炮。

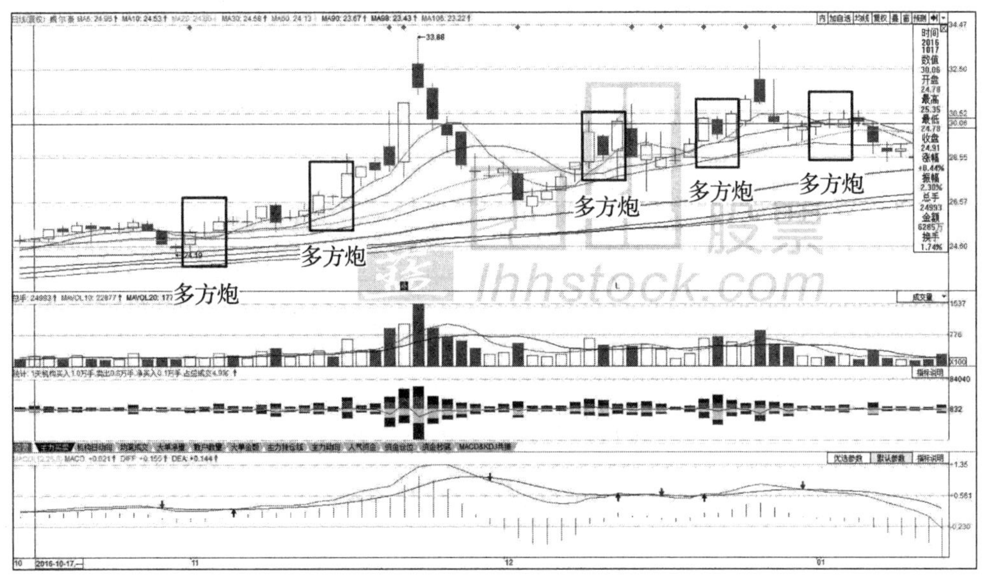

000998隆平高科在2016年12月到2017年4月，其多方炮或多方炮的相似形也屡屡出现。

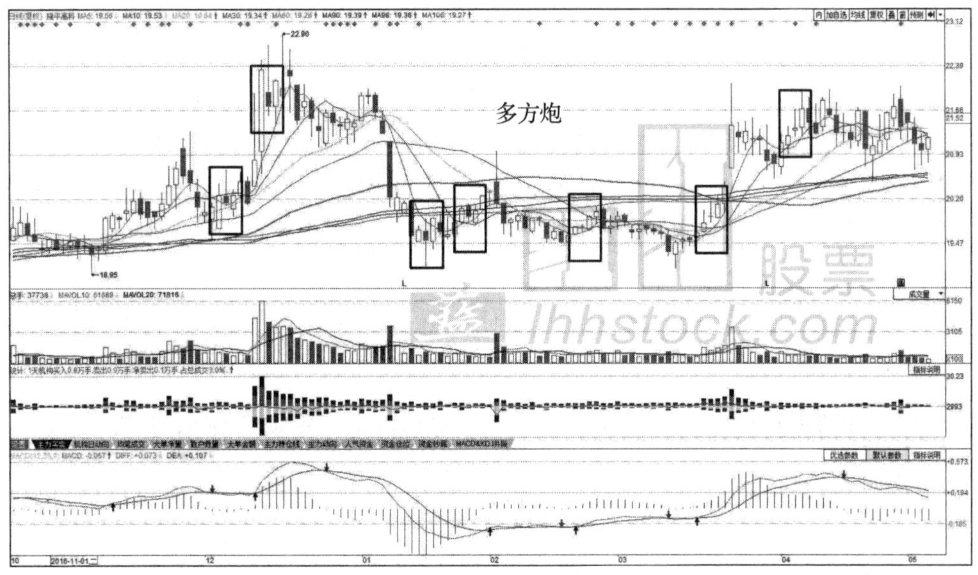

可以看出，无论是在中长期均线之上还是之下，涨势以多方炮的形式出现的概率是很高的，无论是多头趋势下的上涨还是空头趋势下的反弹，上涨就离不开多方炮的形式。同样也可以看出，多方炮能开炮的概率并不高，往往以哑炮的形式收场。在300284苏交科这幅图中5次多方炮只有1次马上开炮，1次3天后开炮，2次哑炮。在002058威尔泰的这幅图中3次哑咆，2次开炮。在000998隆平高科这幅图中共7次多方炮3次开炮，4次哑炮。可见哑炮多于开炮。而且如果你再细心一点观察，虽然多方炮开炮，其上涨幅度有时并不是很大，回落速度也是蛮快的。

二、空方炮

300120经纬电材在2017年1月至4月的走势中，出现了5次空方炮，1次哑炮，4次开炮，其中3次开炮后的跌幅很深。

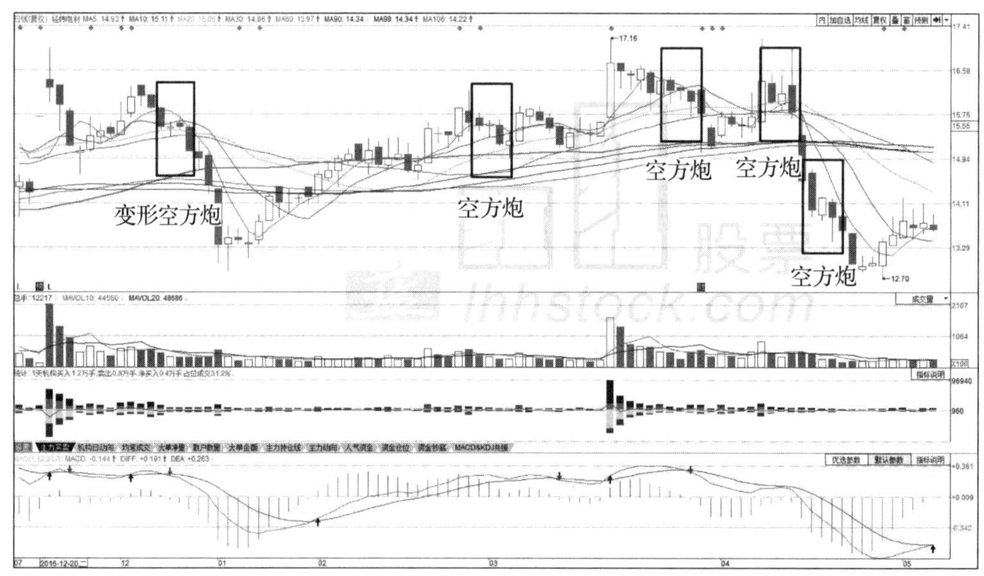

300548博创科技在2016年底之后的一些交易日里，出现了3次空方炮，2次开炮，1次哑炮。

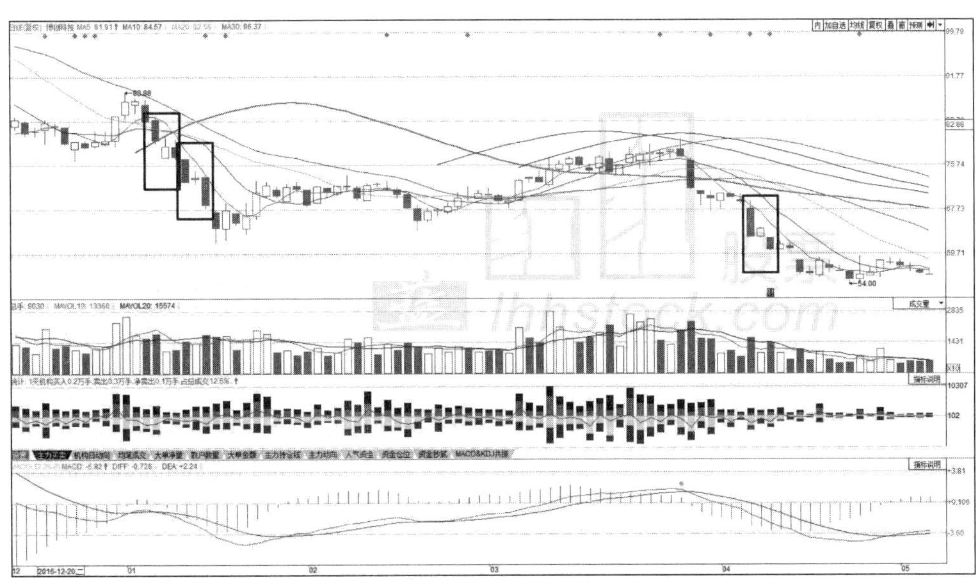

300208恒顺众昇也是在2016年底之后的一些交易日里，出现了4次空方炮，1次哑炮，3次开炮，而且开炮后的跌幅都不小。

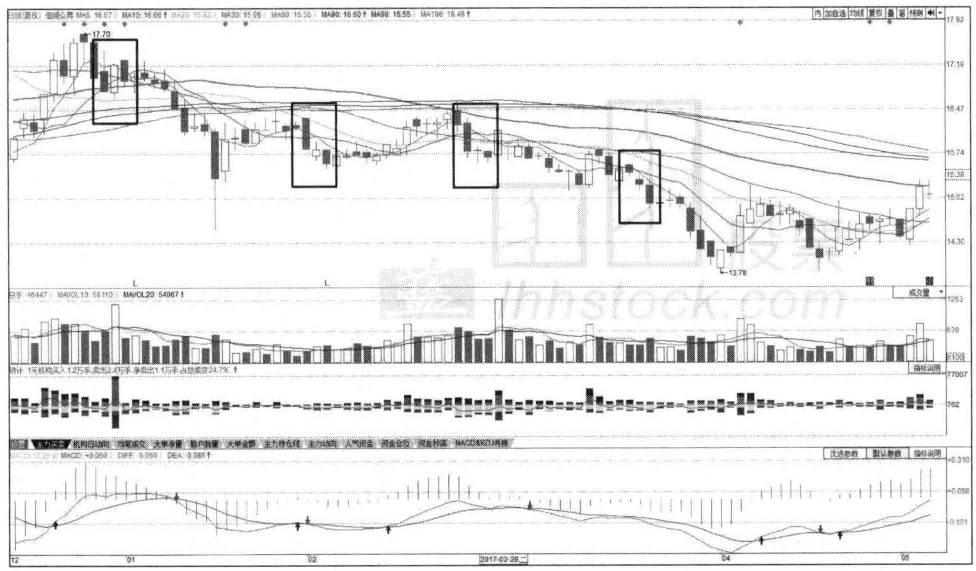

从上面的例子中可以看出，无论从开炮概率还是开炮后的幅度来看，空方炮开炮的概率比多方炮要高。究其原因，正如上面的例子所示，是上涨趋势的曲折性及下跌趋势的单边性造成的。因为在上涨中往往一步一回头，当出现多方炮后，有些股民就会获利了结，也就引来回调走势，而在单边下跌趋势中空方炮往往会引发一轮跌势，股市中的短线客会止损出局。所以多方炮的信号没有空方炮可靠。

为什么旭日东升在上升趋势回档期出现多

旭日东升与早晨之星、曙光初现都是充满朝气的词语，给人以一种正能量的感觉。旭日东升意思也很清楚，就是早晨的太阳从东方升起，给人以一种朝气蓬勃的感觉，从时辰上来说它比早晨之星、曙光初现要来得晚一些，这三种图形如图：

早晨之星	曙光初现	旭日东升

从三种图形中可以看出早晨之星最弱，曙光初现次之，旭日东升最强。所以，人们认为旭日东升的图形很强势，后势涨的可能性比早晨之星、曙光初现都要大。

旭日东升是由两根K线组成，第二根K线是阳线，并且是在前一根阴线的上方开盘，收于昨日收盘价之上，成上攻态势。下面是旭日东升的几种形态：

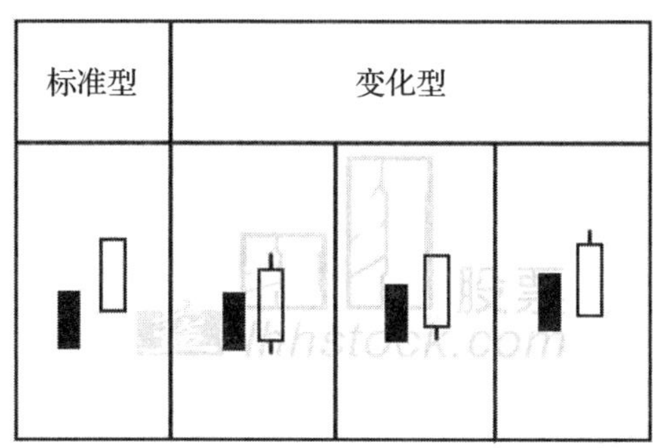

旭日东升的开盘价必须在昨日的收盘价之上，必须要跳高开盘，否则，就形成了阳包阴了。其实，这两种都是上攻型，区别也不大。跳高开盘本身就意味着是一种强势，也就是说在强势的情况下才能跳高开盘。

000680山推股份，2017年2月20日，股价在中长期均线60日线之上出现了旭日初升后，股价涨了一波，虽然这一波不大。

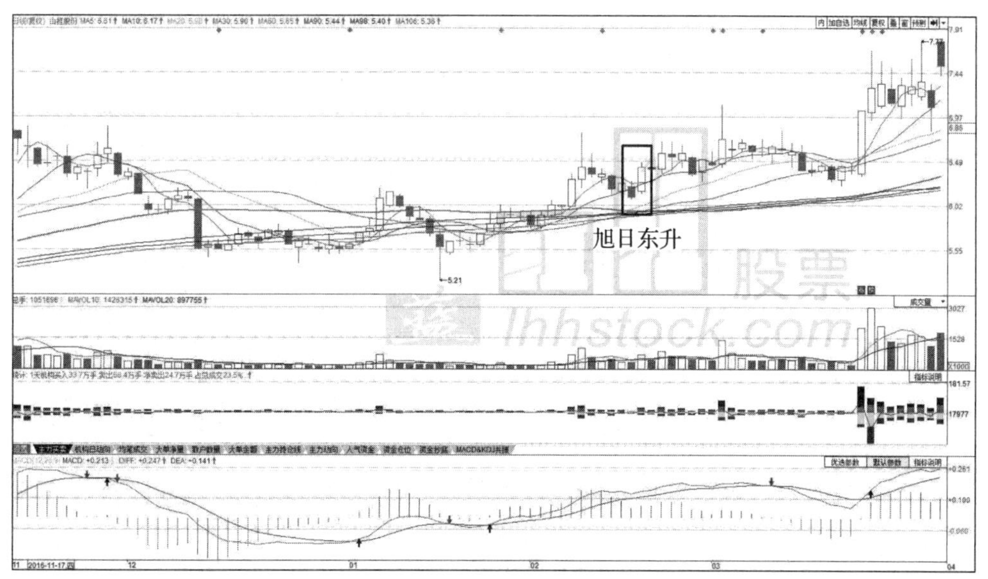

000759中百集团，2016年9月中长期均线向上的情况下，股价在上涨途中出现了三次旭日东升。

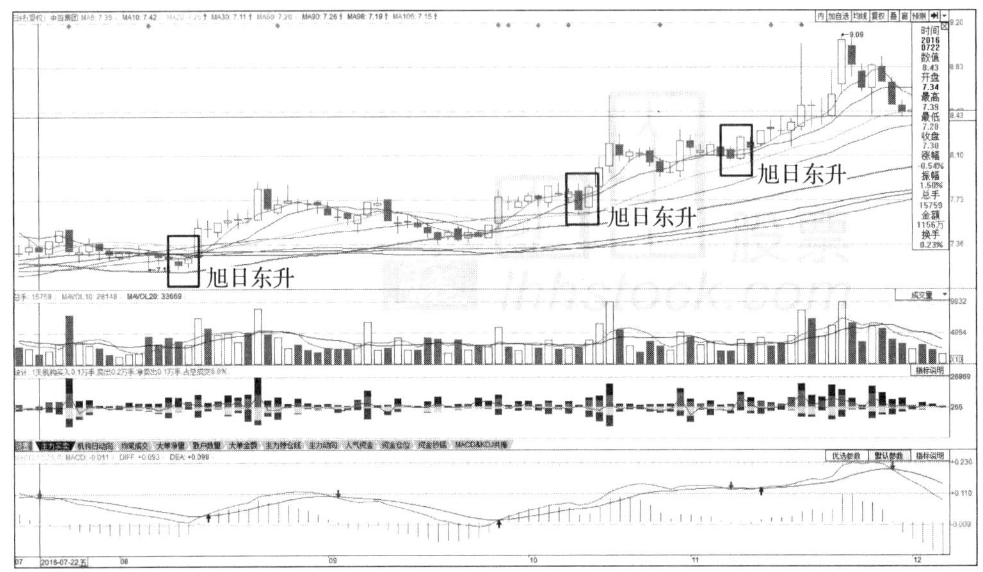

601668中国建筑，2016年10月13日股价在中长期均线之上第一浪上涨完成后、第二浪回档结束时，出现了旭日东升，股价继续沿着上涨趋势上涨。

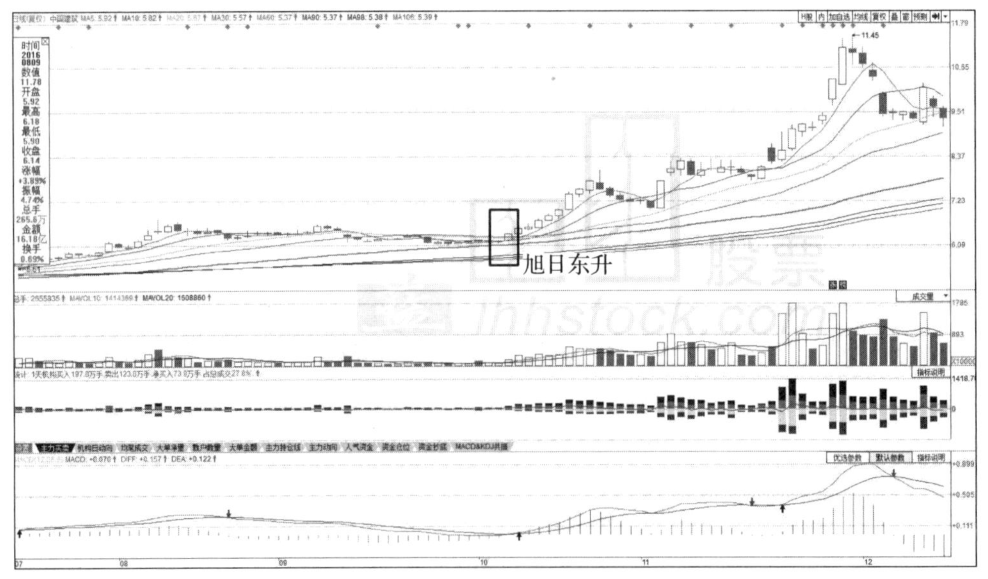

上升趋势就是在资金的不断推动下股价连续地上涨，而且，股价有时经常会跳高开盘，这出现旭日东升这样的强势形态也就不足为奇了。

反之，在下降趋势这样的弱势中，要收出旭日东升这样的强势图形，可能性比上升趋势中的可能性小很多。因为，在弱势中产生像早晨之星、曙光初现这样的稍弱势的图形可能性要大，也就是说在弱势中早晨之星、曙光初现这样的弱势图形取代了像旭日东升这样的强势图形。因为在弱势中，底部往往需要整固几日或以多根小幅K线取代一根大幅K线完成的涨幅，人们还没有从下跌的阴影中缓过来，还要看看等等。再说即使有弱势中旭日东升的出现，后势上涨的可靠性也不高。

300113顺网科技在一段漫长的跌势中没有旭日东升图形的出现，却经常有向下跳空图形的出现。而且是足足盘整了一个星期才出现类似旭日东升式的阳线。

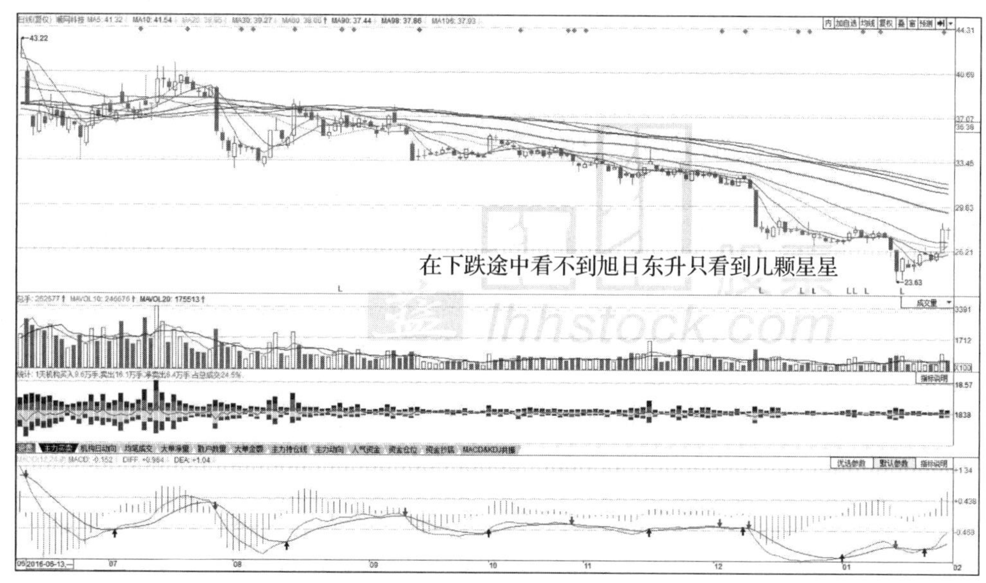

300505川金诺在2016年底开始的一波下跌之中没有旭日东升的图形出现，而在2017年1月17日由于前期跌幅巨大，却产生了曙光初现，再在近期底部也以倒锤子的形式暂时见底，底部也以细小十字星盘整了1个星期，整个下跌过程中没有旭日东升。

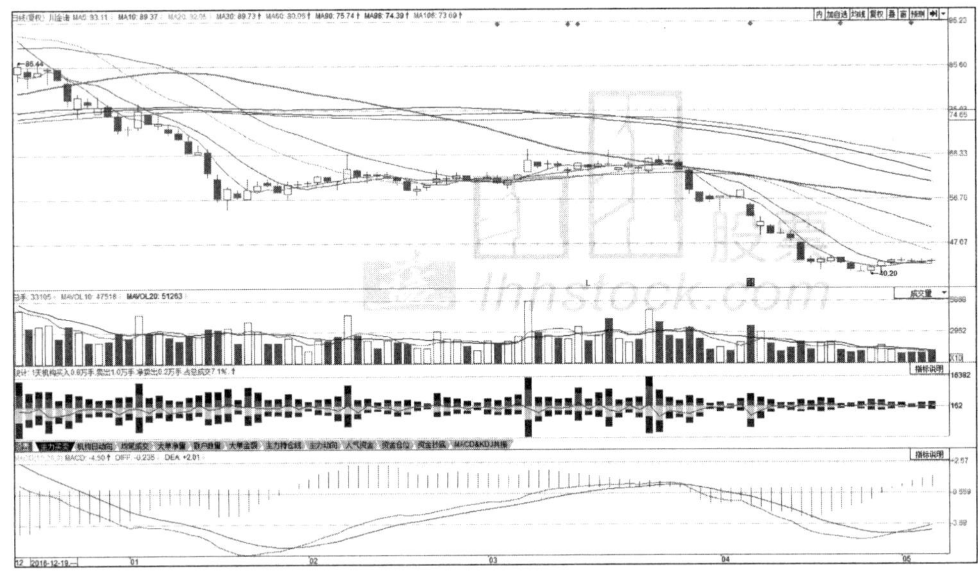

总之，由于旭日东升是一种强势图形，所以出现在上涨趋势中的回档再上升期偏多。

39 为什么上升三法中的鸟鸟会成为三只乌鸦

股价在上涨过程中，出现了中大阳线之后三根小阴线的图形，此图形如图：

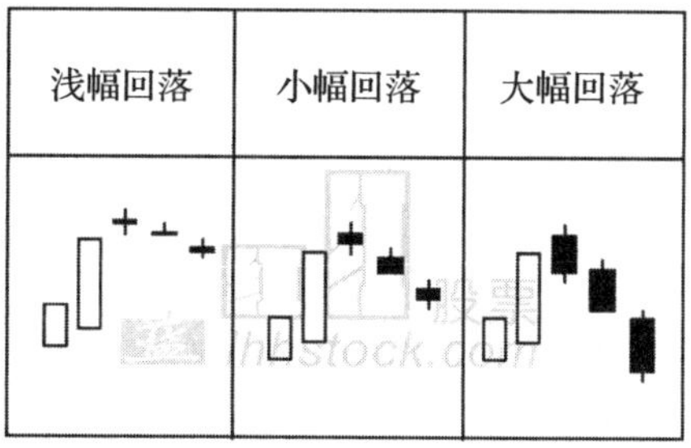

浅幅回落	小幅回落	大幅回落

从这三幅图形看，人们肯定会说最后一幅大幅回落的是三只乌鸦，跌破前期低点毫无疑问肯定看跌。但是前面两幅呢？肯定是产生上升三法？不一定，只能是上涨的可能性大一些，当然这样的回答无懈可击。那么，怎样的情况下前两幅也会成为三只乌鸦呢？

我们先来看看上升三法与下降三法，上升三法与下降三法的图形如图：

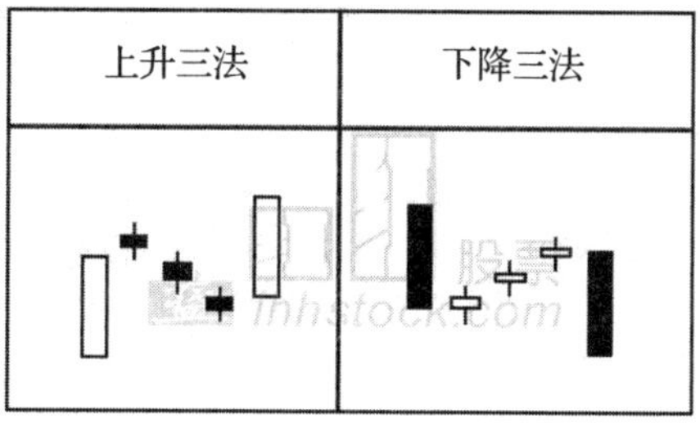

上升三法	下降三法

上升三法是在上升趋势中，出现一根长阳线之后，多方小息而出现一群实体短小的阴阳线，出现暂时的小跌，但后继还会上涨。而下降三法是在上升趋势的末端或下降趋势中，股价出现一根长阴线后，空方小息而多方无力推高，从而会引起新一轮的下跌。上升三法是由一根阳线开始的，而下降三法是由一根阴线开始的，因此上升三法与下降三法二者不难区别。只是二者的出现对后市影响的可靠性比较关键，也就是说上升三法的出现后市是不是一定会涨，下降三法的出现是不是一定会跌，哪个概率高？

一般认为，看空形态对后市的影响比看多形态对后市的影响的可靠性更高，而且影响的程度也是看空形态要大。上升三法疑似缓一点的多方炮，下降三法疑似缓一点的空方炮，在讨论多方炮与空方炮这一篇章中我们列举了很多多方炮的可靠性不如空方炮的例子，具体可以参考该章节的内容。

我们回到前面的问题。一根阳线之后的几个小阳小阴即几只小鸟，会不会成为三只乌鸦呢？还是会成为上升三法呢？

第一，要看股价的趋势是上升趋势还是下降趋势，即是在中长期均线之上还是之下。在上升趋势中即在中长期均线之上，成为上升三法的可能性要大一些；如果在下降趋势中即在中长期均线之下，那么成为三只乌鸦的可能性大。

002722金轮股份，在2016年5月到7月的一波涨幅中，出现了连续两次的上升三法，其原因就是因为是在上升趋势中、中长期均线之上的缘故。从其上涨前期的图形上看，股价在中长期均线附近徘徊了两三个月后中长期均线黏合，之后股价站上全部中长期均线后均线成多头排列，在这样的情况下，上升三法的出现也就不足为奇了。

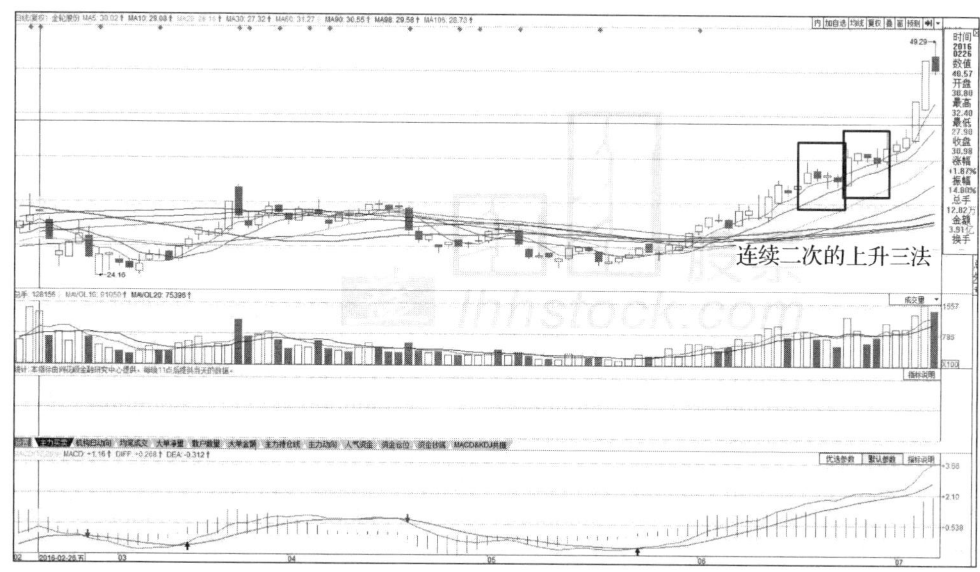

002118紫鑫药业，在2016年6月底股价以出水芙蓉的形式爬上中长期均线，中长期均线掉头开始上行，中短期均线成多头排列，因此，在这样的上涨趋势中，产生上升三法这样的图形。

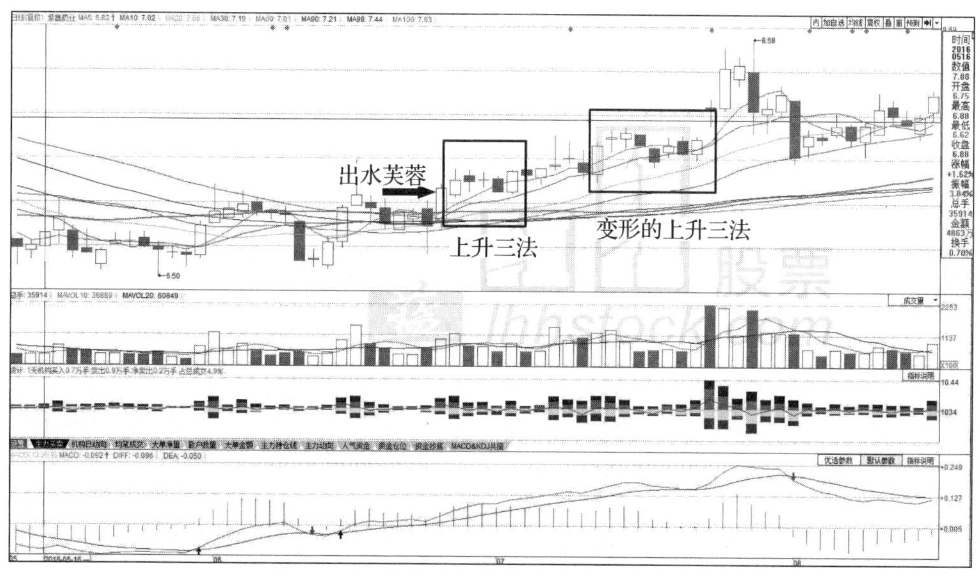

我们再看看下降趋势中，容易产生的是上升三法还是三只乌鸦。

300153科泰电源，在2016年11月开始的一波下跌中，上升三法成了可怕的三只乌鸦。其原因就是在下跌趋势中受中长期均线的压制。因为在下跌趋势中，趋势的作用大过任何图形。在下跌趋势中失败的上升三法成为三只乌鸦不足为奇。

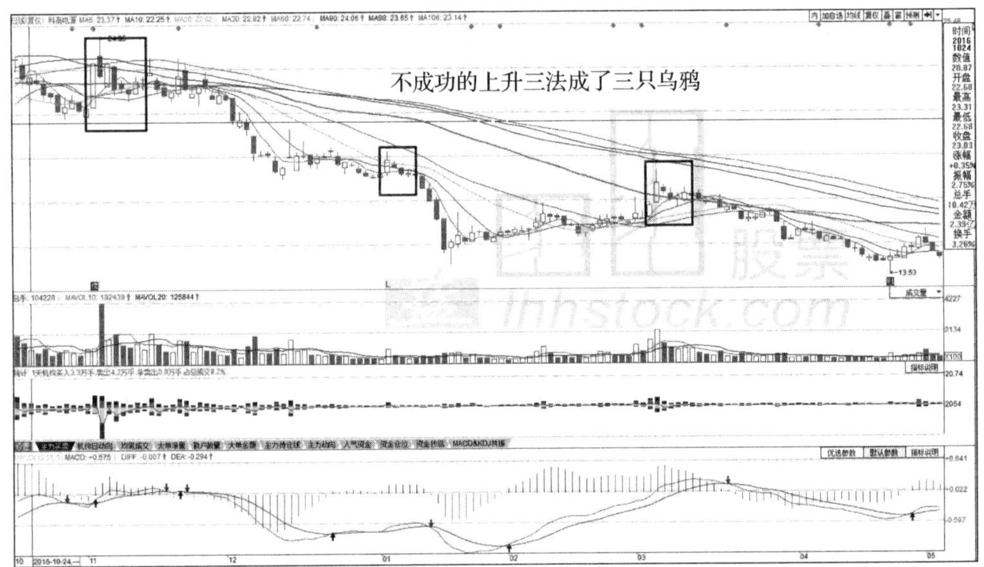

300435中泰股份，在2017年1月中旬股价以失败的上升三法跌落黏合中的中长期均线之下，之后股价反弹，在中长期均线之下出现了长阳后的连续小阴，疑似会有上升三法的出现，但是很遗憾，出现的却是三只乌鸦。还是这句话，在下跌趋势中出现三只乌鸦不足为奇。

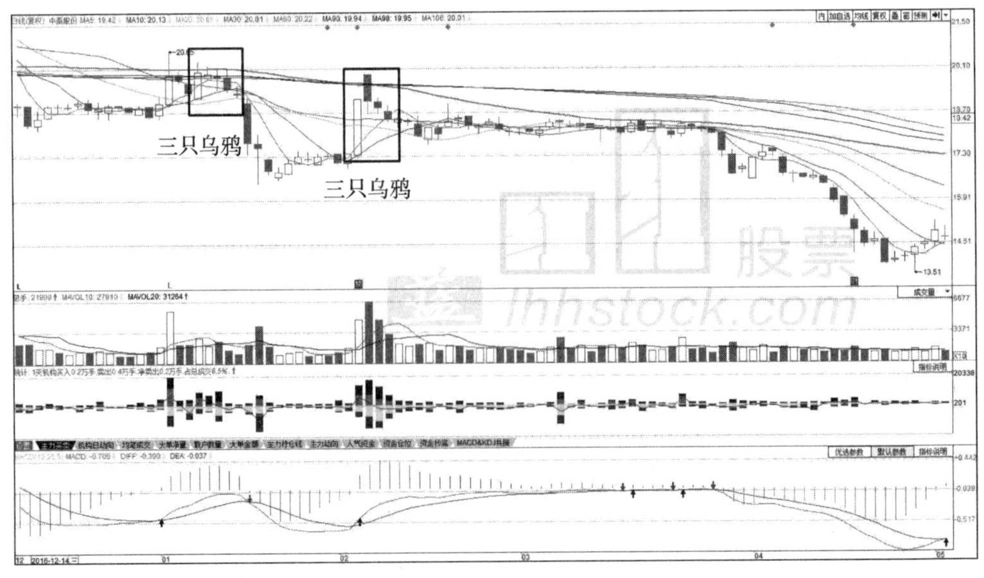

第二，在上涨趋势中上升三法也不是都会成功，成为三只乌鸦的情况也屡见不鲜。尤其是在上涨趋势的末端，股价离中长期均线的乖离率较大，而且股价在均线之上运行了一段时间使得中期均线60日线快速上翘时，此时的中阳后的小阴小阳就有可能成为可怕的三只乌鸦了。

300405科隆精化，在2016年9月开始的一波上涨行情中，股价在中长期均线之上经过5浪上涨后，在离60日线乖离率较大的情况下，而且60日线有加快上升的趋势时，出现了长阳之后的三小阴，而且这样的三小阴符合上升三法的要求——没有跌破前阳线的低点，但是，它却成了高高在上的三只乌鸦。

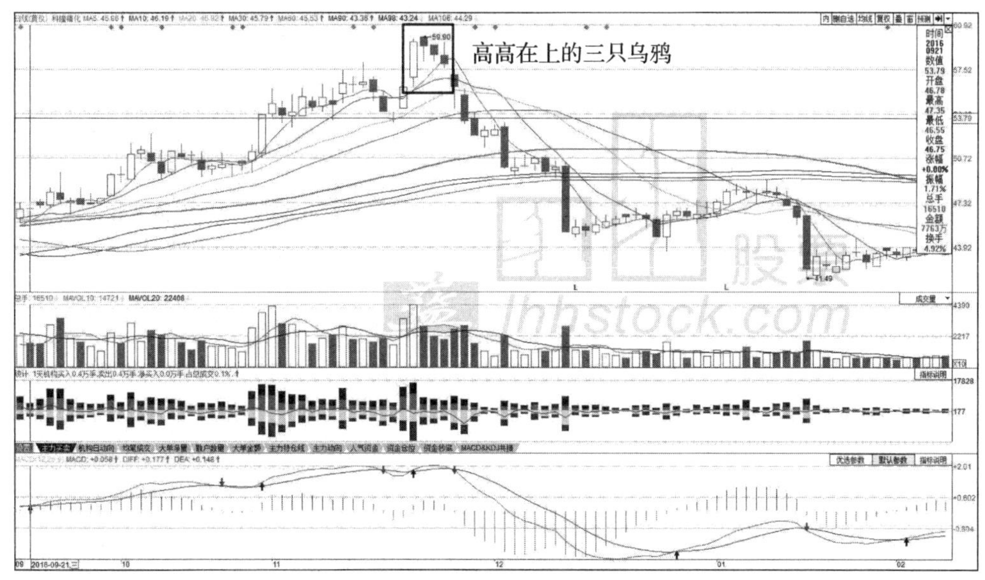

300432富临精工在2016年7月5日到7日在上涨过程中出现了三只“鸟鸟”，由于离开60日线乖离率很大，而且前期连续6个一字板，股价涨幅已经很大，所以，这样的三只“鸟鸟”是乌鸦的可能性很大，出现上升三法失败的概率很高。

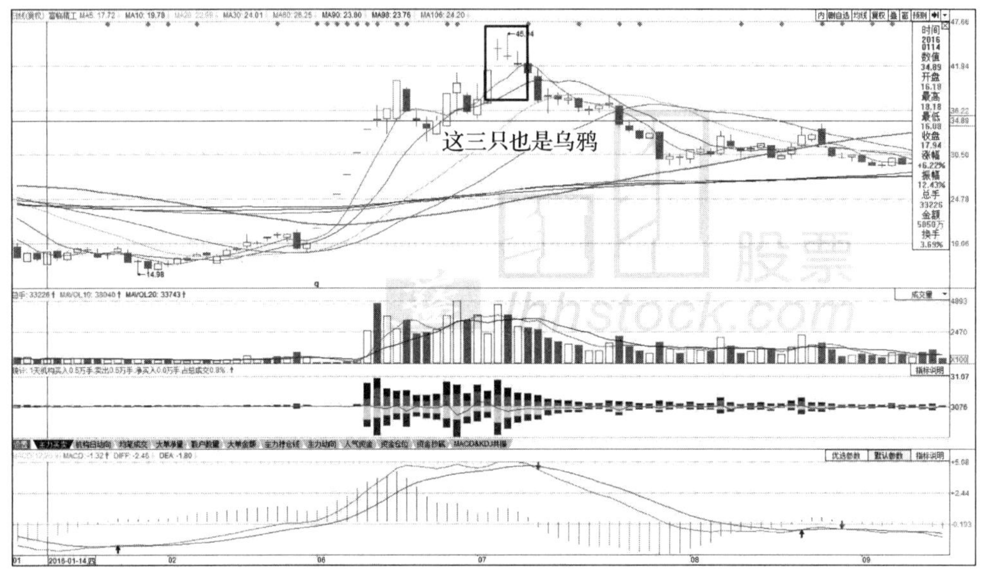

总之，一根阳线之后疑似上升三法的几根小阴小阳，在下降趋势及上升趋势的末端成为三只乌鸦的可能性极高，反而起到的是下降三法作用，成为三只乌鸦。

40

为什么出水芙蓉最可爱断头铡刀最可怕

一、出水芙蓉

在早晨之星、曙光初现、旭日东升、锤子线、上升三法等一些看涨的图形中都没有提及均线，但是唯独出水芙蓉提到了均线。

出水芙蓉是指股价在中短期均线下方徘徊一段时间后股价突破并站稳中短期均线，均线成多头排列趋势，看涨后市。它是K线与均线结合的产物。从这一点上可以看出它与前述的看涨图形有着显著不同，因为它考虑到了均线系统。

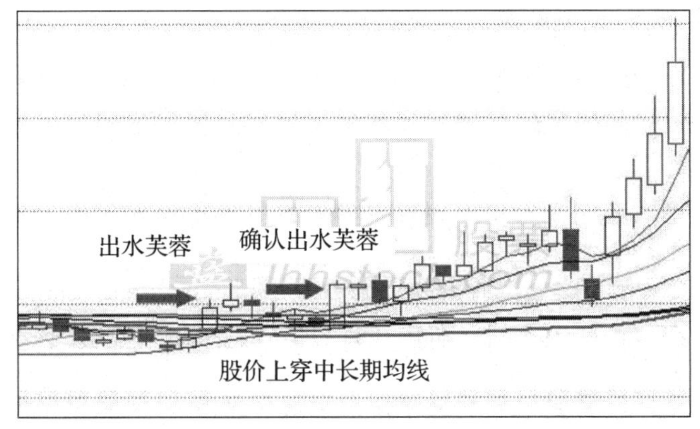

出水芙蓉的出现往往是股价经过前期盘整，使得中长期均线系统黏合在一起，在上冲前股价会有一波小幅下跌，并跌至60日季均线之下，当阳线一举突破

60日季均线，扭转均线系统逐渐形成多头排列，就形成出水芙蓉。如果突破的均线中没有60日季均线，那么就不叫出水芙蓉，只能叫一阳穿三线而已，所以出水芙蓉有其特别的含义。

出水芙蓉的市场意义是，在中长期均线黏合的状态下，突破中长期均线的情况下看涨，其概率较高，相对前面其他看涨图形其可靠性是最高的。

我们举几个例子吧。

300136信维通信在2017年2月7日出现出水芙蓉后，在60日季均线上站得很稳，之后就产生了一波主升浪。

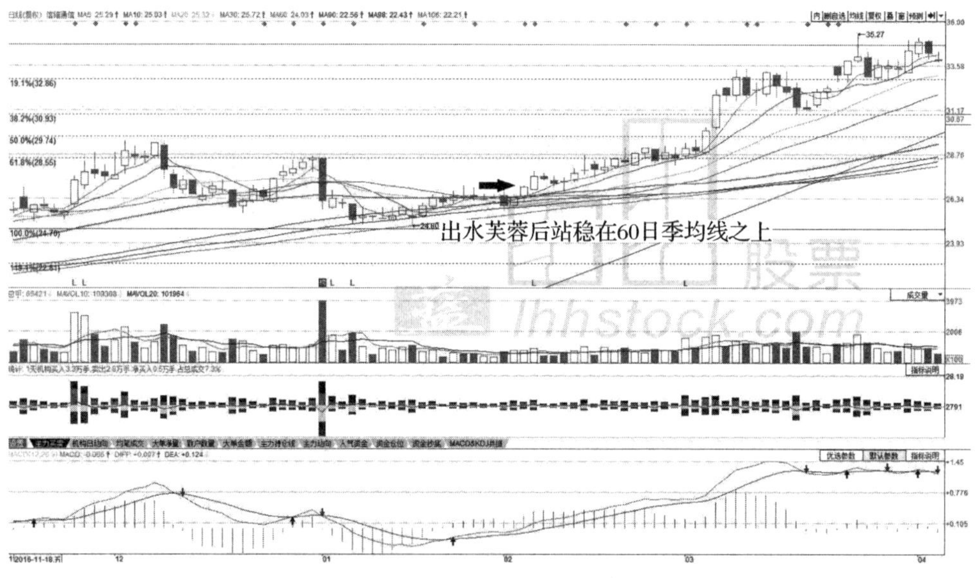

300072三聚环保在2017年1月4日、2月3日、3月6日，三次出现出水芙蓉，第三次终于成功。

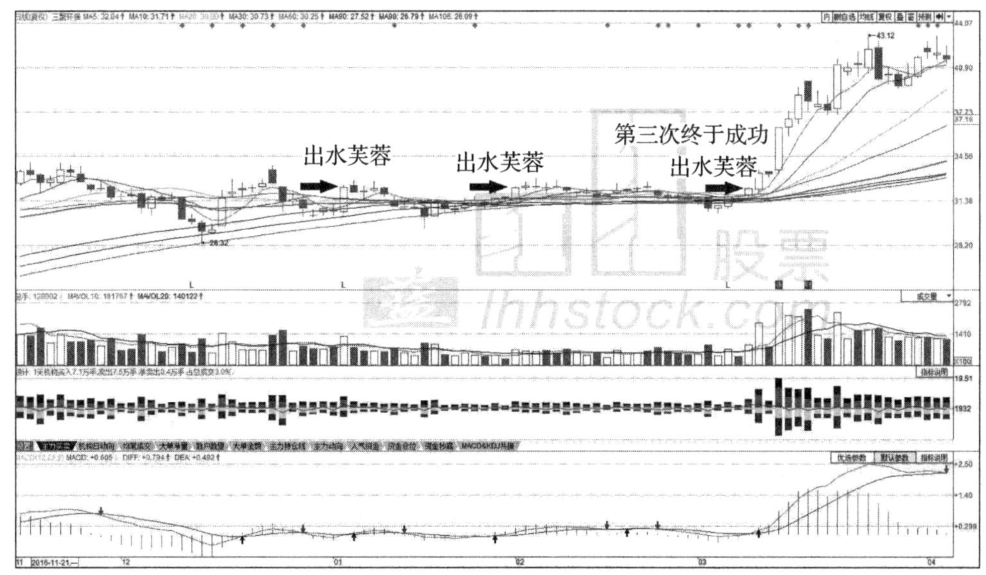

为什么像三聚环保能在第三次出水芙蓉出现后，成功上涨？这与其良好的公司基本面是分不开的。所以，我们在找寻出水芙蓉时一定要找公司基本面相当优秀的，因为基本面一般的股票出现出水芙蓉后失败的案例也很多。

300158振东制药在2017年3月7日、3月20日出现了两次出水芙蓉，但是，第二次之后还是失败告终。其实振东制药的基本面还是不错的，但是还是扛不住大盘的下跌，出现了断头铡刀。

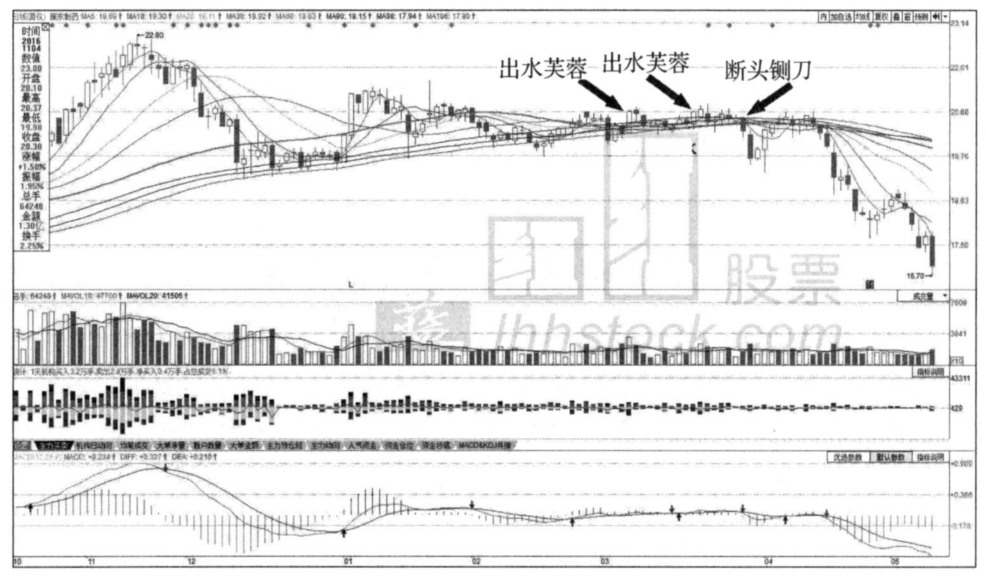

二、断头铡刀

断头铡刀的形态定义正好与出水芙蓉相反，一根阴线跌破黏合后的中长期均线包括60日季均线，其形态像一把铡刀切断一把线，所以形象地称为断头铡刀，既形象又可怕。

断头铡刀的可怕之一，由其定义可以看出，在中长期均线黏合的状态下，跌破中长期均线的情况下看跌，当然其可靠性是相当高的，如果没有十分优秀的基本面支撑，那么，必跌无疑。

断头铡刀的可怕之二，其定义的均线中包含60日季均线，如果一旦60日季均线拐头向下，则一般情况跌势蛮凶的。

我们看几个例子。

300106西部牧业在2017年3月28日、29日、30日三红兵形成出水芙蓉，从技术上看绝佳配合，但是31日一把铡刀切断所有均线，断头了！之后就大跌了。再打开F10看看其基本面，一塌糊涂，不中枪才怪。

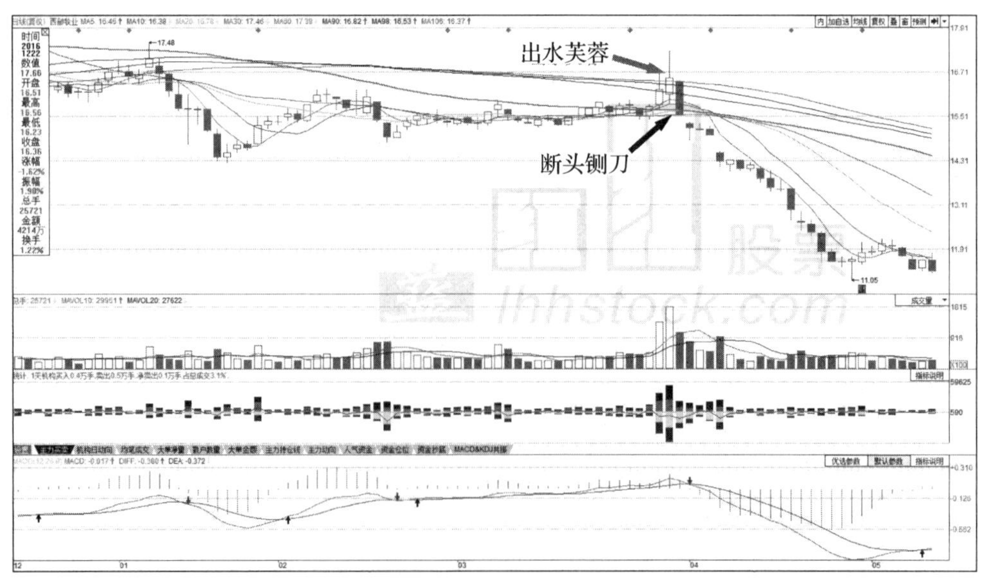

300160秀强股份在2017年3月30日一刀切断了所有短中长期均线，形成断头铡刀，之后股价一路下跌，毫无抵抗。

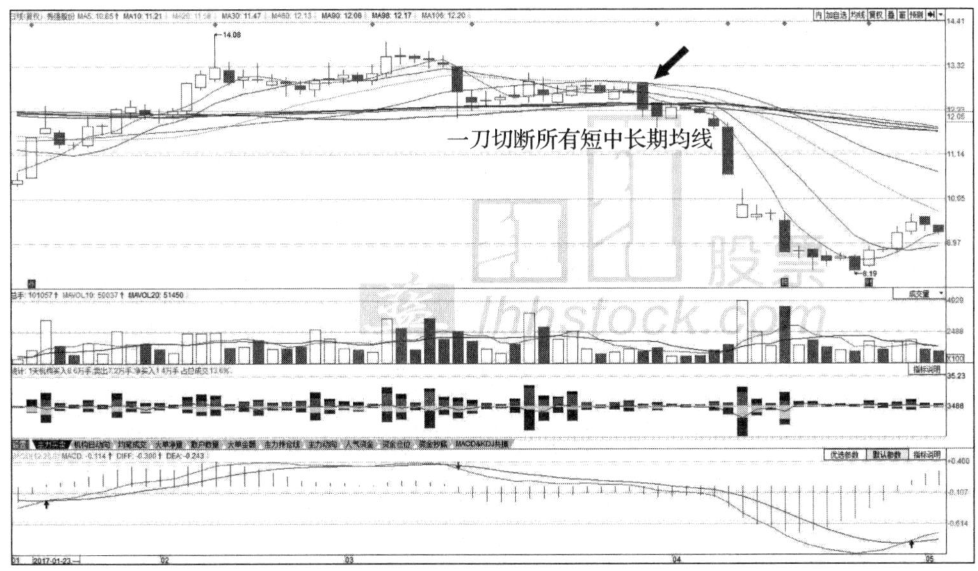

出水芙蓉虽然可爱，但是出水后的上涨却是会一波三折，以基本面为依托的出水芙蓉是既可爱又可靠。而断头铡刀虽然可怕，但也要提防主力机构挖坑，把你手中的优质股骗出。

为什么区分覆盖线与乌云盖顶意义不大

覆盖线是指股价经过一段小幅上涨后，最后以多日或一日收出中大阳线，次日高开，买盘不想追高，使涨势变为跌势，收盘价跌至前一天的阳线以内，有被覆盖之势，因此叫覆盖线。

乌云盖顶是指股价经过一段小幅上涨后，最后以多日或一日收出中大阳线，次日高开，买盘不想追高，使涨势变为跌势，收盘价跌至前一天的阳线1/2以下，盖住阳线近2/3，因此叫乌云盖顶。

二者图形见下图，从图中可以看出，二者的区别就是覆盖线仅覆盖掉前一根阳线的顶，而乌云盖顶则覆盖掉了前一根阳线的2/3。其实，乌云盖顶就是覆盖线的一种，二者都是股价阶段性见顶或即将见顶的组合形态特征K线的表现之一，表明后市价格失去上涨动能，可能转而下跌。二者之中，乌云盖顶做空力度要大一些，但也仅仅是幅度的大小问题。

覆盖线	乌云盖顶

600804鹏博士在2017年1月26日出现了乌云盖顶的图形，之后股价一落千丈，股价从中长期均线之下跌落，之后整整三月，越跌越深。

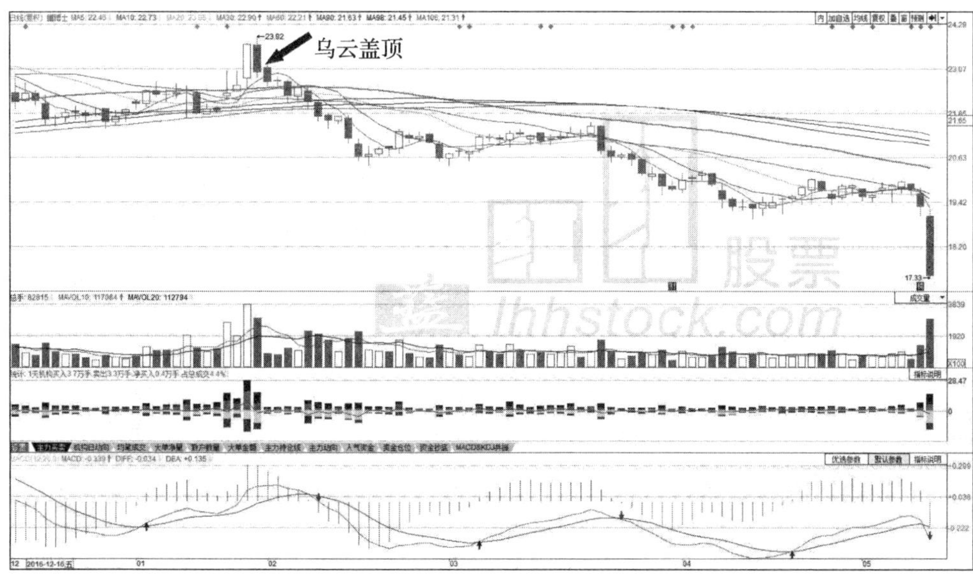

300212易华录在2016年10月19日出现了覆盖线的图形，之后同样是股价一路下跌，跌幅近30%。

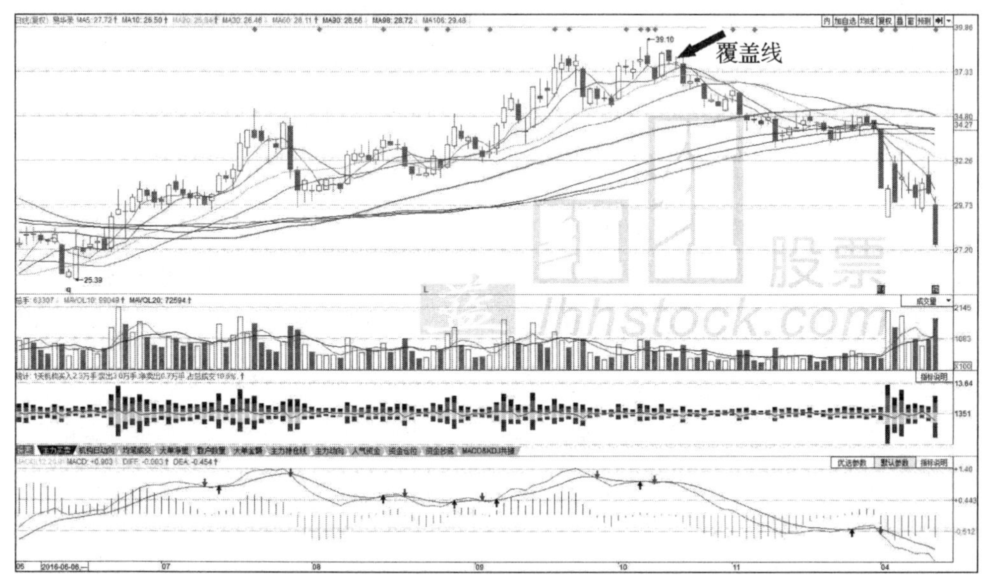

300084海默科技在2015年12月23日出现了覆盖线的图形，之后股价一路下跌。

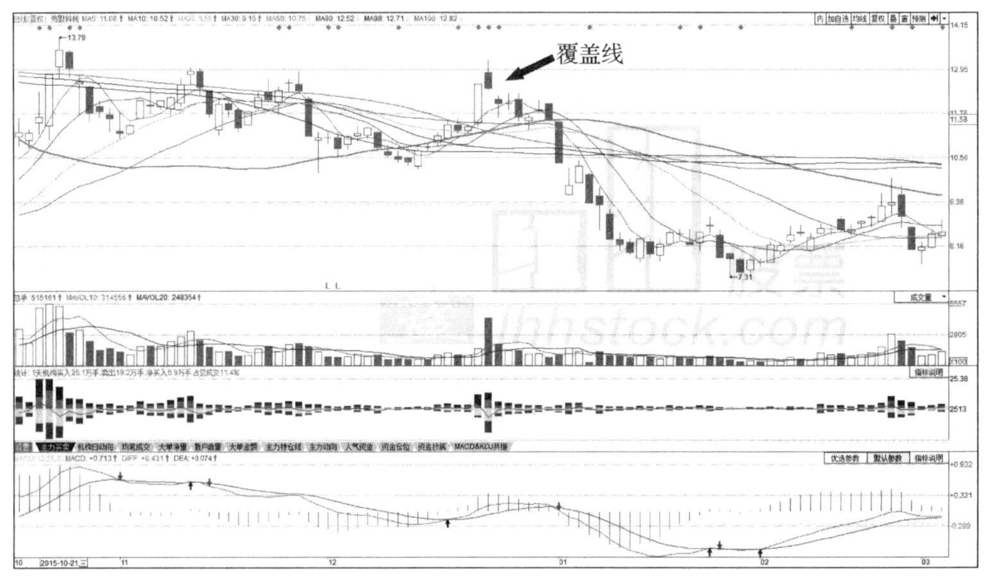

从600804鹏博士2017年1月26日产生的乌云盖顶后的走势看，跌势虽长但是相对300212易华录、300084海默科技的快速下跌，其跌势还是偏缓的，这与乌云盖顶之初的跌势力度有点不相称。而恰恰当初跌势力度不及乌云盖顶的覆盖线却有快速下跌的情况，即便不是快速下跌，也至少与乌云之盖顶跌势相当。当然，你可以说这是个案，那么我们再多分析几个案例。

600469风神股份在2015年11月23日出现了乌云盖顶后，股价虽有一天的长阴，但是马上还是被几日短小的阳线收回，之后股价一直在中长期均线之上震荡，并没有出现快速的深幅下跌，应该说后面的缓缓跌势和乌云盖顶的关系不是很大，这也与乌云盖顶的称呼有点不相称。

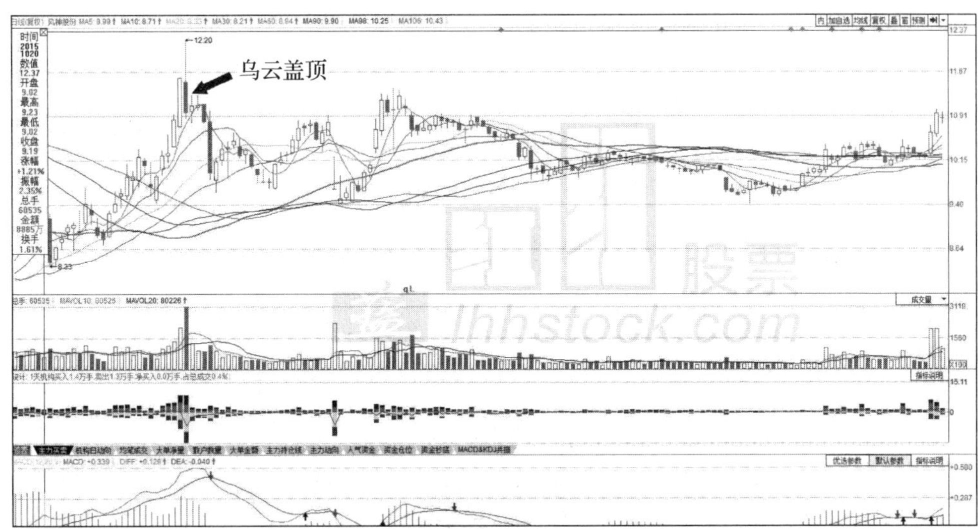

覆盖线也有像上面的例子，出现之后虽然有跌幅，但跌势也是缓势。300276三丰智能在2016年4月7日出现覆盖线后，反弹三日后再下跌，之后也是围绕中长期均线作中线震荡。

总之，覆盖线与乌云盖顶均是阶段性见顶信号，二者都是明显的顶部特征，没有大的区别，见到此类特征均是卖出信号。

其实类似的顶部特征还有一个比乌云盖顶即时力度更大的，它叫倾盆大雨，就是在前一天股价收阳的情况下，第二天却跳空低开，开盘价在前一天阳线的中部附近，而且几乎成为当日最高价，收盘低于前一天的开盘价。如图所示。三者均是两根K线组合图，可以说是三胞胎，性质都是见顶信号，仅仅即时幅度上有点差别，对股价产生的影响基本一样。

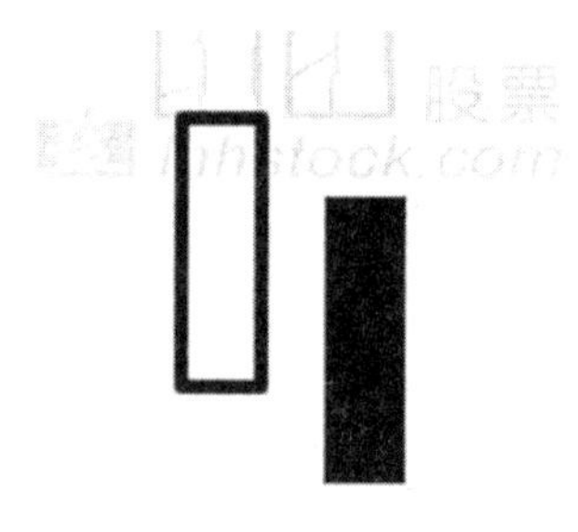

倾盆大雨

600647同达创业在2016年12月28日出现了倾盆大雨后，一路下跌。

600657信达地产在2016年11月4日出现倾盆大雨后，进入跌势。

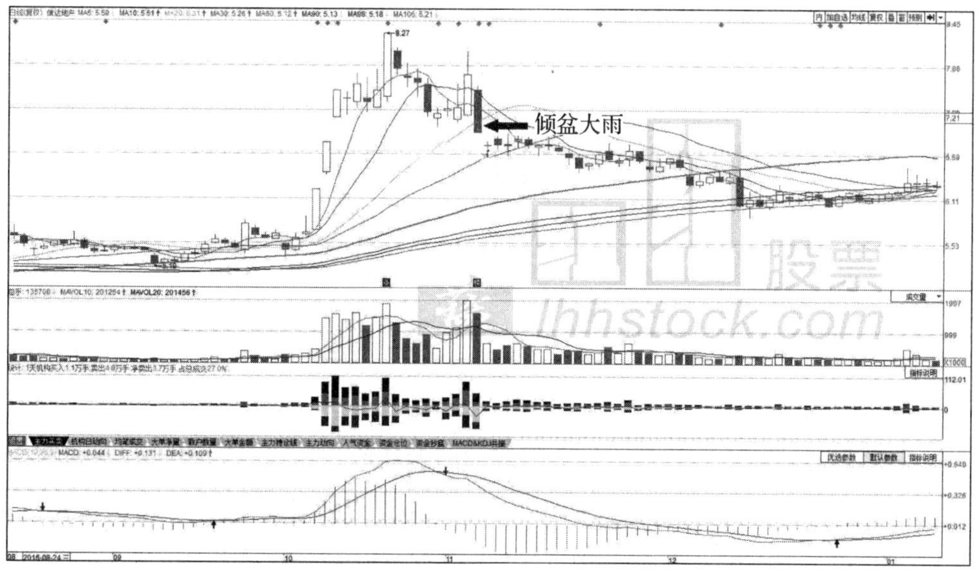

42 为什么上吊线的可怕与是否放量关系不大

这种既可以称锤子又可以称上吊线的图形在股价不同的趋势中有不同的称谓，在下跌趋势中出现叫锤子线，在上涨趋势中出现则叫上吊线或吊颈线。

由题目可知我们要讨论的是上吊线。由于其形状像十字架，所以冠以上吊线，也叫吊颈线。

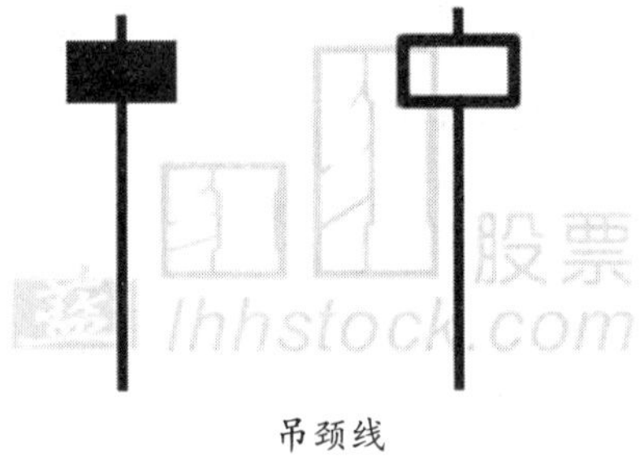

吊颈线

在股价上涨到一定的程度，多头无意再追高而且此时空头乘机打压股价，造成了长长的下影线，尾盘前多头最后一搏，拉上股价形成了实体小，下影线长的上吊线。上吊线可以出现在股价不是涨得太高的地方，也可以出现在股价的较高位置。当然，不是太高的股价其成交量也就不会很大，往往它会比前一根阳线的成交量小一点，而在股价很高的位置出现上吊线则可能会有大的成交量出现。

600986科达股份在2016年9月23日出现了上吊线，当日成交量并不大，而股价却自上吊线出现后一路下跌。

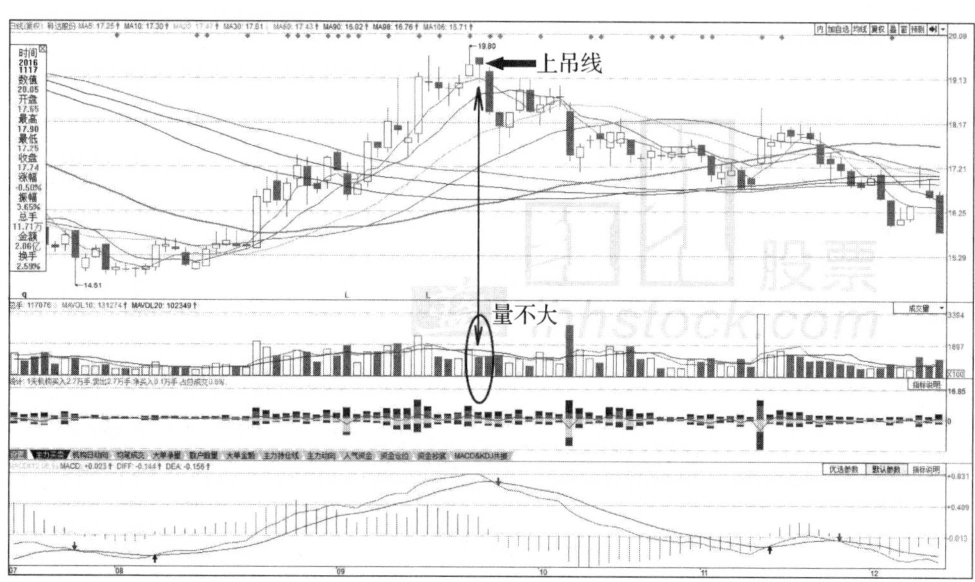

000819岳阳兴长在2017年7月27日出现了上吊线，当日量并不大，次日却明显放量。

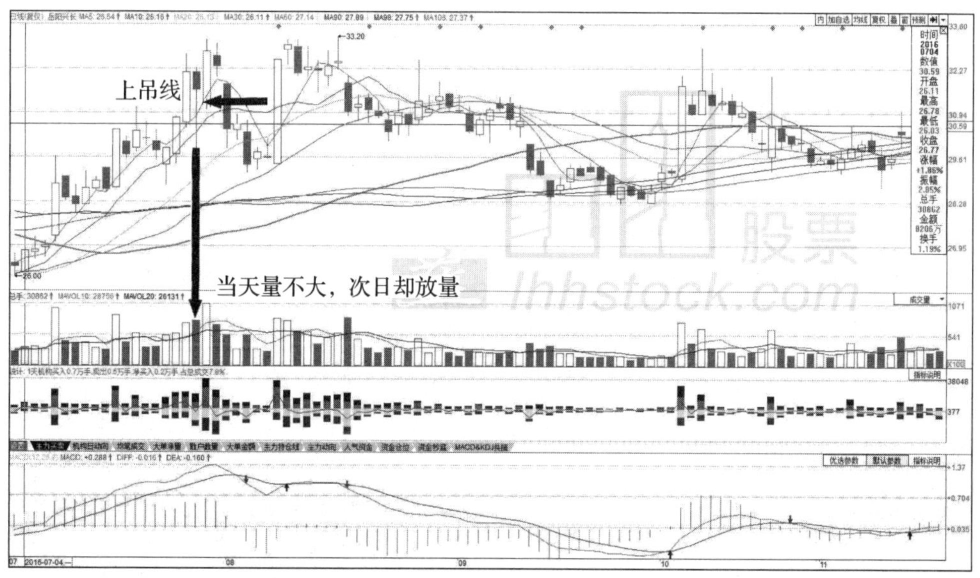

002061江山股份在2015年4月14日出现了上吊线，由于股价离开中长期均线乖离率较大，也就是在涨幅较大的情况下，随着上吊线的出现，成交量也有一定的放大。

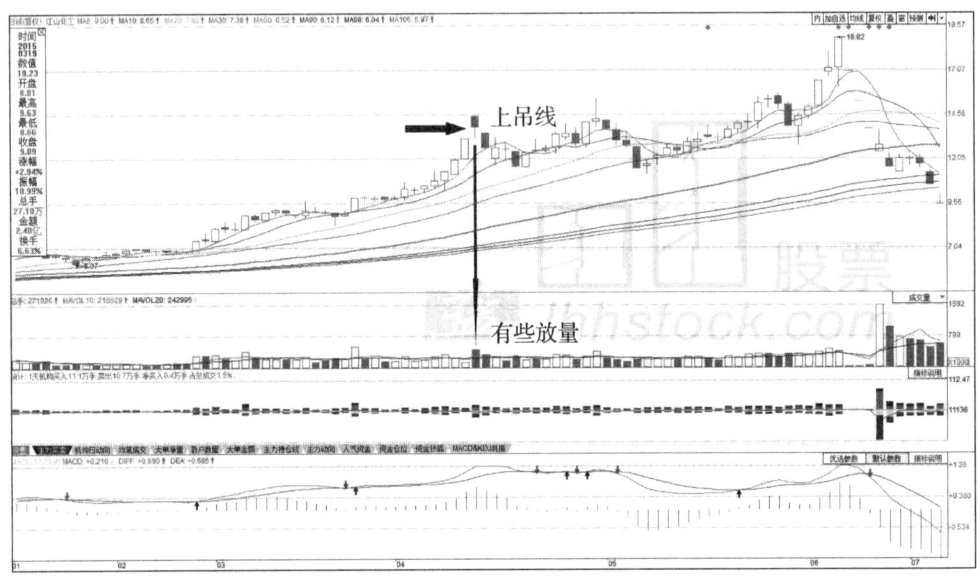

000560昆百大在2017年3月28日在二个一字板的情况下，第三日却出现了上吊线，而且是放巨量。很明显主力借利好出货，由于是三日一字线，股价平地而起，四天时间，涨幅50%，巨大的收益率导致获利出货的机构坚决出货。其实，这样的量与其说是由于上吊线的关系，倒不如说是由于短时获利丰厚的缘故。

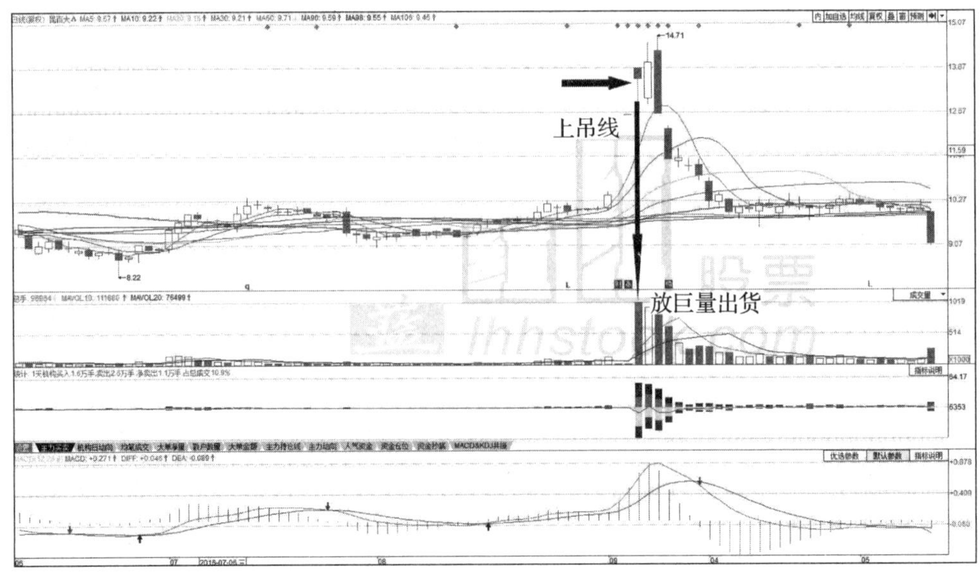

量在顶部特征中并不重要，当一个顶部特征出现时，关键是如何马上逃脱，并不需要量的确认，因为往往无量也会下跌。也就是说顶部特征包括前面介绍过的覆盖线、乌云盖顶、倾盆大雨等，一旦这样的顶部特征出现不要去关注量的大小，考虑的就是如何逃跑。

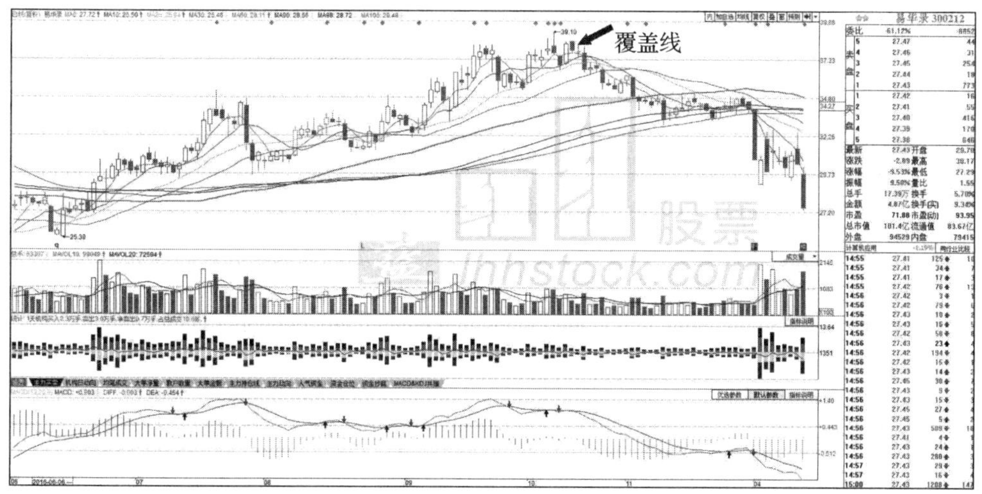

上一章里介绍过的300212易华录出现覆盖线时，本身覆盖线的长度不长，下面的量也不大，但是后继的下跌幅度却不小。如果当初没有逃跑的话则损失程度也不小。

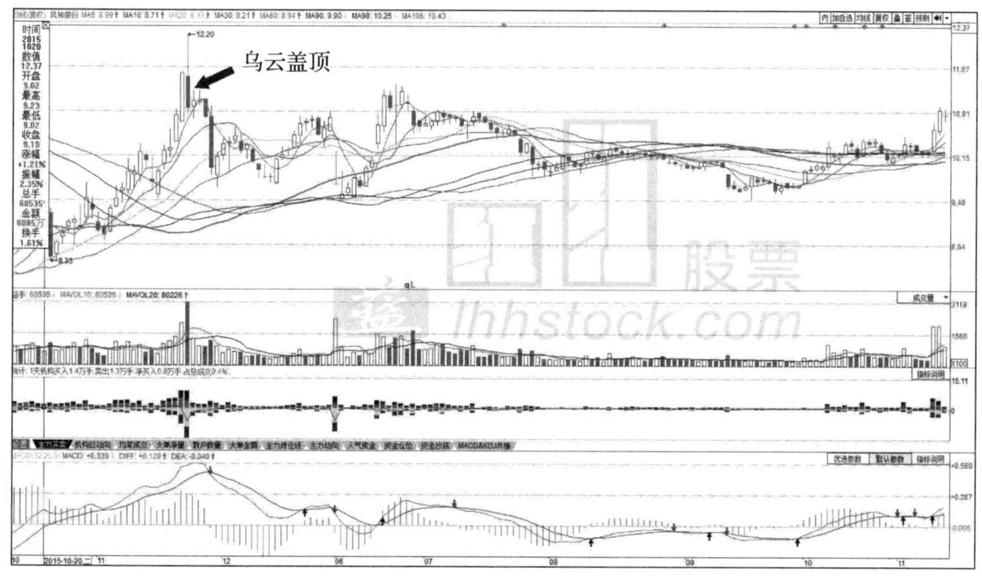

当然，出现顶部特征时还出现量的放大，那么就更是要出货坚决了，决不手软。像上一章里的600469风神股份在出现乌云盖顶的同时，放出了巨量，那么此后下跌的可能性就十分大了，千万不要犹豫，否则后果很严重。

总之，无论是上吊线还是其他的顶部特征出现时，首先要有畏惧感，先考虑的是如何逃跑，量大要跑，量小同样要跑。

43 为什么V形形态往往出现在调整浪的b浪中

股价经过连续的下跌出现底部反转后，快速的连续上涨形成了一个V字图形，称之为V形反转或者V形底。

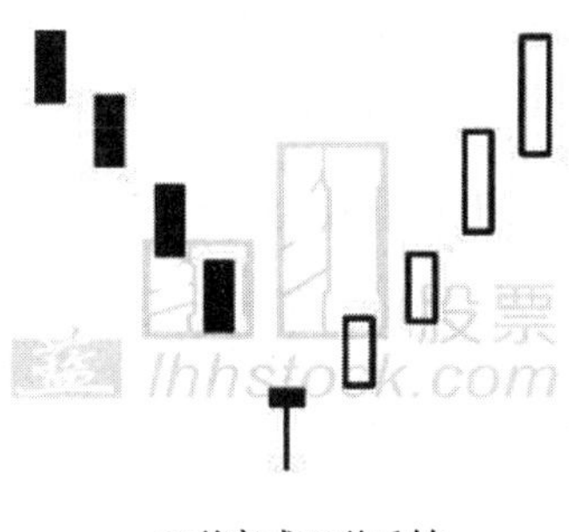

V形底或V形反转

V形底的底字无疑有两重意思，一是指狭义的V字的底部，二是指广义的整个V字图形是一个底部。在这一章中，我们仅讨论狭义的V字底。我们把出现在上涨趋势中的V形反转也统称为V形底。

造成V形走势的因素，主要是由于股价在卖方力量的控制下，快速回落形成下降趋势。随着卖方力量的耗尽，买方力量开始控制市场，使股价出现戏剧性地反转回升，相似于下跌时的速度开始上涨反击。根据上涨反击速度的不同可分为对称型、加速型、减速型。具体如图。

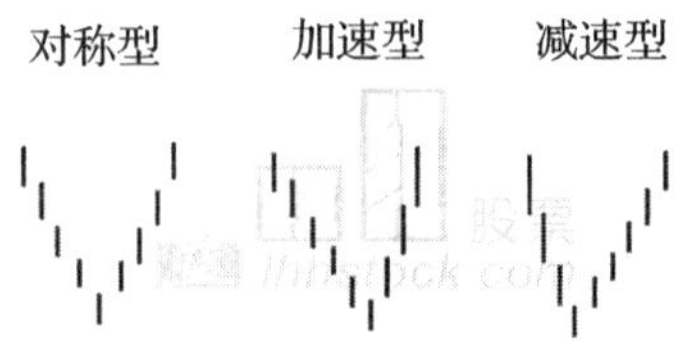

对称型往往是在市场大势出现多空力量急速变化的情况下，常常出现的一种反转形态，也是多头不死心的调整浪b浪中较多出现的图形；加速型往往是在下跌的过程中遇到了突发的利多而形成的多头进攻的局面，或者是一些主力机构的刻意炒作而为；减速型则往往是出现空头占据市场主导地位的情况下，即在c浪与第1浪之间的V形底。

当然，实际的V形底并不会完全按照标准图出现，有时还会出现延伸V形底。在股价上涨过程中，中间会出现横行或小幅折转区域，这是由于部分多头翻空的缘故而暂时会出现股价滞涨的情况。一旦被市场消化掉后，股价将继续完成整个V字形态。所以，在对照图形时不能按图索骥。

002699美盛文化在2015年的11月就出现了延伸V形反转的形态。当时正好是2015年大盘牛市的末端a浪调整浪的开始。在b浪反弹中，美盛文化走出了一波可观的延伸V形反转，虽然此波V形反转构成了中期的M头，但毕竟是V形反转。随后，在2016年3月份又出现了一波小的延伸V形底。

由于在波浪理论中，第5浪也是涨幅比较可观的一浪。当然有涨必有跌，涨幅大了跌幅也就会大。反之，跌幅大了，涨幅也会大，这也是股市本身的系统规律。这就是说第5浪之后的调整浪a浪会是跌幅比较大的一浪，那么相应b浪也就会是涨幅比较大的一浪。所以，V形反转或V形底也往往在b浪时出现的概率高一点。

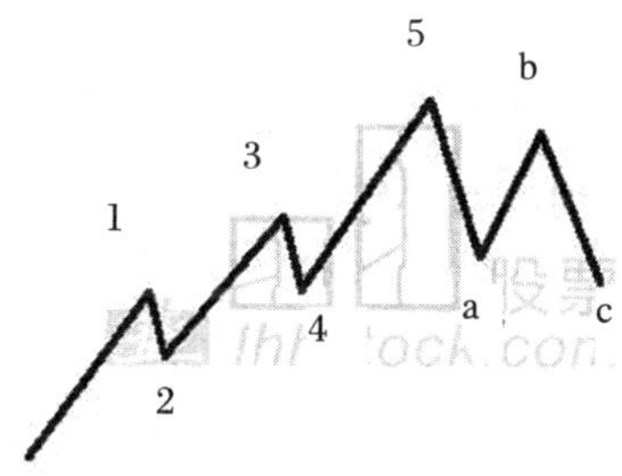

我们看几个图例：

002702海欣食品在2015年10月牛市末端下跌的a浪中，跌幅巨大，从22元多一路下跌到不足9元。但是在b浪的反弹中股价从9元不到开始涨起，在13元处略作停顿之后一路直上，股价重新回到23元处，可谓是波澜壮阔。一个壮观的V字出现在其走势中。

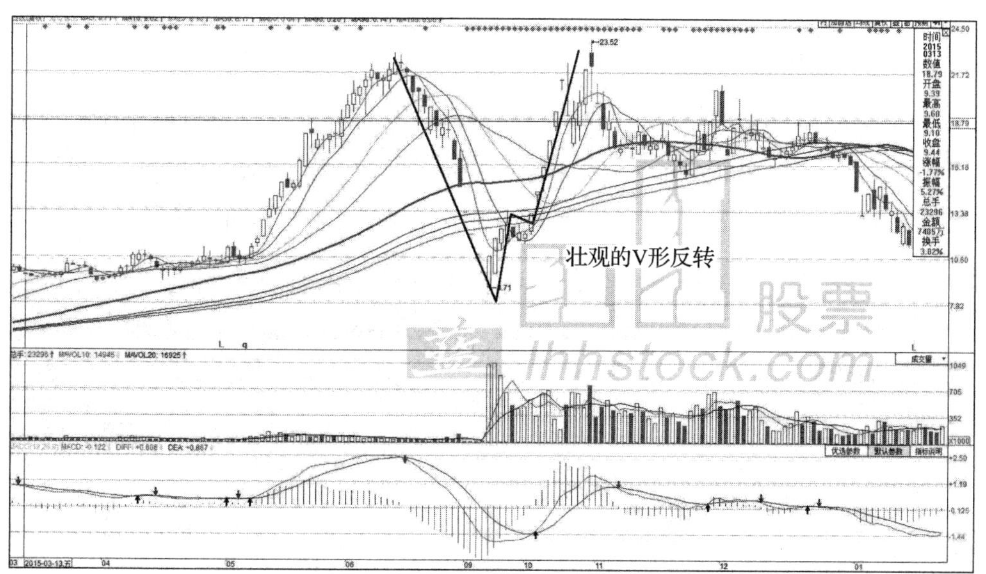

002717岭南园林在2015年底的5浪上涨后，在a浪与b浪的下跌反弹中出现了典型的V形反转。需要说明的是这一波V形反转仅仅是依靠个股本身的涨跌而形成的，当时的上证指数是波澜不惊的。但是其幅度与有大盘的助涨助跌相比，当然也就差个等级，大盘牛当然个股也牛，大盘弱当然个股也弱。

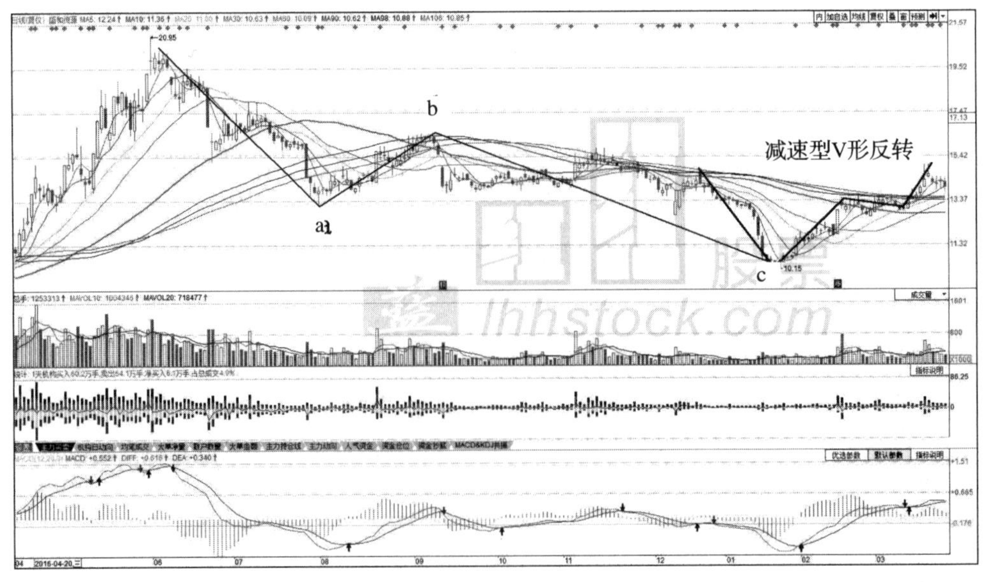

600392盛和资源在2017年1月的一波下跌上涨中，根据顶部跌下来的波形，我们把它称为c浪下跌和第1浪的上涨，其走势产生了一个减速型延伸V形底。前面我们在讨论减速型V形底时，就已经说明c浪是空头占据主导地位的一浪，空头气氛相当浓重。这样的情况下产生的V形底，当然也就会是弱势的减速型V形底了，弱势市场理应产生弱势图形。

600651飞乐音响在2016年5月份的一波下跌上涨中，也是在弱市氛围中，产生了减速型V形反转。

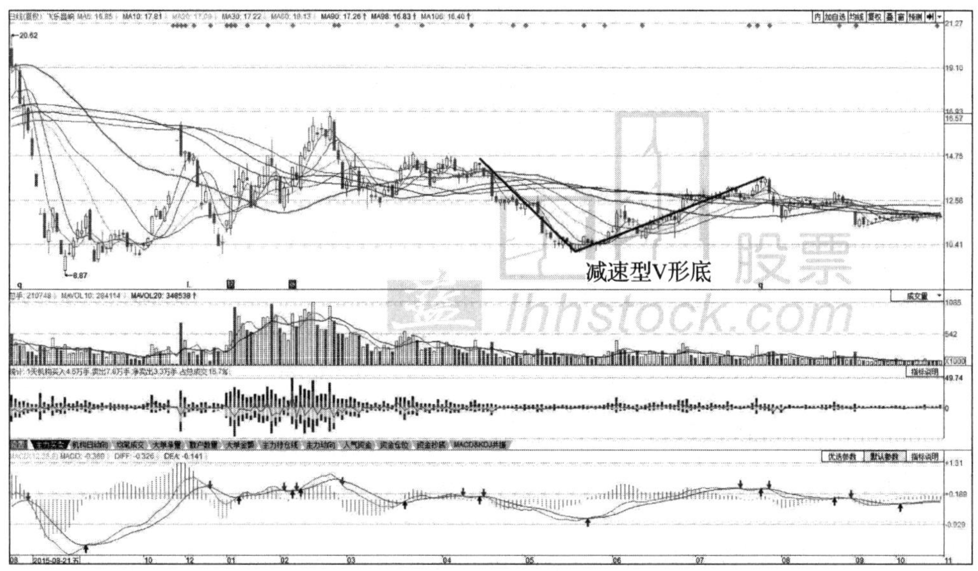

总之，V形反转或V形底是一种强势图形，它出现在强势市场居多。因此，在第5浪之后的反弹中，也就是a浪与b浪之间，容易出现V形反转。但是我们在捕捉V形反转时不能刻意去想象，要做好及时的止损或止赢。

44 为什么W底往往会处在c浪与1浪之间

从下边的图中我们可以看出，W底由两个价位相近的低点构成，其形状类似于英文字母W，而称之为W底。

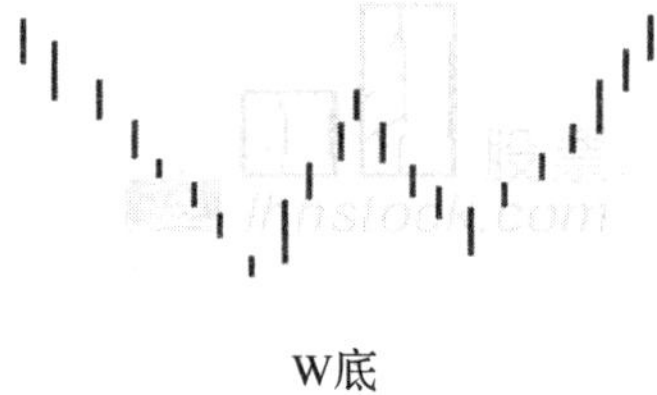

W底

股价在下降趋势中，产生第一个低点之后股价反弹受到下降趋势线的压制，随后股价继续下跌。但是，由于下跌动能不足，在第一个低点附近止跌回升，从而形成了二低点，即图中的W形。W底也常被称作双底。

在波浪理论中，上升5浪走完后，在下跌三浪中c浪是空头氛围最浓重的一浪。此时大部分股民都还没有从下跌的阴影中走出来，恐惧的心理还没有消失。但是，毕竟还有股民不死心，跃跃欲试，因此股价往往就有多次起伏触底，人们的信心也在多次触底反弹中恢复，也就容易形成二重底、三重底的图形。

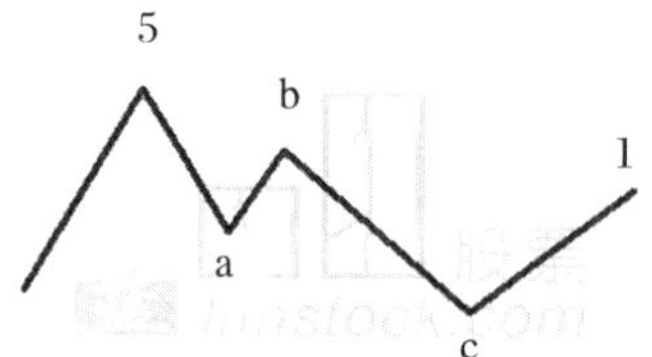

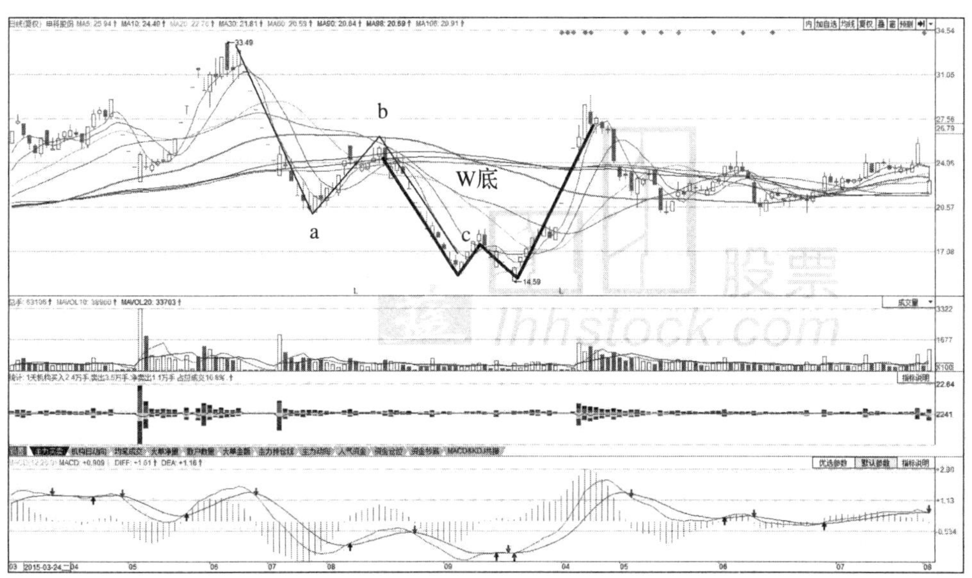

上图中002633申科股份在2016年9月产生了一个W底。从其个股本身来看，前期经过了二波深幅下跌，正好是a浪和c浪的下跌，之后在9月份二次触底，虽然后低点略有破前低点，但是它并不影响其反弹走势。而恰恰反弹高点却高于W的左高点，这也是股价的不确定性造成的。再看上证指数正好也是从牛市的顶部开始下跌，也就是a浪和c浪的下跌，大盘的跌与涨，使得申科股份的W底更加壮观。

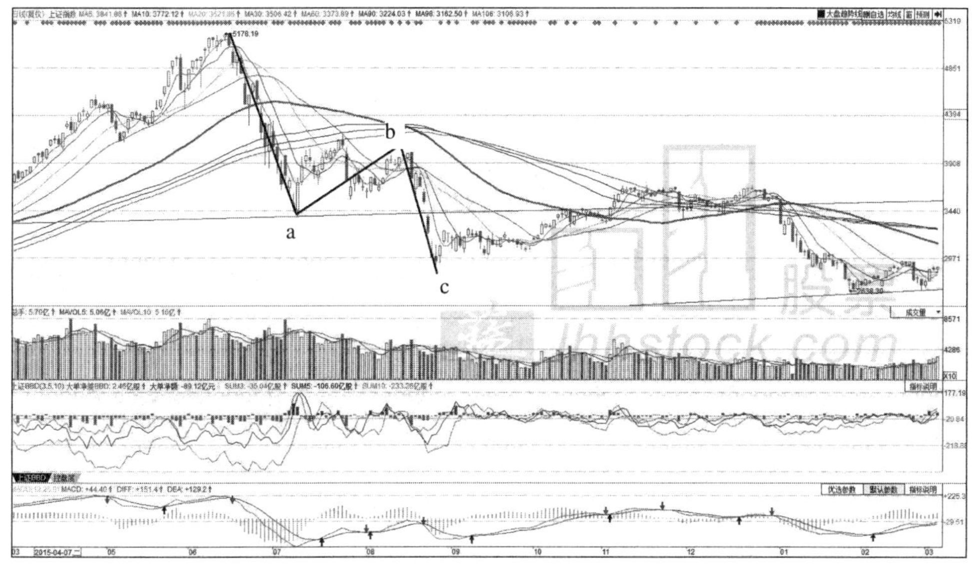

002061江山化工在2015年7月牛市顶点下来经过了a浪、b浪及复合c浪后在触底过程中，产生了W底，之后股价平稳上升。

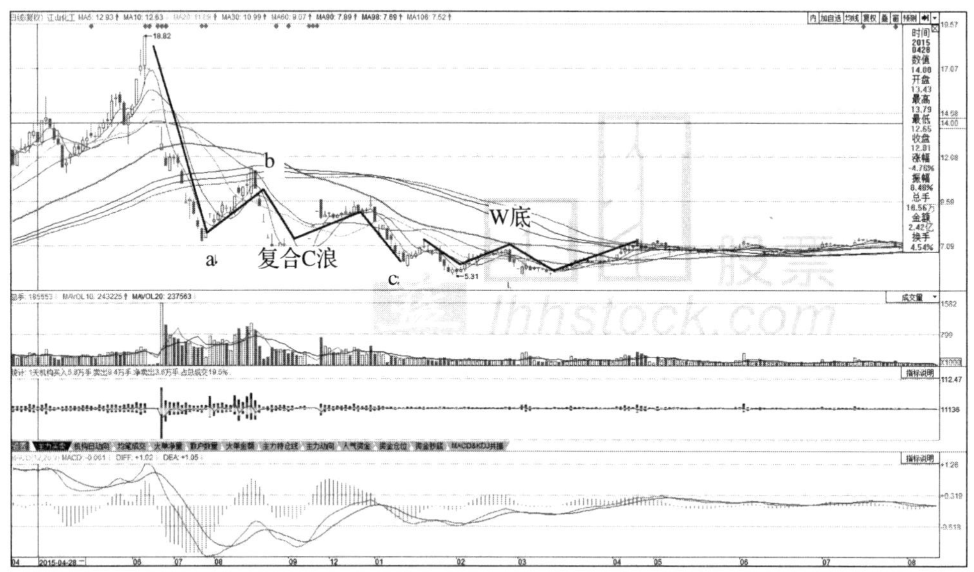

002652扬子新材也是在牛市顶部下跌的abc浪后，出现了一个三高点几乎相同的W底，表明多头力量雄厚。在以后的股价运动中，其股价也稳步向上，W底成为了真正的底部。

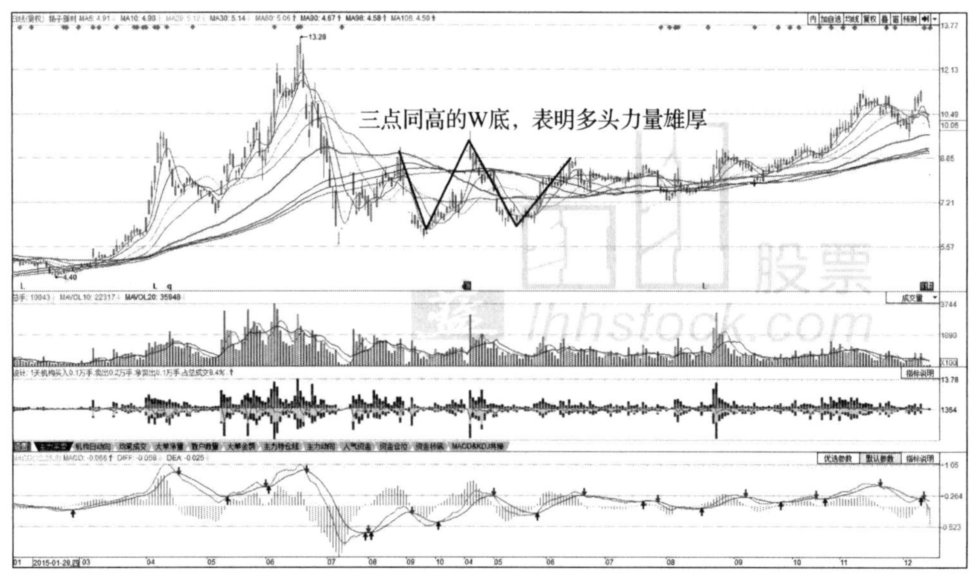

从002652扬子新材例子中我们可以看出，W底的中部高点对以后走势有着一定的影响作用。中部反弹低则表明空头强势些，中部反弹高则表明多头强势些。当然，这还要结合其他的因素，诸如基本面之类的。

其实，讨论W底回避不了颈线之类的话题，这里顺便也说一下。颈线概念就是确认整个W底是不是真正的底，在实际的操作中，仅仅在技术上看颈线的突破与否，操作难度其实是很大的，主力机构在此设陷阱就很容易。所以我们不要过分注重颈线之类的技术，当然在实际的操作中参考一下也是需要的。

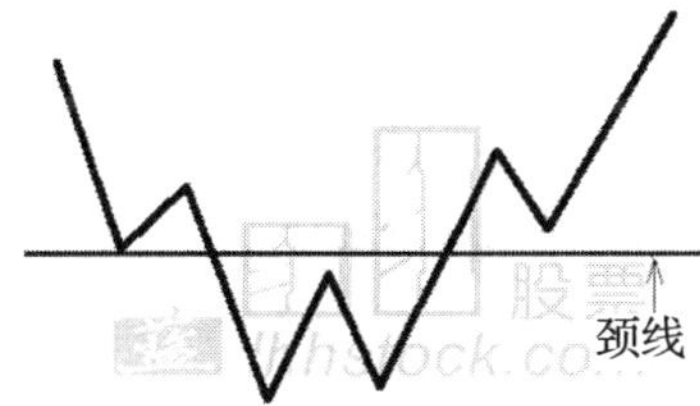

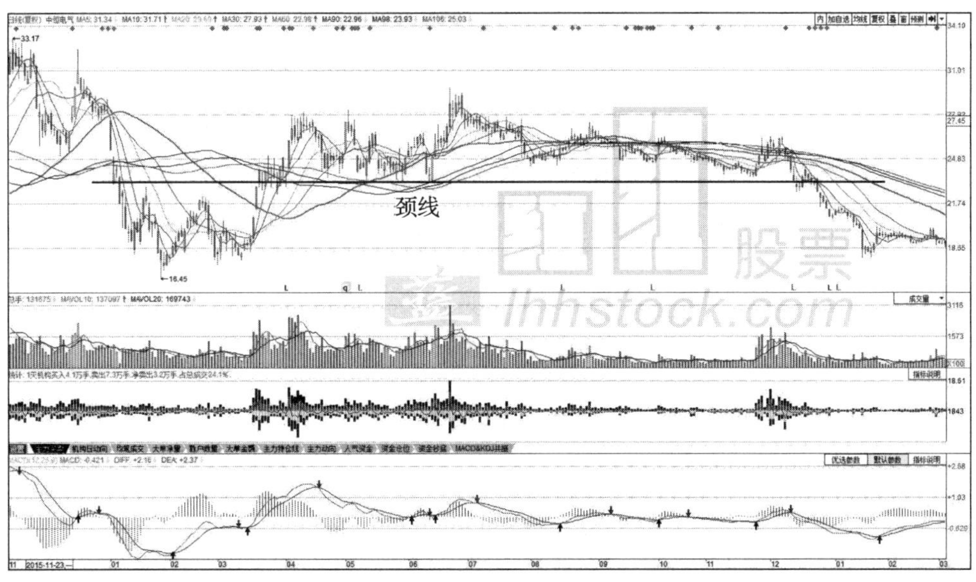

上图中，002364中恒电气在牛市顶部下跌后产生了W底，之后股价很长时间触及颈线，但是触而不破甚至还略有上涨，之后就一直在颈线上方溜达。如果此时你持股等待颈线的有效性，从时间上就有点得不偿失了，因为从图可以看出近半年的时间就是在等待，最后还是跌破颈线，一路下跌。

此外，300319麦捷科技在2016年4月和5月二底探底并跌破颈线后股价却一路上扬。

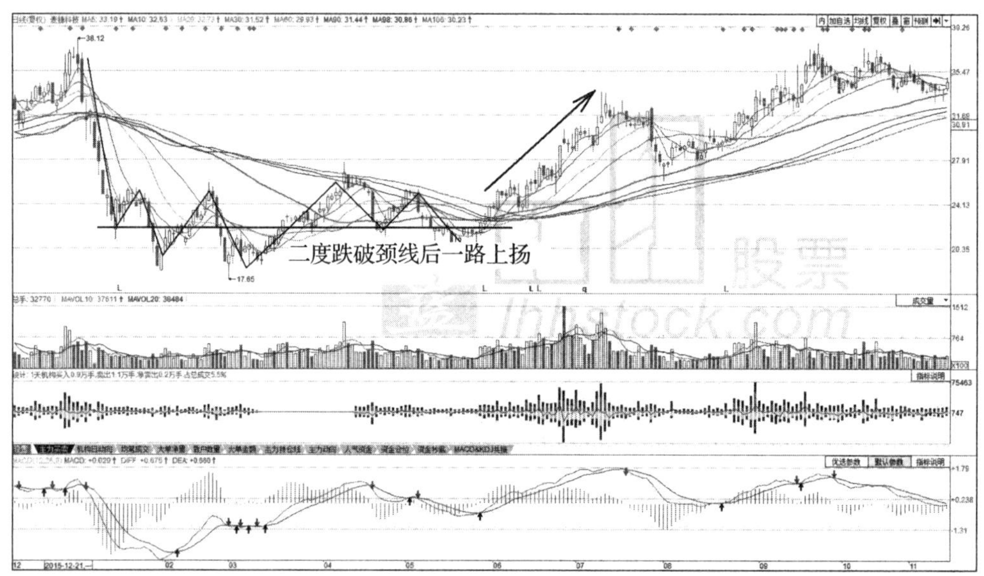

总之，W底往往出现在下跌趋势的末端c浪与1浪之间，并且在实际的操作中，不要一味注重颈线之类的单一技术，要考察多方面的因素才能提高成功率。

为什么头肩底中往往会有第1浪

头肩底如下图，边上两个肩，底下一个头，如果更加贴切的叫法应该叫倒头肩底。头肩底其实是V形反转的一种变形，在过程上没有V形反转直接，下跌及上涨中都多了二次震荡。但是终究是一种和V形反转一样的比较常见的反转形态。它往往出现在下跌行情的末端，是行情下跌到底部低点后的一个重要反转信号。

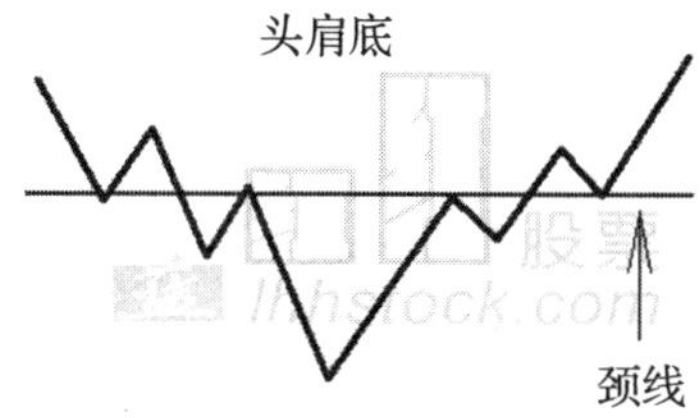

头肩底如上图所示，它由左肩、头部、右肩三部分组合而成。颈线是头肩底形态中不得不说的一条线，颈线所在的位置充当了整个头肩底形态的阻力及支撑线，在头肩底的下跌趋势中由于空头力量释放完毕，多头力量逐步聚集而形成了右边的上涨趋势。在上涨过程中应该还会伴有成交量的释放，颈线站稳与否就是判断头肩底构筑成功与否的标志。

600010包钢股份在2008年11月走出了一波头肩底形态，在最后的跌势中，多头连续发力并伴有成交量的放出，同时股价跃上60日季均线，之后在颈线的支撑也完成了头肩底的形态。

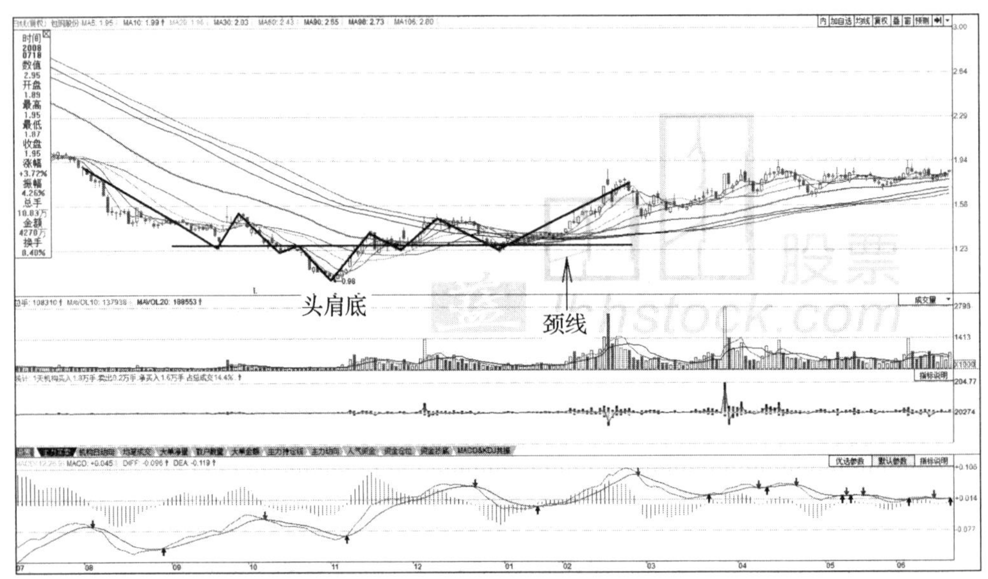

600059古越龙山在2011年6月份走出了一波头肩底形态，在股价顺着中长期均线的下跌中，6月下旬多头终于发力，在成交量的配合下股价一举突破颈线，几乎不回头，完成了头肩底的形态。

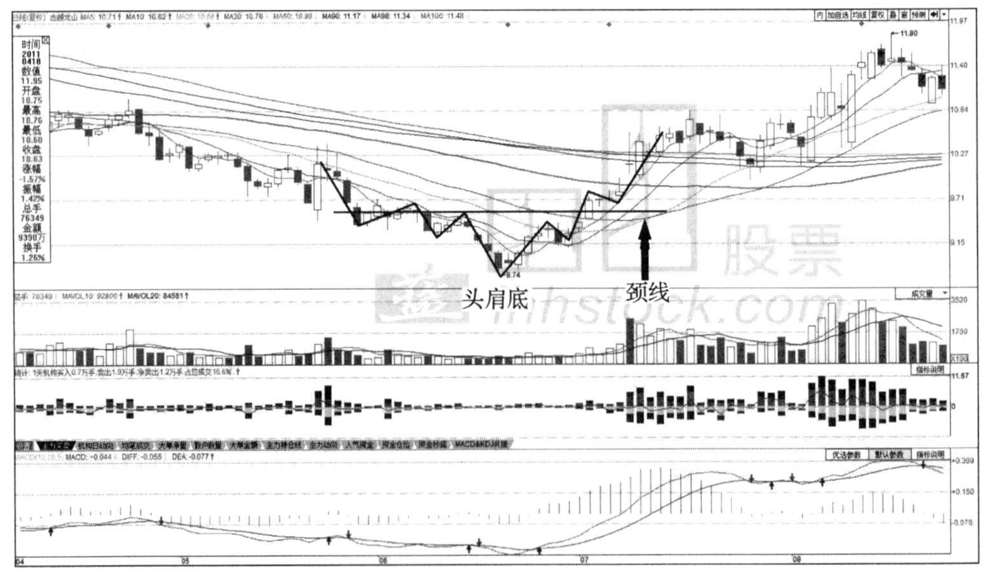

在波浪理论中，a浪下跌通常比较直接，而c浪往往以复合形态出现的比较多，通常其过程也要比a浪长一些。所以，既然头肩底形态是反转形态，那么其

左边下跌部分就应该是c浪，而其右边上涨部分就应该是1浪了。把技术形态图形融合在波浪理论中的波浪里，对以后的实际操作能起到融会贯通的效果。

我们就拿前面600010包钢股份的头肩底形成后的波浪来看，它完全符合波浪理论中的推进5浪理论，而1浪正好是头肩底的右肩。

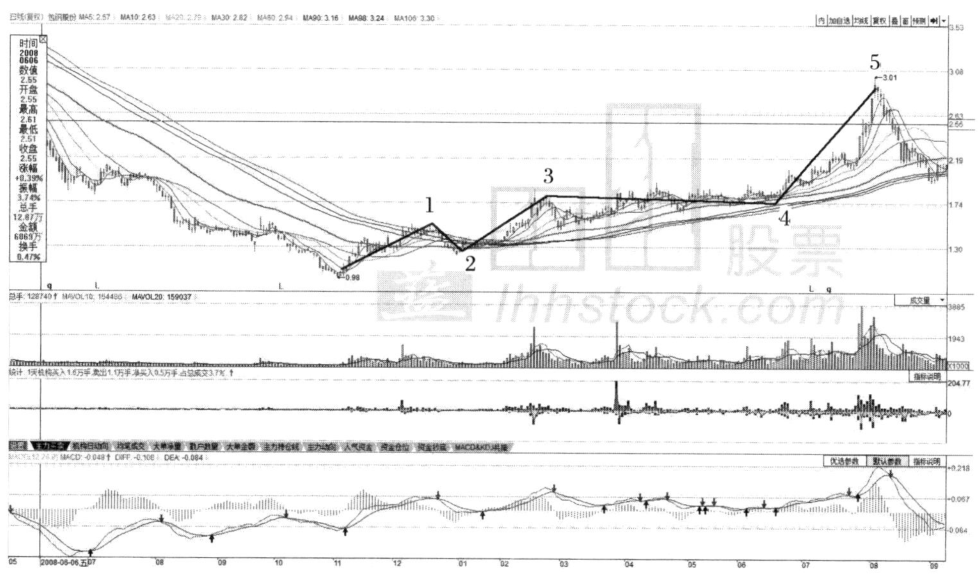

我们再看600059古越龙山的头肩底完成后的波浪，也符合波浪理论中的推进5浪理论，1浪也正好是头肩底的右肩。

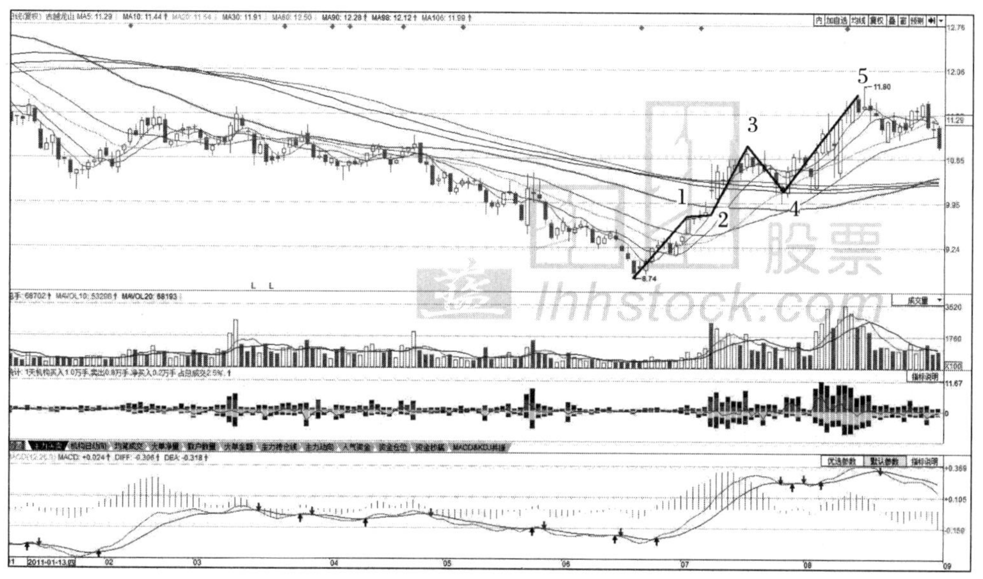

在短线操作中，头肩底的颈线操作原则是确认颈线支撑有效，头肩底成立，此时才是买入的机会，也就是从底部到颈线这一段是不做的，这正好与波浪理论中短线操作的第1浪操作放弃一致。所以正确的理论总是相通的，答案也是一致的。

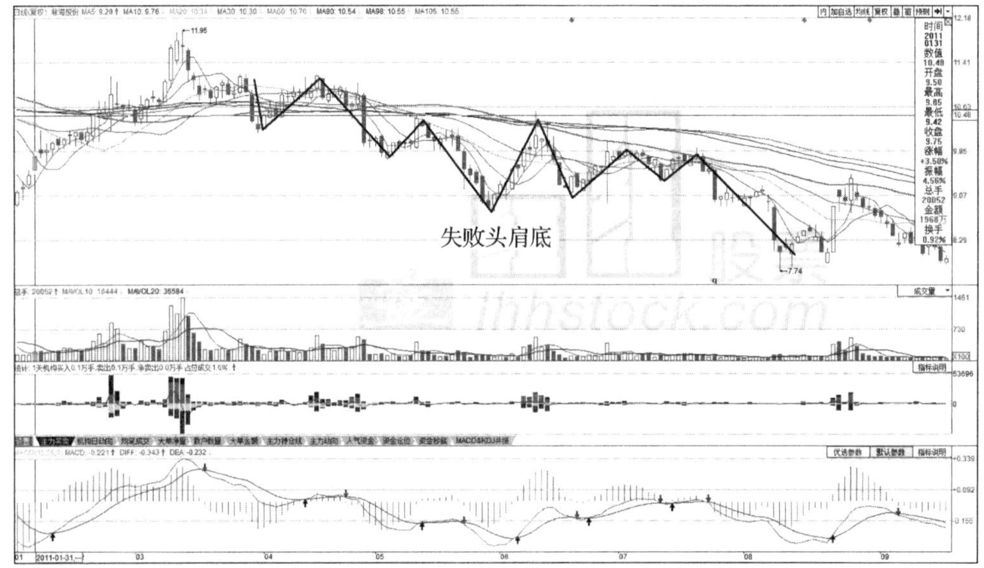

波浪理论中的c浪是下跌趋势中的最后一浪，而产生头肩底的形态往往都是在下降趋势的中长期均线之下并且离开中长期均线的乖离率都比较大，因为此时的空头氛围浓重，股价顺势下跌的概率很大。反之，在还没有呈下降趋势的中长期均线附近，出现头肩底的概率就小。

600099林海股份2011年6月份在中长期均线还没有向下发散的情况下，出现了急跌之后放量反弹，疑似头肩底的头部，但是后继反弹没有超过颈线，头肩底形态失败。

总之，头肩底往往是在c浪的下跌末期产生左肩及头部，1浪的上涨产生右肩，因此，颈线的确认法则与1浪的放弃原则是一致的。

为什么V形顶往往是头肩顶的一部分

V形顶如图其形状像个倒V字，所以更正确的叫法应该叫倒V形顶。V形顶常见的有标准V形顶、左侧缓涨右侧急跌形、左侧急涨右侧缓跌形三种类型。

股价在上升趋势中或者在上升加速期，突然开始下跌而且是连续下跌几根阴线，从高点快速下跌到低点附近，使得与上升趋势形成了一个倒V字形。下跌的原因可以是由突发因素引起的，也可以是毫无征兆、毫无原因的下跌。通常一般情况V形顶是一种转向形态，也就是V形顶往往是头肩顶的头部，所以可以把它看成比较可怕的图形。

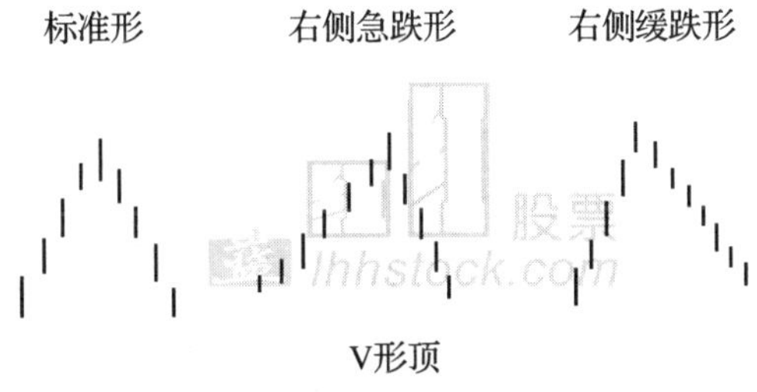

V形顶

标准形多数出现在股价大级别上升趋势途中3浪回调高点，或者5浪回调高点，以及调整浪b浪回调高点，主要是由系统涨跌原因引起居多。右侧急跌形有时是一些主力控盘股，绩差或者主力有意炒作的个股往往形成继续下跌的可能性很大，而对一些优质成长股或者一些重要题材股在离中长期均线不远处出现急跌，则挖坑的可能性很大。右侧缓跌形则往往是一些突发性利好而使股价在前期快速上涨，而在顶部则由于利好的支撑使股价跌势较缓。

600481双良节能自2008年底开始的一轮5浪上攻中，其实可以分为延伸7浪，姑且就看成5浪分析吧。股价在2009年底第5浪前作了近半年的平台，之后股价冲顶回落形成了V形顶，其实也就是头肩顶的头部部分。左肩较大较平，右肩较尖较陡。而在调整浪的b浪上涨中又出现了一个小的V形顶。

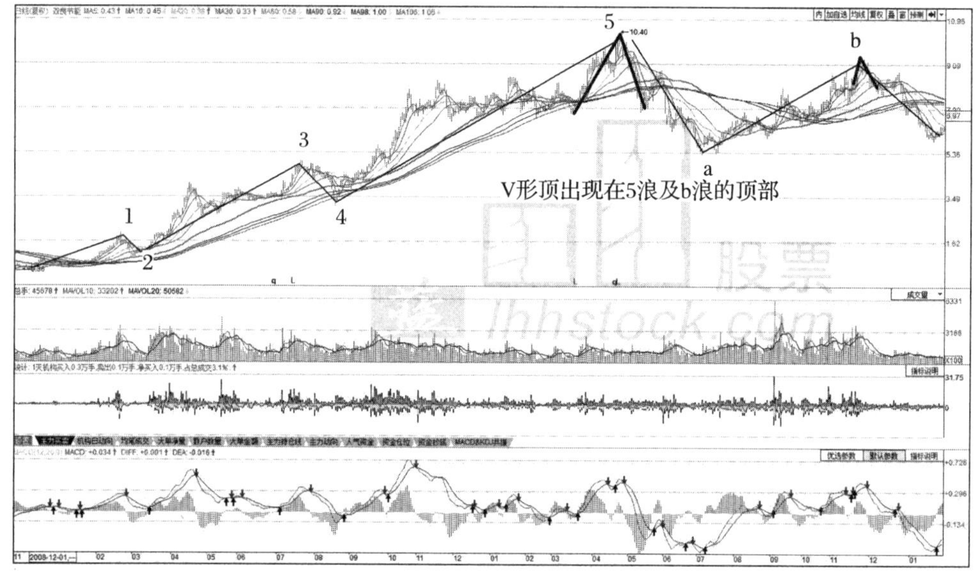

600495晋西车轴在2006年开始起动的一轮上升浪中，也是在5浪的顶部出现了V形顶，虽然右肩比左肩高，但还是快速下跌后形成右肩，从而形成头肩顶。

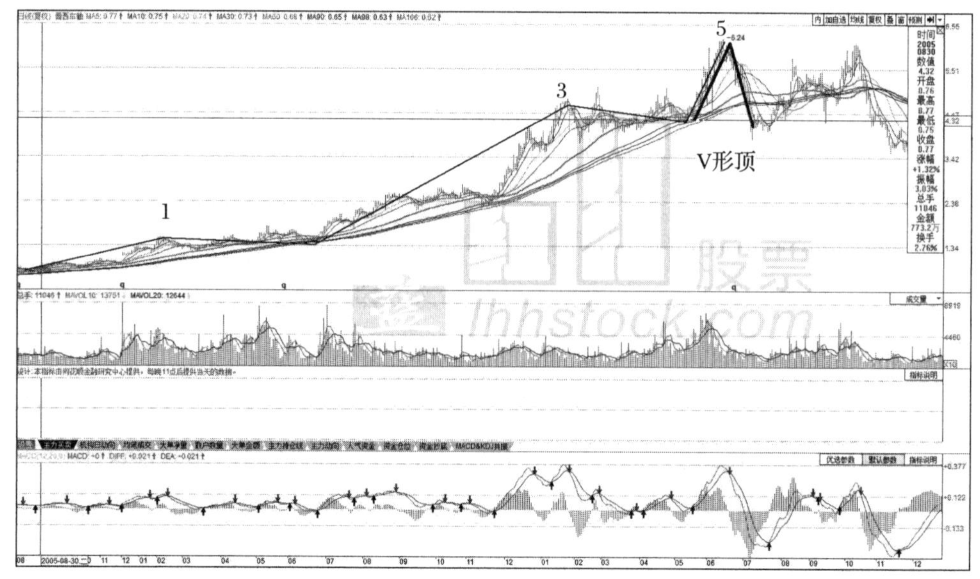

右侧急跌V形顶有时不一定要在上涨趋势的顶部，也会出现在盘整区域。股价某几天毫无原因地上涨，之后快速下跌形成V形顶，从而开始一轮下跌。

600515海航基础自2016年开始进入下跌趋势后，2017年2月份开始爬上60日线，在4月5日开始连续6日拉出阳线，但是毫无原因的连续拉出三根中阴线，把六根阳线全部吃掉，从而形成了右侧急跌的V形顶，之后就开始了一轮新的下跌趋势。

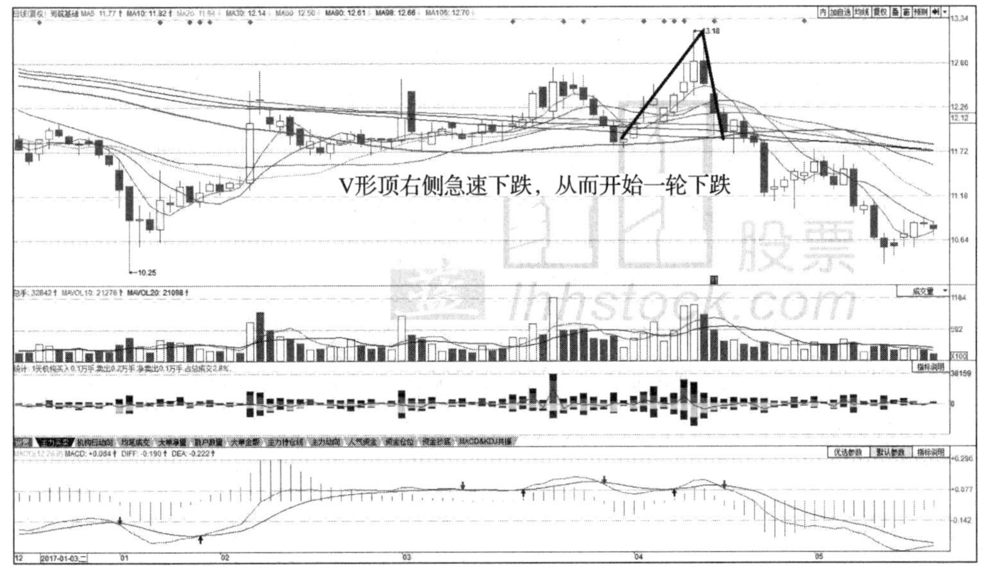

300319麦捷科技自2016年9月筑平台后，11月30日一根阳线开始阳多阴少地上涨了15天，然而，下跌5天把所有涨幅都吞掉，右侧急速下跌形成V形顶，之后再跌一程。

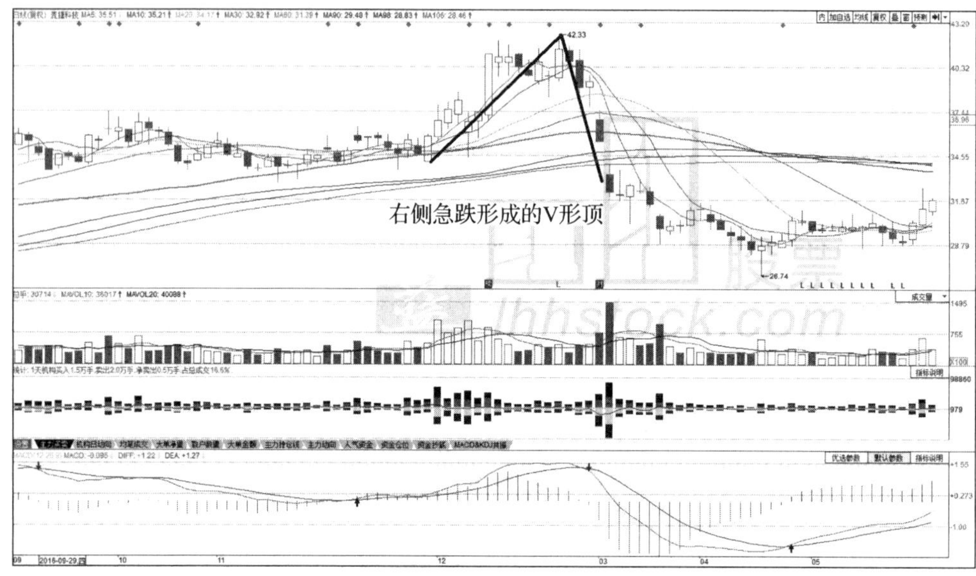

当然，事情要一分为二，对一些优质成长股或者有重大题材的个股可能V形顶并不是顶而是坑。主力机构可能利用图形的可怕性洗盘。

300021大禹节水在雄安概念刚出来时并没有涨多少，雄安概念第一波过后却形成了V形顶，然而V形顶形成后股价并没有继续下跌，而是盘整两周后开始大幅拉升，从而使得V形顶并不是顶而是坑。

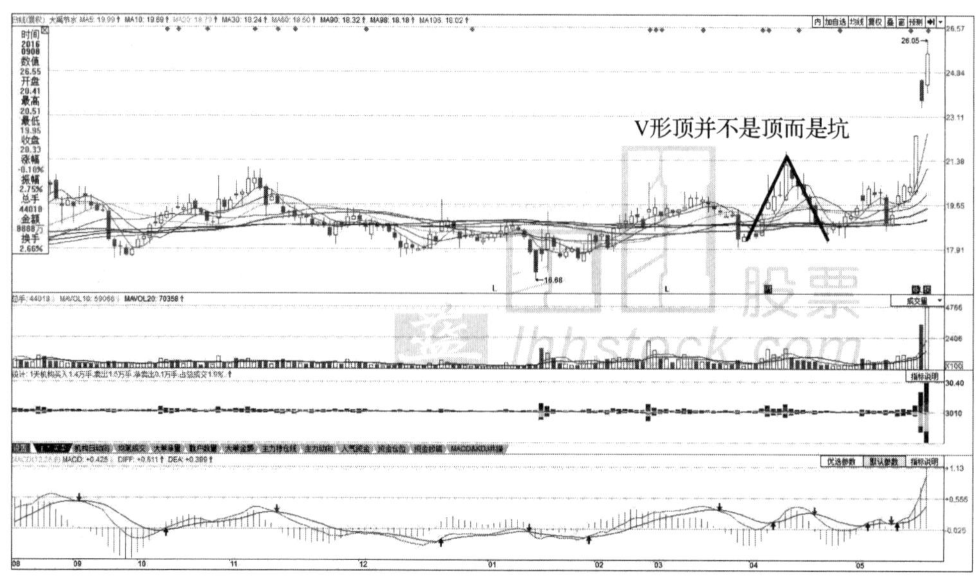

300107建新股份也是一样在第一波的雄安概念中形成了V形顶，之后却未经盘整又起二波上涨，而且一波高过一波。同样，V形顶不是顶而是坑。

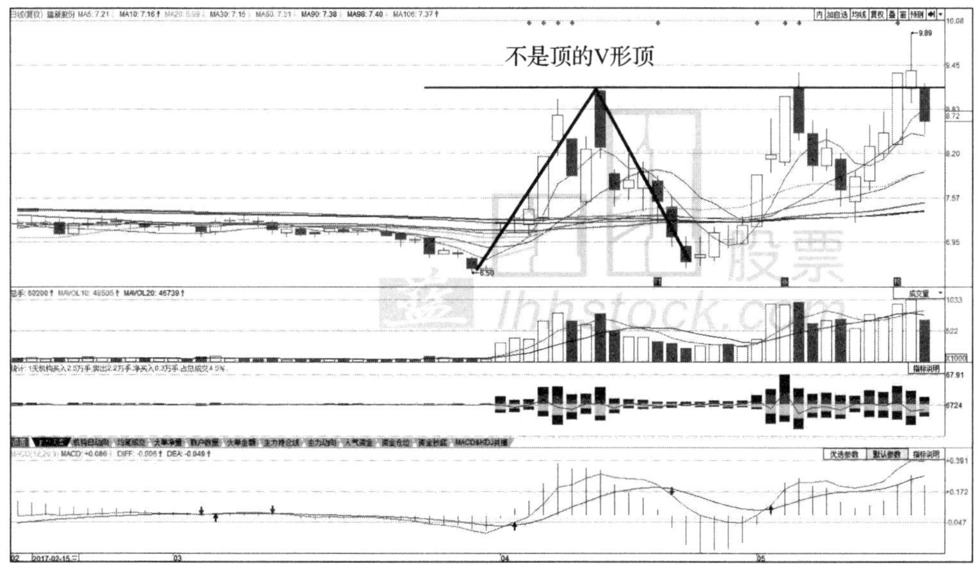

总之，V形顶往往会产生在上升浪的顶部，是头肩顶的一部分。但也有可能在下跌盘整末期反弹形成V形顶，从而继续下跌。当然，有时也会形成V形顶后继续上涨。前面二种V形顶没有操作意义，而后一种V形顶才有操作意义。

为什么宁可错过行情也不要套在头肩顶

头肩顶就是两个肩膀扛着一个头，形象生动地描述股价走势的形状图。

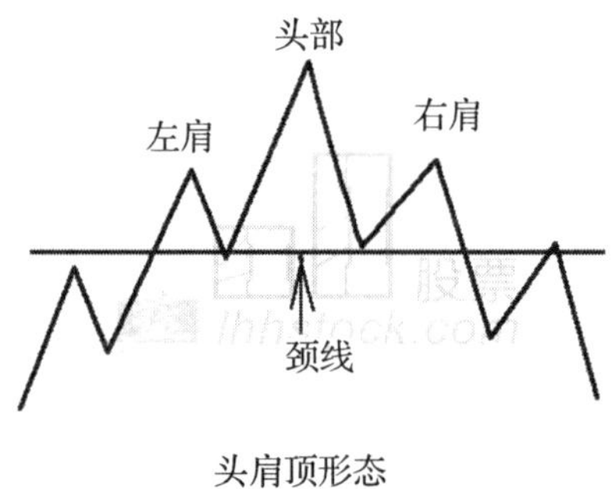

头肩顶形态

股价在上升趋势中，一浪一浪推进，终于有一调整浪跌幅较深，把前一浪的涨幅几乎都跌掉。但是由于多头不死心，还是把股价推涨了起来，不过涨幅有限，只有前一浪的1/2到1/3，之后跌破前一浪的低点。从此，此低点就成压力区，头肩顶就此形成。在其形成过程中，有一条水平线（如上图）先为支撑线后为压力线，这就是颈线。

300008天海防务在2011年3月9日出现头部之后，经过下跌反弹再下跌后形成头肩顶特征，之后颈线就是压力线，股价就一蹶不振。

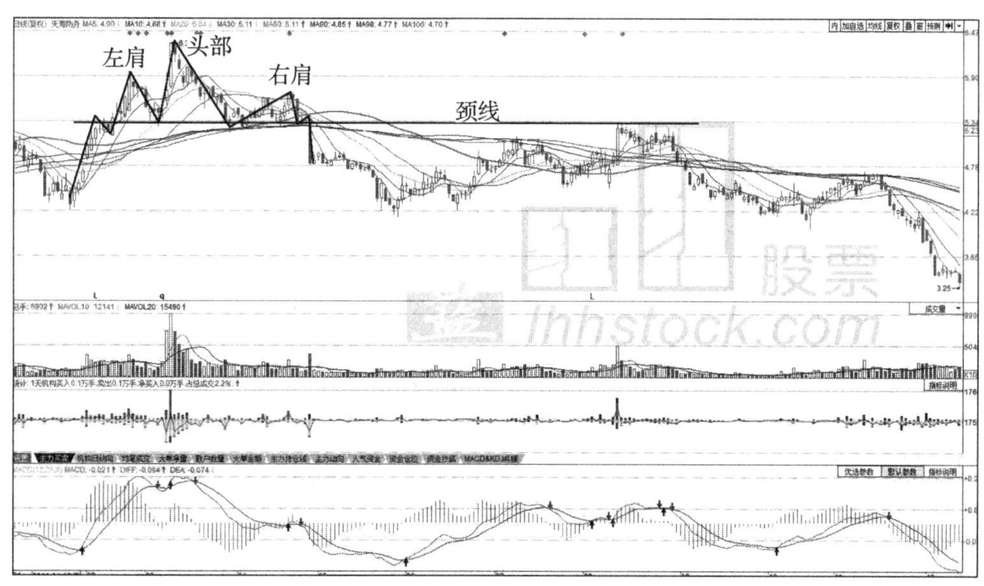

头肩顶是一个不容忽视的技术性走势，我们从这形态可以观察到多空双方的激烈争夺情况，行情上升后下跌，再上升再跌，买方的力量最后完全放弃，卖方完全控制市场。初时，看好的力量不断推动股价上升，市场做多情绪高涨，出现大量成交。经过一次短期的回落调整后，那些错过上次升势的人在调整期间买进，股价继续上升，而且攀越过上次的高点，表面看来市场仍然健康和乐观，成交量有时会不如前面升浪，有时也会出现巨量。如果成交量不如前面升浪，那么头部更有可能形成；如果成交量出现巨量也不妨碍头部的形成，也就是说成交量的大小在头部形成的过程中并不重要。而那些对前景没有信心和错过了上次高点获利回吐的人，或是在回落低点买进作短线投机的人纷纷沽出，于是股价再次回落。第三次的上升，为那些后知后觉错过了上次上升机会的投资者提供了机会，但股价无力越升上次的高点，而成交量进一步下降时，差不多可以肯定过去看好的乐观情绪已完全扭转，未来的市场将疲弱无力，一次大幅的下跌即将来临。

头肩顶往往是一个中级转向趋势的开始。尤其是对一些题材股来说，一旦由于题材原因股价被主力机构炒高，而没有业绩的支撑，其后果是相当严重的。

300059东方财富2015年4月因为购买西藏同信证券股份有限公司100%股份而构成重大资产，复牌后9个一字板，之后开始构筑左肩，在并没有放出巨量的前提下又出现三个涨停，头部形成。之后再右肩形成，第一次形成头肩顶。在下跌的过程中在第一次头肩顶的颈线之下又出现了一次头肩顶，之后股价就一蹶不振。归根结底的原因就是题材没有业绩支撑，造成股价下跌。

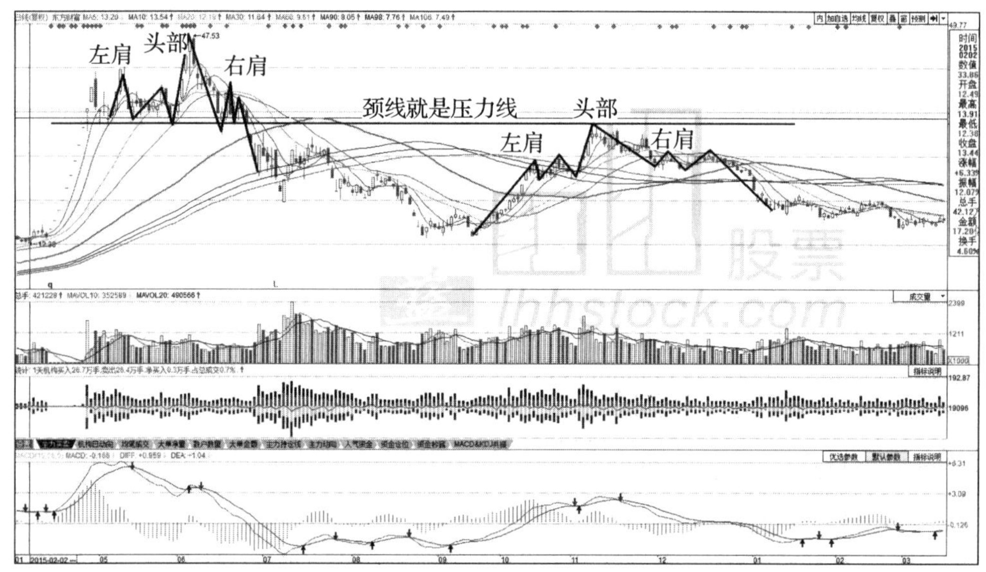

头肩顶是一种见顶信号，一旦头肩顶正式形成，股价下跌几乎成定局。一根中阴线使多方赖以生存的颈线被击破，股价收于颈线下方，头肩顶已基本成立，尤其是对一些业绩平平而因为题材被炒高的个股，股民不应追求一些小额利益，而做所谓的短线，不认清大势。此时应该宁可放过一千，也不被套牢一次。

头肩顶在多数情况下是杀伤力很强的一种技术走势，为了避免头肩顶对股民造成的重大伤害，在实战中操作时要密切注意以下几个问题：

(1)当某一股价形成头肩顶雏形时，就要引起高度警惕。这时股价虽然还没有跌破颈线，但可先卖出手中的一些筹码，将仓位减轻，日后一旦发觉股价跌破颈线，就将手中剩余的股票全部卖出，退出观望。

(2)上涨时要放量，下跌时量可放大，也可缩小。对头肩顶这种形态来说，先是用很小的量击破颈线，然后再放量下跌，甚至仍旧维持较小的量往下滑落也是常有的事。股民对此一定要有清醒的认识。

(3)头肩顶对多方杀伤力度大小，与其形成时间长短成正比。因此，投资者不能只关心日K线图，对周K线图、月K线图出现的头肩顶更要高度重视。如果周K线图、月K线图形成头肩顶走势，说明该股中长期走势已经转弱，股价将会出现一个较长时间的跌势。

(4)头肩顶形态被突破颈线后有两种走势：一是突破颈线后有一个回抽，这时就是明显的第二个卖点；二是突破颈线后一路直泻，这就只有一个明显的卖点出现。一般认为，股价击破颈线3天后不能收于颈线上方，头肩顶形态才算真正成立。不过看到头肩顶真正成立时，可能股价已跌了很多，那时才停损离场，损失就大得多了。

002785万里石是一家从事建筑装饰石材及景观石材的研发设计、生产和销售的企业。从行业上来说是一般的生产制造石材的企业，并不是高科技或是特殊行业。从财务指标来说，市盈率167、净资产收益率3.6%、毛利率23%。因此，无论从行业或企业效益来说这样的企业在两市中是中下水平。在2016年11月21日形成头部后，股价在下跌中头肩顶形成，这时千万要放手，不能死拿，宁可错过，不能套牢。

600988赤峰黄金在国际金价连续下跌的形势下再加上其本身基本面相当一般，所以，此等股票一旦出现头肩顶的形态则也是宁可放过，也不套牢。

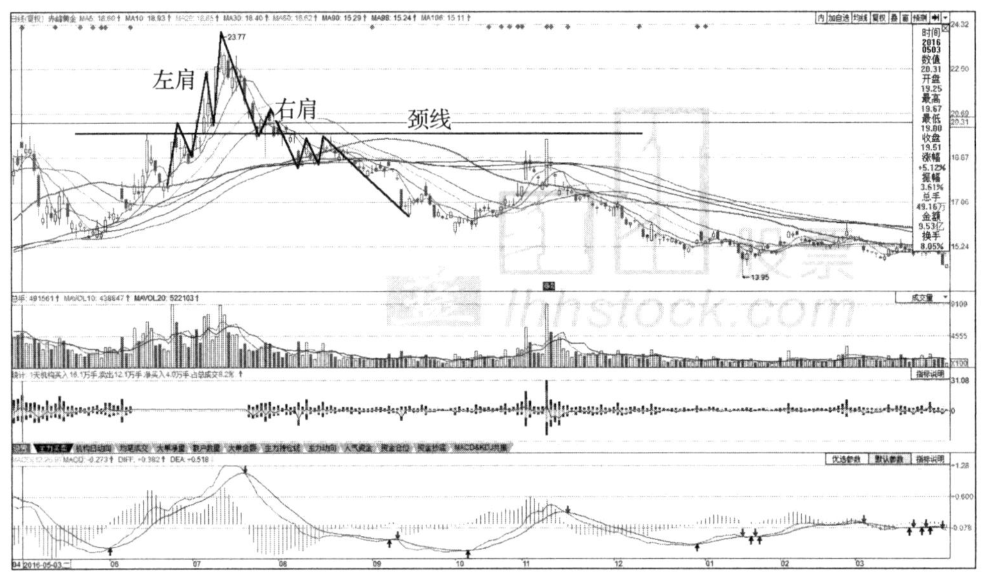

总之，头肩顶是一个不容忽视的技术性走势，往往是一个中级转向趋势的开始，是一种见顶的信号，在一定程度上是杀伤力很强的一种技术走势。一般股民宁可放过，也不要套牢。

为什么疑似双重顶的图形有时会出现在3浪后

说这个问题之前我们肯定先要说说具有顶部特征的双重顶。

双重顶形态是在股价上涨至一定阶段之后形成，在形态上出现两个顶峰，分别成为左峰、右峰。如图：

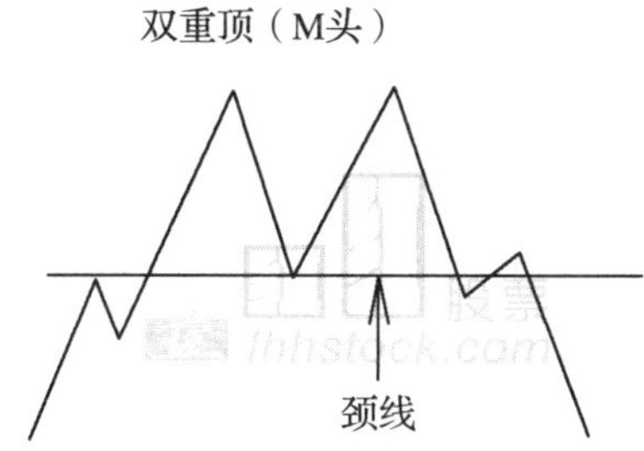

它是K线图中较为常见的反转形态之一。由两个较为相近的高点构成，其形状类似于英文字母“M”，因而也叫M头。M头与头肩顶一样，有既是支撑线又是压力线的颈线。

双重顶是市场不容忽视的技术走势，我们可以根据双重顶形成过程了解其对后市的影响作用。

在双重顶出现之前，股价应该一直处于上涨的阶段，市场对后市一片看涨，成交量配合放大。但因为上涨累积较大的获利筹码，在股价继续上冲过程开始有获利资金了结出局，成交量也大幅放大，股价开始震荡回落，出现调整走势。但在回落过程中，一直错过前期上涨过程的投资者在调整期间逐步买入，股价回落至一定位置后前期获利资金再度进场逢低介入，股价不再下跌，反而掉头走高。表面上看，市场依然乐观和看涨，但是成交量并没有跟进配合，较第一波高峰时的量能稍有萎缩，市场弱势逐步显现。在股价反弹至第一次回落的高位附近，获利资金因担心无法突破再度获利出局，主力也沽售，于是股价再度回落，引发市场恐慌，资金跟出，跌破第一次回落低点，双重顶形态形成。由于二次的冲高回落，如果股价是由于题材而被炒高或是由于整个市场处于亢奋阶段，那么形成双重顶的可能性相当大，股民应谨慎观望为妥。

600569安阳钢铁无论从行业还是业绩都是绩差股，一轮题材炒作的涨势后在2017年2月中旬形成M头后，股价进入下跌趋势中，下跌途中高点一浪比一浪低。前面7个月的涨势3个月即全部跌光。可见双重顶不可忽视的重要性。

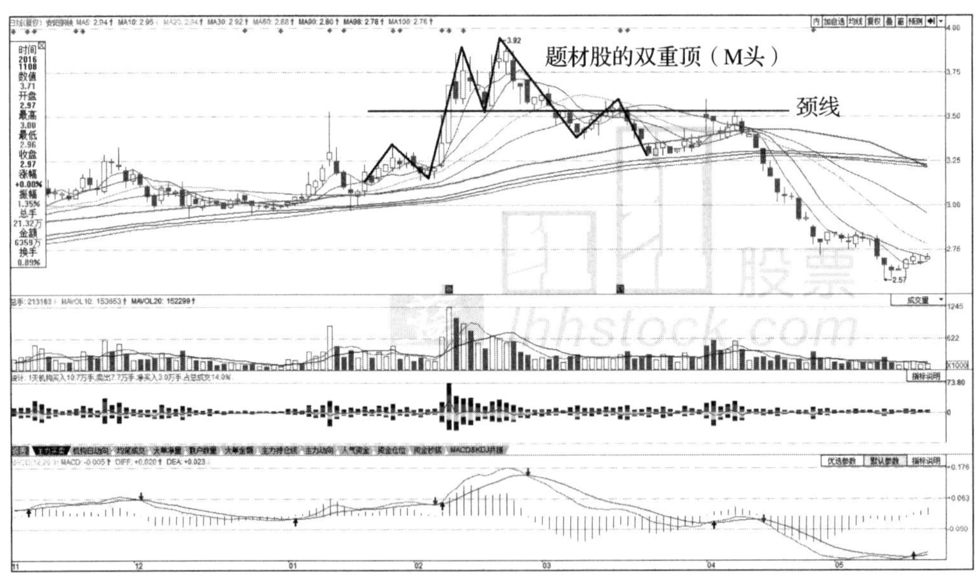

002662京威股份在2015年4月当整个两市处在牛市的顶端时，出现了双重顶，之后股价在颈线附近震荡后重新跌破颈线，之后的下跌速度之快、幅度之大可谓壮观，牛市中的双重顶威力发挥得淋漓尽致。

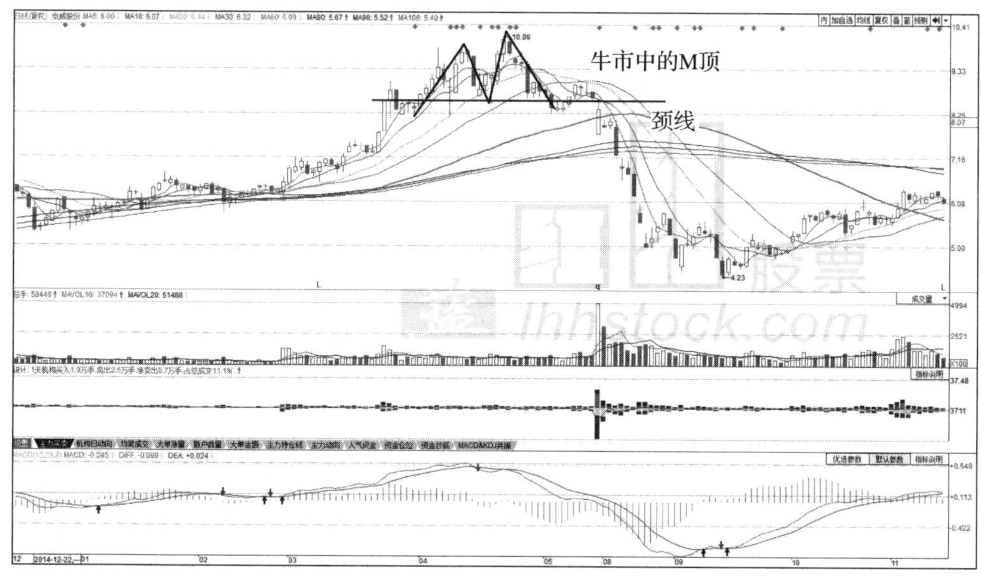

然而，有时双重顶形成后，股价却在颈线附近震荡或者止跌后重新回升，从而出现在波浪理论中的推进浪——第5浪，也就是说双重顶只是第3浪的顶而非第5浪的顶。

300156神雾环保在2016年9月上涨途中出现了疑似双重顶，之后股价在颈线附近徘徊并且跌破颈线多日，可是在2016年12月22日股价却重回颈线之上，展开了漂亮的第5升浪。

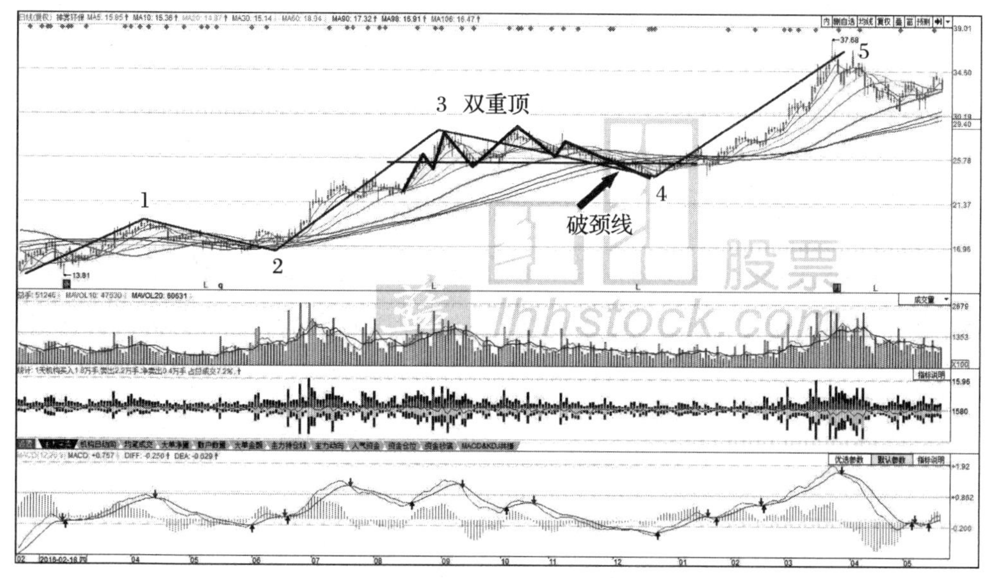

300072三聚环保在2016年4月份出现疑似双重顶之后，股价二度跌破颈线，可是不久却重新爬上颈线，展开了浩浩荡荡的第5浪推进浪。

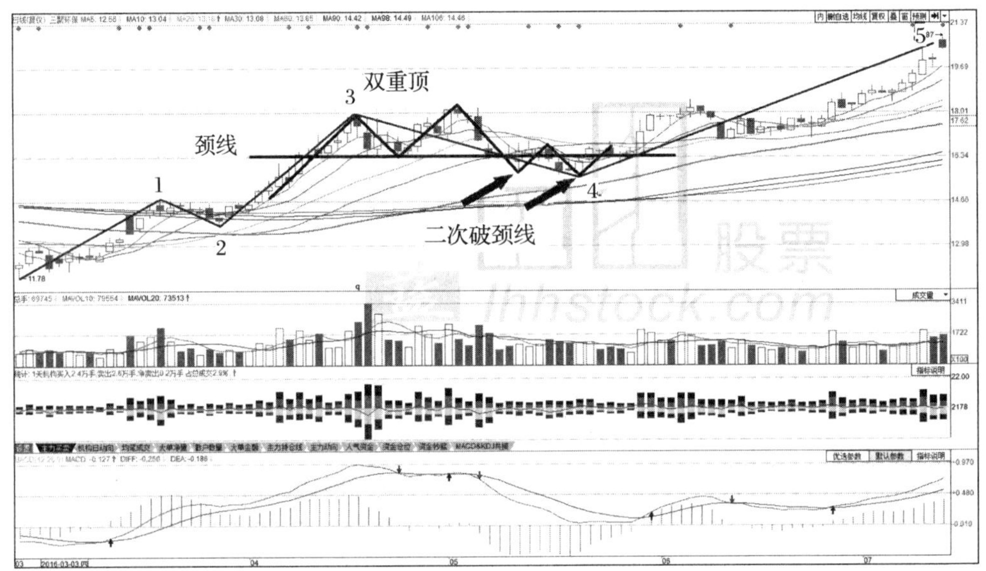

其实，这样的例子不胜枚举，这与股票的良好基本面是分不开的。上面的两个例子无论从其行业还是业绩来看，其基本面都是相当出色的。当然，大的市况也不是处在风险高的范围内，所以虽然出现疑似双重顶的图形，但也无碍主升第5浪的展开。

在牛市的中段，也就是大市处在推进浪的第3浪时，个股当然也就是处在第3浪居多了。可以在第3浪后就有疑似双重顶图形的出现。

300048合康新能在2015年4月份出现了疑似双重顶，而此时整个两市也正好处在牛市的主升浪中，300048在完成疑似双重顶后随着大势上涨也展开了第5浪的主升。

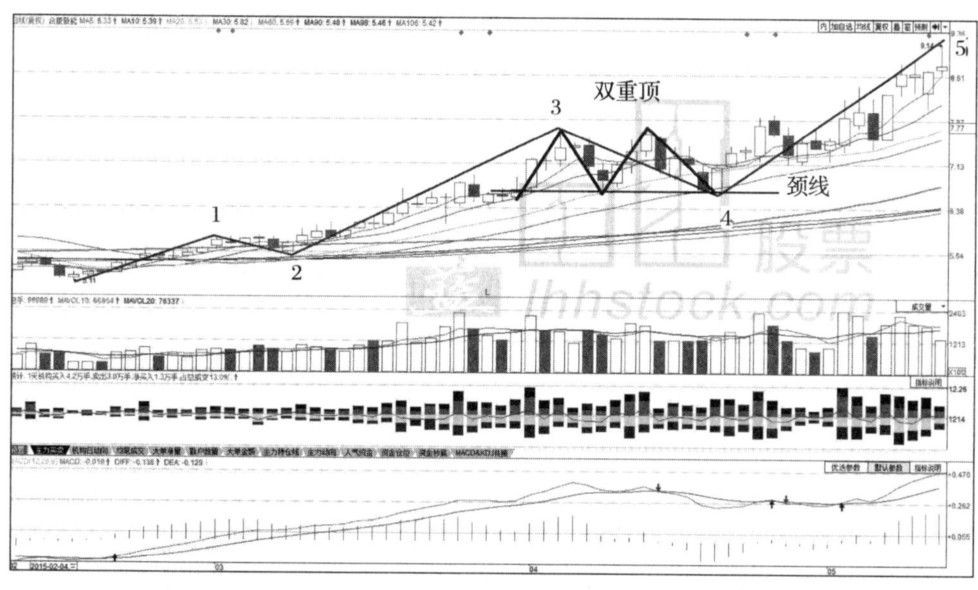

002243通产丽星也是在2015年的4月份出现疑似双重顶之后，在二市大势的推动下，展开了第5浪的主升浪。

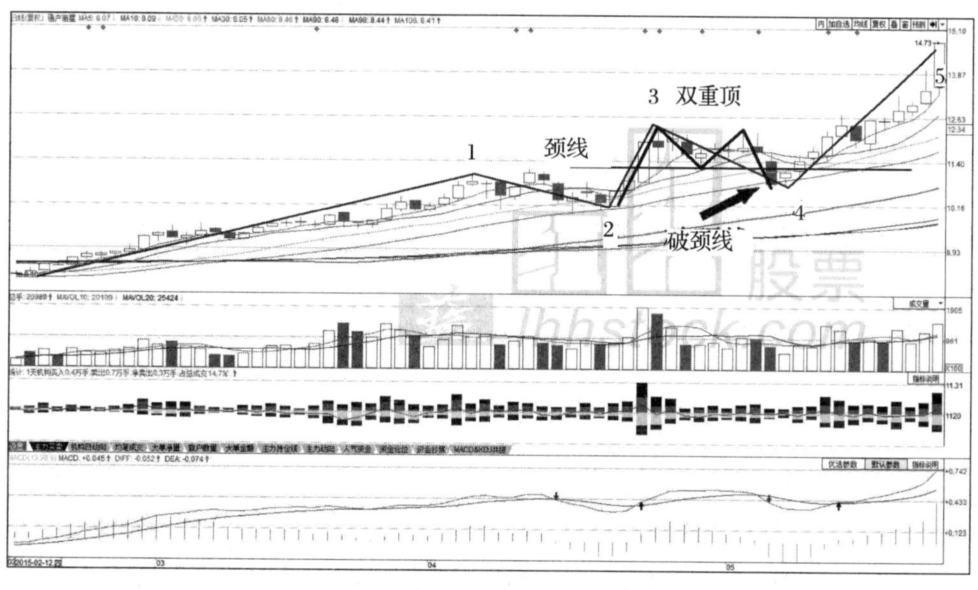

总之，真正第5浪的双重顶即M头，是一个顶部不容忽视的转向图形。但是，也要注意第3浪后的疑似双重顶，必须根据股票的基本面及大势情况做出正确的判断。

为什么下降三重顶反而不容易反转

三重顶又称三尊头，比M头多一个头，三个头部与颈线的距离虽然大致相当，但也可以有一定的相差，一般认为在3%左右。因此，三重顶可以分为上升三重顶、标准三重顶、下降三重顶三种形态。

有人会说，这不是画的下降三角形吗？我们先来看看下降三角形的几种形态。

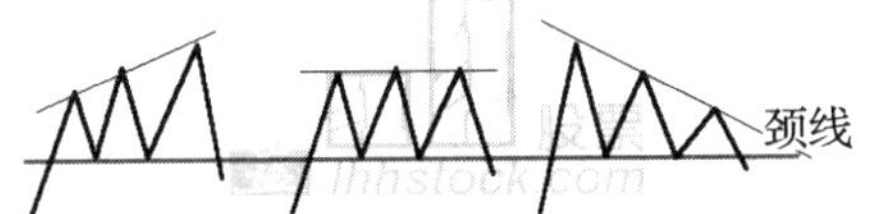

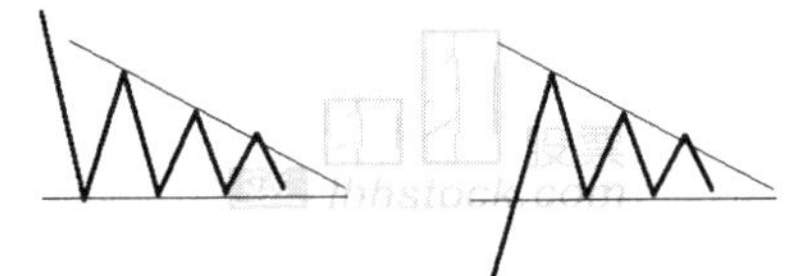

上升三重顶 标准三重顶 下降三重顶　　下跌趋势中下降三角形　上涨趋势中下降三角形

三重顶就其名字来说它是以三个相约之高位而形成的转势图形，只能出现在上升趋势中。标准三重顶的形成，通常是以穿破颈线为形成标志。在成交量方面，有时第三个顶成交量最少，有时却最大，所以成交量在形成顶部特征时并不是十分重要。最低点的形成，往往是画颈线的重要依据。通常以它作为主要支撑线，当价格出现双顶后回落至接近颈线，然后再次反弹至原先双顶的位置，并遭遇阻力后回落。一般认为，若价格跌破颈线，股价便会大幅滑落，三重顶图形被确认。那么如果出现在下降趋势中，出现三个反弹高点，则不能称为三重顶了，因为它的前面有高点，如果三个顶逐个降低，只能称为下降三角形，而且是下跌趋势中的下降三角形。下跌趋势中的下降三角形有下跌中继的可能性，且比扭转下跌趋势而反转上涨的可能性要大得多；而上涨趋势中的下降三角形整理后承接上涨趋势的可能性，比扭转上涨趋势而反转下跌的可能性要大。

600992贵绳股份在2016年10月份的上涨趋势中，出现了疑似三重顶而且可以说是四重顶，之后却承接上涨趋势继续上涨，从而导致三重顶或四重顶形成失败，形成了上涨趋势中的下降三角形被向上突破继续上涨。

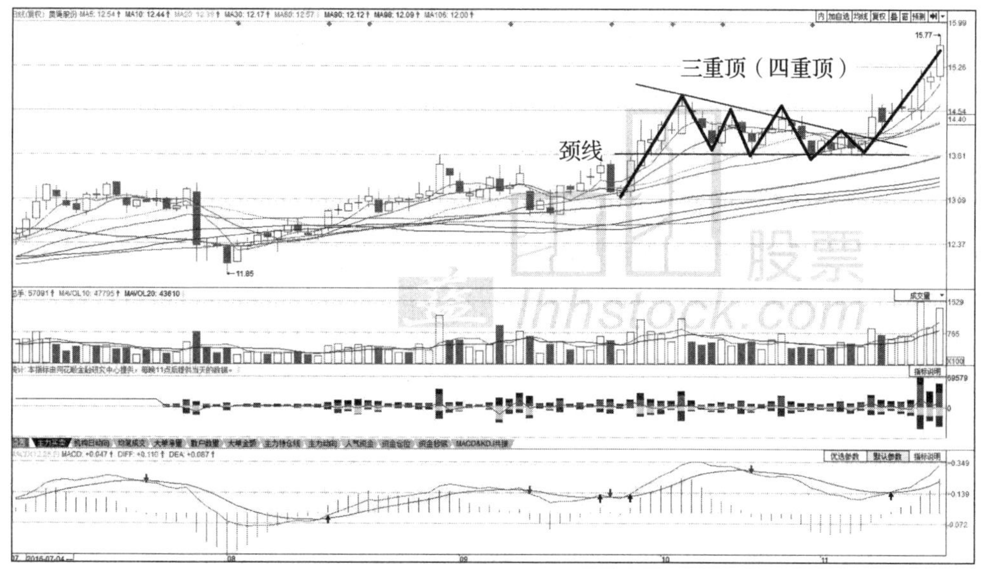

601311骆驼股份在2015年4月份出现的疑似三重顶，但向下突破颈线后重新回到颈线之上并展开上涨趋势，也就是上涨趋势中的下降三角形被向上突破继续上涨。

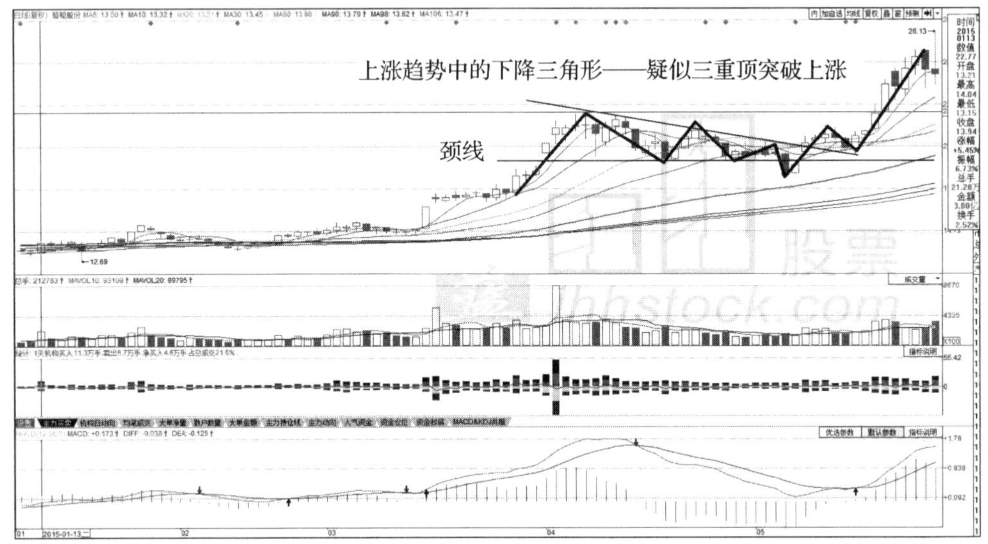

上面的例子中在形成疑似三重顶（上涨趋势中的下降三角形）的过程中，上下起伏的幅度都在10%以内，涨跌幅度都比较有限，这也是确定其是上涨趋势中的震荡的一个依据。而真正牛市顶部的三重顶往往震荡的幅度都要超过10%，往往还会有涨跌停板的日K线，那么这样的结构形成三重顶的可能性就很大了。真正的三重顶是在高位的一个转势图形，其风险是相当大的。

601111中国国航在2015年5月的大牛市顶部出现了四重顶，在其构成中，涨停板不断出现，但是在最后一个顶之后的下跌过程中也多数以跌停板出现。

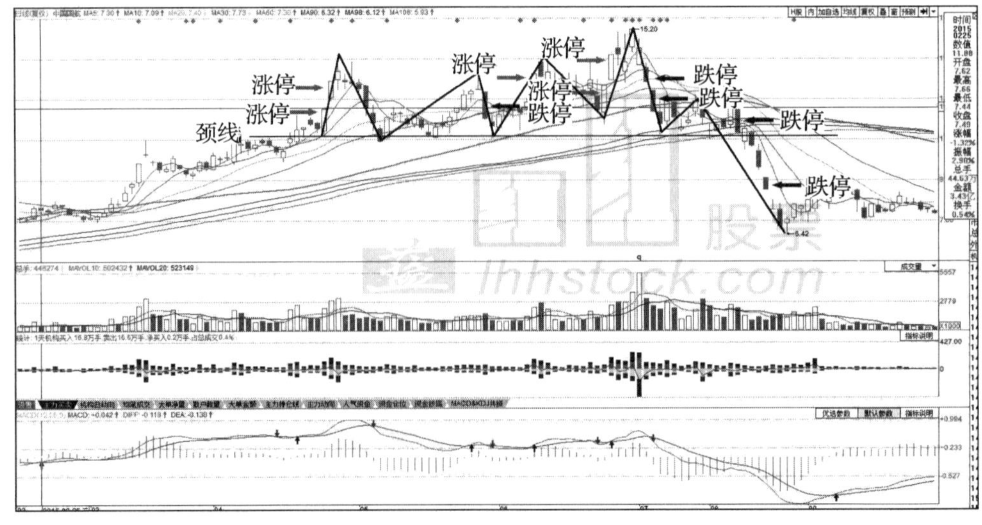

601186中国铁建在2015年5月的大牛市顶部也出现了不规则的三重顶，在其形成过程中，也是不断出现涨停板，上下震荡幅度很大，当然风险也很大。

震荡幅度的大小是判断是不是三重顶的一个依据，但是更重要的还是要结合整个大盘趋势及个股的基本面情况。如果是个股基本面良好，股价的中长期均线处于上涨趋势中，那么在上涨中出现下降三角形，即疑似下降三重顶则可能是上涨途中的整理，整理完成后继续上涨。如果大盘处于牛市中期，则个股同样会在出现下降三角形，即疑似下降三重顶后，并不下跌而继续上涨。

而前面所说的上升三重顶如果是有一定的震荡幅度，那么，是真正三重顶的可能性反而比下降三重顶的可能性要大。当然，结合个股的基本面来判断正确性会更高。

601800中国交建在2017年4月出现了下降三角形的走势，在跌破颈线后，只是反弹到颈线位置，继续下跌。个股的基本面属于一般，没有一些特殊的利多，所以一旦技术上有调整的要求，那么也就会相应调整。

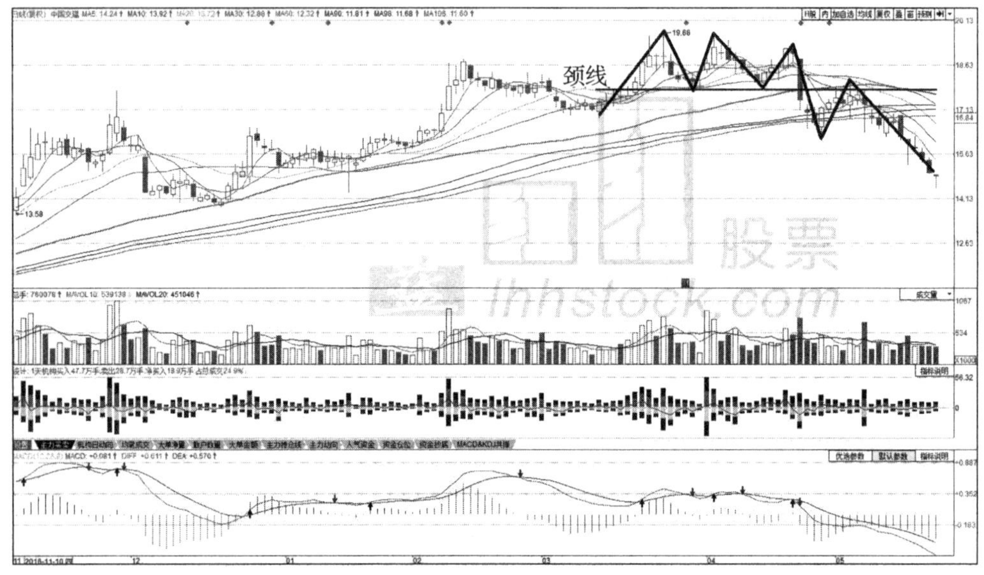

总之，在三重顶的图形中，下降三重顶反而是上涨途中的震荡整理的可能性，比上升三重顶及标准三重顶的可能性要大。

为什么上升三角形多为趋势的中继形态

上升三角形就是股价在震荡中高点相近而低点抬高，连线高点和连线低点组成了一个斜边在下向上的三角形，称为上升三角形。其二种形态如图：

图中左边的为上涨趋势中的上升三角形，右边的为下跌趋势中的上升三角形。

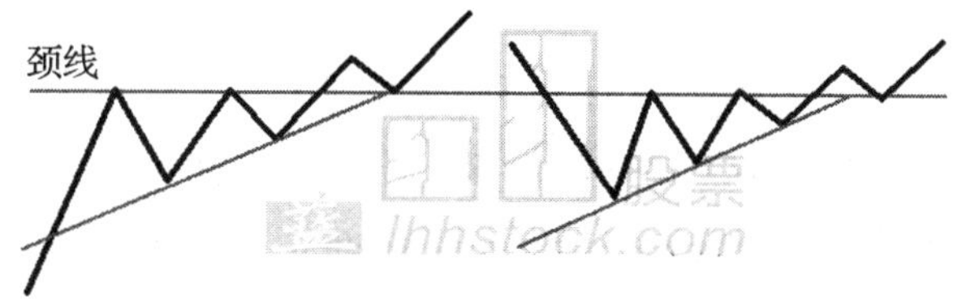

上涨趋势中的上升三角形　　下跌趋势中的上升三角形

当股价在上涨的过程中积累的一定的涨幅后需要震荡洗盘。在股价第一次回落后重新涨到前期高点，这时遇到一些在前期高点没有抛出股票的持股空头的抛压，股价回落。但是股价却没有跌到前期低点又重新回升，并且在突破颈线略作小幅回落后重拾升势。这就是上涨趋势中的上升三角形的形成过程。

当股价下跌的过程中由于有了一定的跌幅后，股价止跌反弹。由于前期下跌的恐惧而导致多头不敢追高，使股价反弹之后重新回落。但是，股价却没有回到前期的低点继续反弹，由于持股空头在前期高点没有抛出，所以当股价又回前期高点时，空头打压股价而使股价再次回落，可股价只是小幅回落并没有回到第二个低点继续上涨，而在突破颈线后，股价却出现了趋势反转。这就是下跌趋势中的上升三角形的形成过程。

上升三角形从其形成的过程中可以看出，它是一种蓄势整理的形态，一般出现在一波比较明显的上升或者上升回档的趋势中。也就是说往往出现在多头趋势下的上涨过程或者多头趋势下的上涨回档过程中。

000820神雾节能在2017年2月份在中长期均线向上，即多头趋势下出现了上升三角形。股价在三角形的斜边支撑下，一举突破颈线后而重拾上涨趋势。

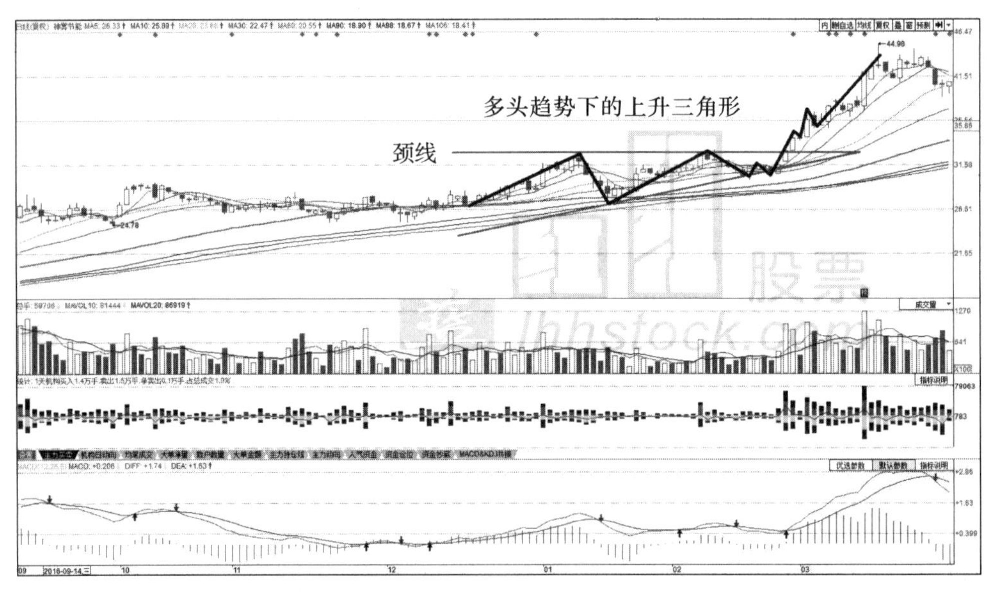

300072三聚环保2016年5月在中长期均线向上，即多头趋势下出现了上升三角形，股价也在三角形的斜边支撑下，一举突破颈线，重拾上涨趋势。

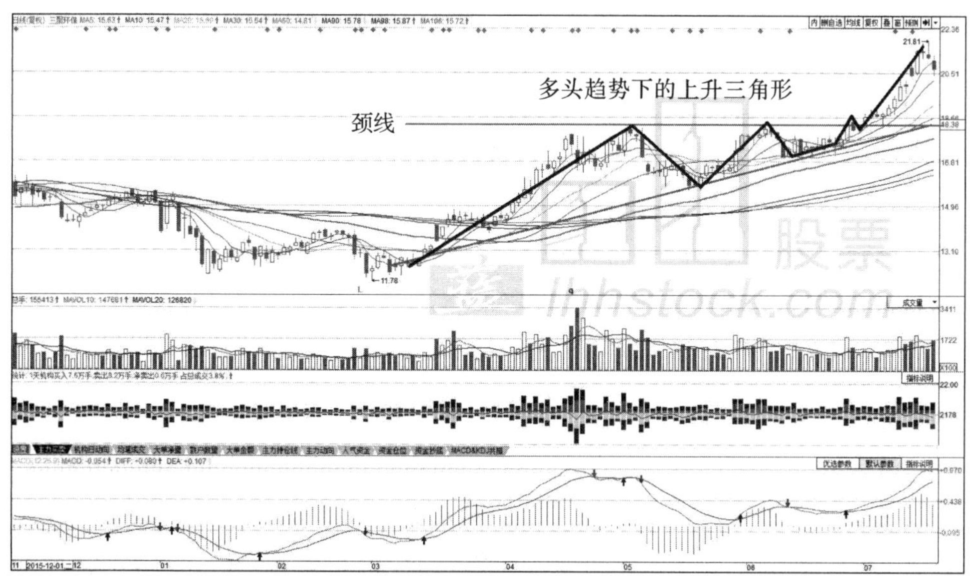

多头趋势下的上涨回档过程中，容易出现的是下跌趋势中上升三角形。其实，说得更正确一点的话，应该称为多头趋势下的下跌回档上升三角形。也就是说要还是在多头趋势的情况下，回档中的上升三角形产生的可能性大。

002616长青集团在2015年1月份在中长期均线向上，即多头趋势下出现了下跌回档上升三角形，也就是产生三角形的前面高点比三角形的高点要高。但是在形成上升三角形后，扭转了回档跌势而进入了新一轮上涨趋势。

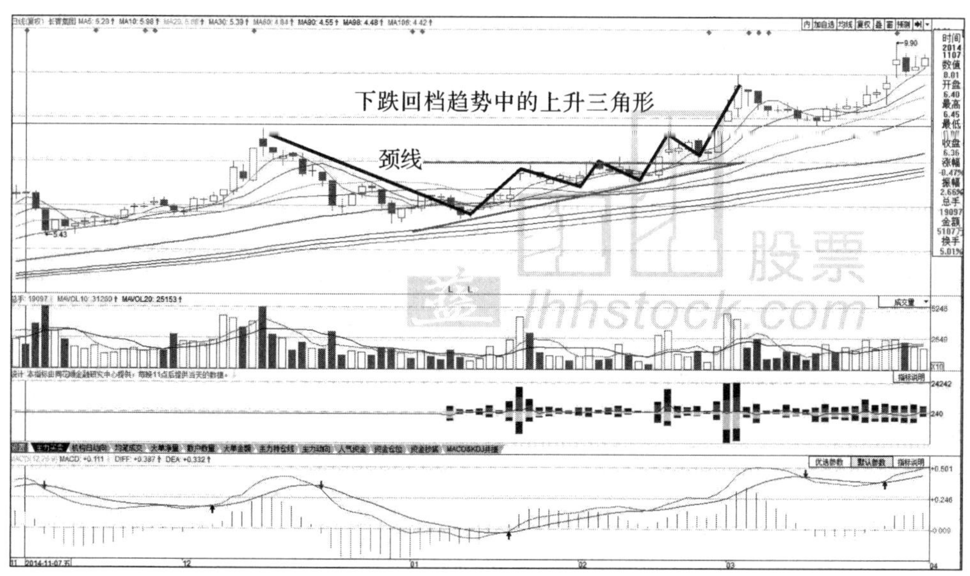

多头趋势下本身股价走势是一种强势状态，所以产生的上升三角形多为中继形态，向上突破的可能性很大。当然，真正下跌趋势下的即中长期均线向下，并且股价在其均线之下运行也有上升三角形产生后扭转趋势，从而使股价爬上中长期均线之上。

002189利达光电在2015年9月中长期均线向下，即在空头趋势下产生了上升三角形，最终还是突破中长期均线，扭转中长期均线向下的趋势。

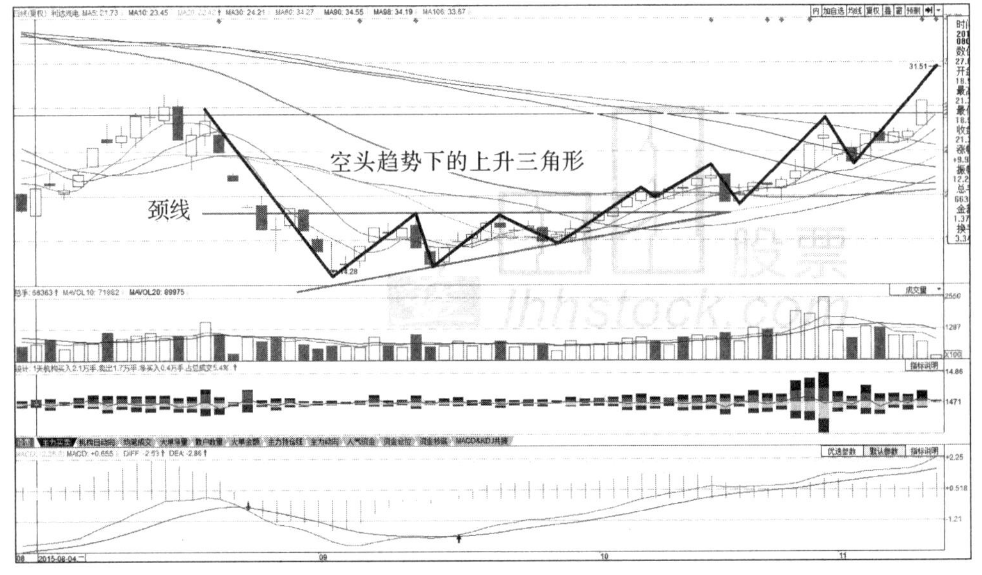

当股价虽然爬上中长期均线，但是还没有形成确定的多头趋势之下，有些上升三角形会有失败的可能。

600990四创电子在2017年1月份股价爬上中长期均线并在均线之上形成一疑似上升三角形的形状，但是在中长期均线还没有形成多头趋势的情况下，上升三角形构筑失败，从而使股价重新跌落中长期均线之下，产生了一轮新的跌势。

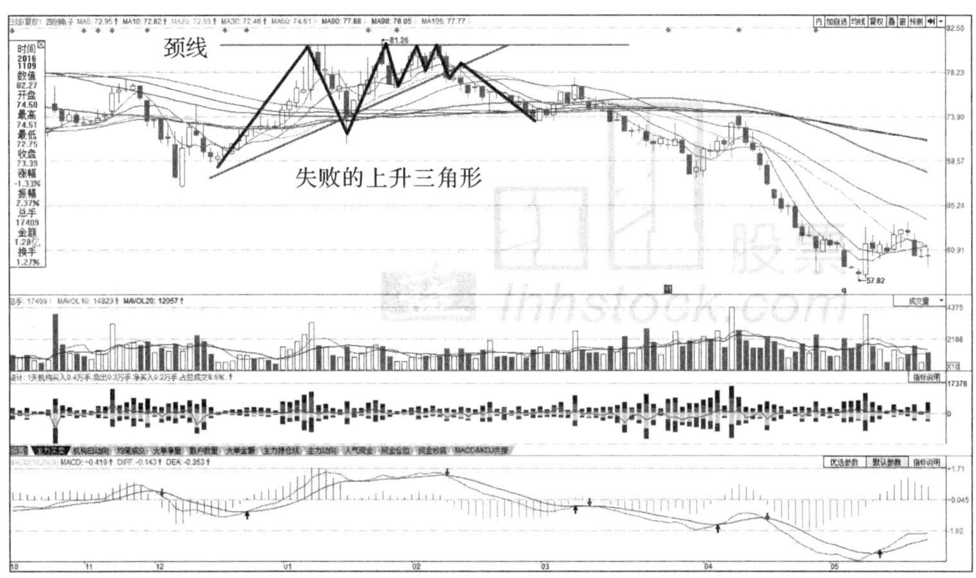

然而，股价涨幅大、乖离率也大，虽然中长期均线形成多头趋势，这样的情况下，产生的上升三角形要尤为注意，因为失败的可能性很大。

601018宁波港在2015年6月份中股价涨幅已大而且乖离率也已大的情况下，产生了上升三角形，但是最后成顶部危险的上升三角形。

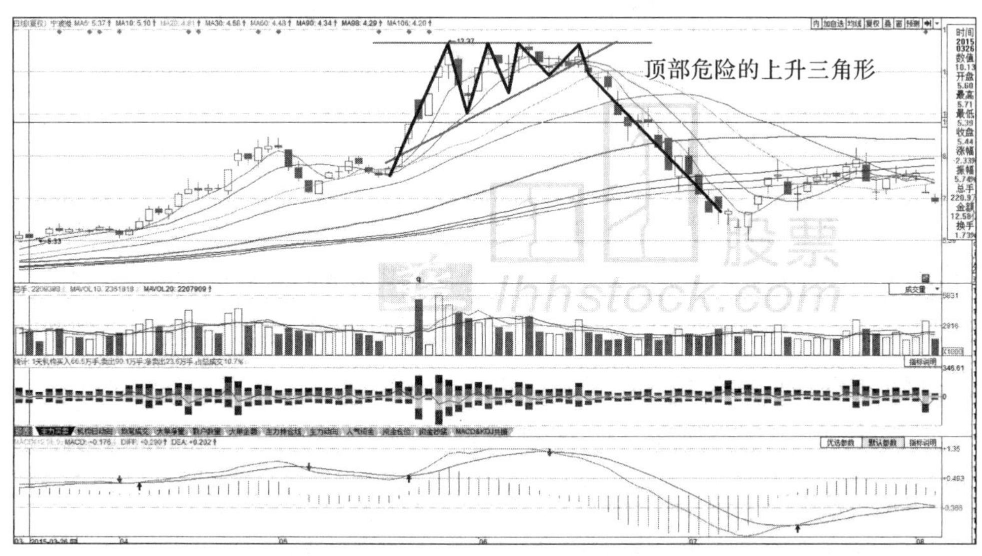

总之，在多头趋势下，涨幅不是很高的上升三角形，由于趋势的作用，往往会成为中继形态，即承接继续上涨的可能性很大。

为什么上升旗形用江恩角度线识别更合适

当股价在上涨的过程中，进入震荡盘整阶段，多空双方呈现拉锯战的格局，从而使股价出现震荡走势，依次连接高点和低点。二条平行直线或者二条相交直线与上涨线路作为旗杆组成了一面旗帜，故称之为上升旗形。

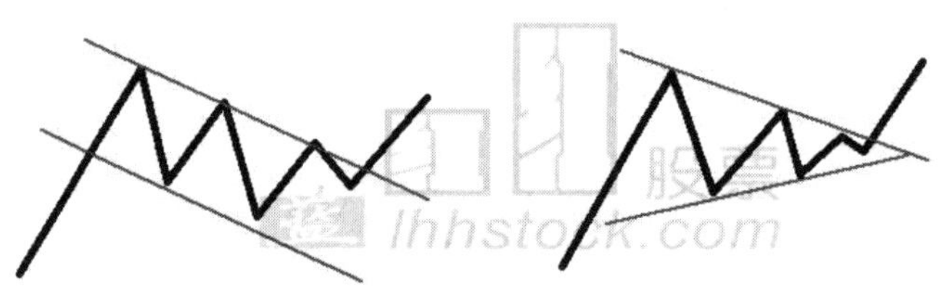

上升平行旗形　　上升三角旗形

在上图的上升旗形中分为上升平行旗形和上升三角旗形。其区别在于三角旗形的低点依次抬高，平行旗形的低点依次降低。其形成的因素有很多，有大盘指数的影响、有主力机构炒作手法的不同、有其股票本身特性的影响等。但是高点依次降低是两种旗形的共同点，突破上边线是确认旗形成立的共同条件。

当一个整理形态出现时，人们在害怕其重新回跌的同时，更关心的是股价何时能突破、突破的是哪一根压力线、突破后会展开怎样的新的升势。

002466天齐锂业在2017年4月中旬开始进入整理形态，并走出比较典型的上升平行旗形形态。但是在具体的操作中，股民需要关心的是何时会突破、上边线是不是就算是颈线，借助哪个指标能更好地把握趋势的走向。

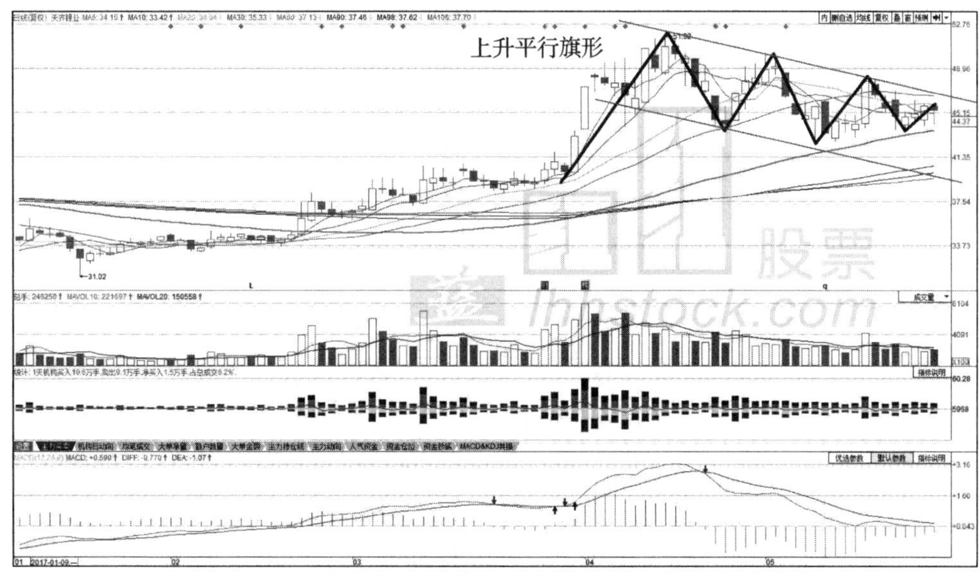

002383合众思壮在2016年7月在上涨途中出现了上升平行旗形。那么我们需要一个合适的指标来决策。

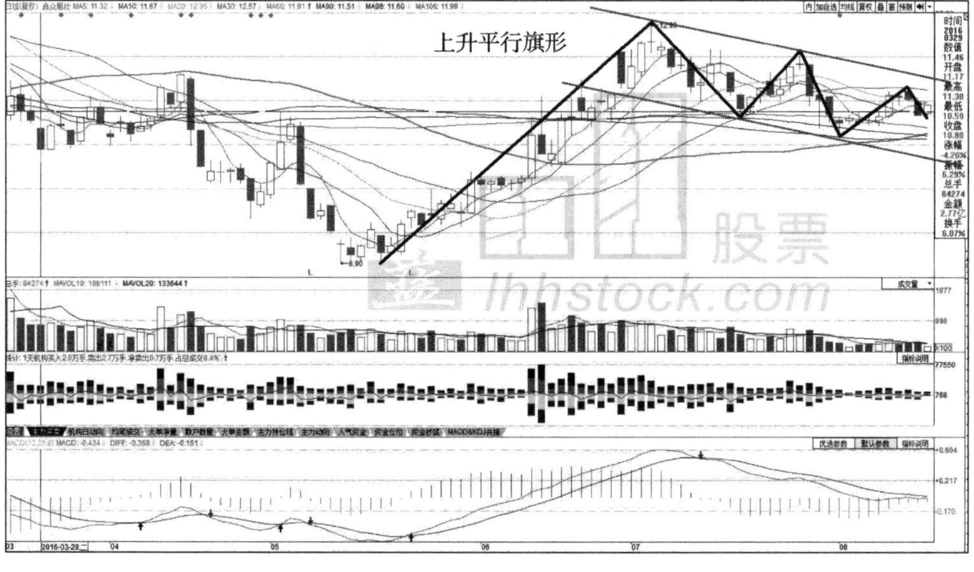

江恩角度线则是将时间运动与价格运动巧妙地结合在一起的江恩经典工具。它把时间与价位的关系作为画线的基本要素，它是江恩理论系列中的重要组成部分。江恩角度线形成了一系列的时间与价格变化的趋势线条，当然我们可以从中获得更多的信息。上升或下跌趋势角度线如图：

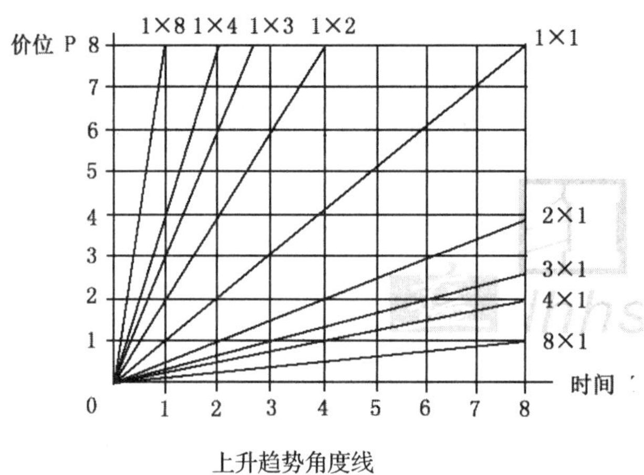

上升趋势角度线

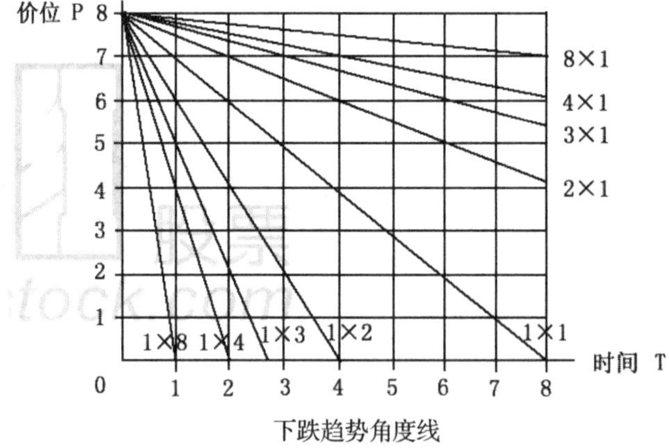

下跌趋势角度线

在角度线的运用中，3×1、4×1线的支撑与压力作用非常重要，在上升趋势角度线中，一旦跌破二根重要的支撑线则上升趋势将被扭转，同样在下跌趋势角度线中一旦突破3×1、4×1线二根同样重要的压力线，则下跌趋势将被扭转。

在前面002466天齐锂业的例子中我们画一下跌趋势的角度线看看。连接高点和低点作出江恩角度线如图：

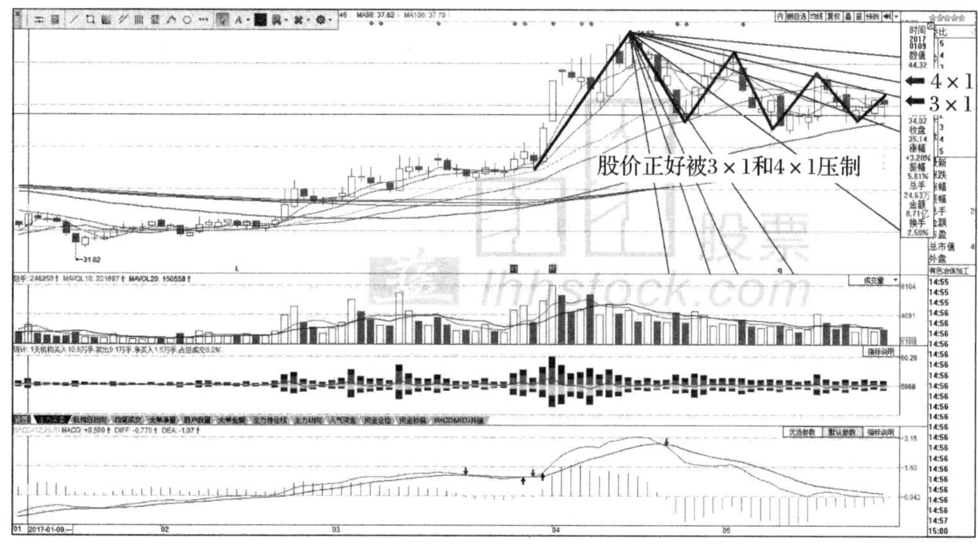

图中的3×1、4×1线正好是上升旗形的压力线。但是，无论是用旗形的上边线作压力线，还是用江恩下跌趋势角度线的3×1、4×1线作压力线，都有一个何时突破的时间问题需解决。那么，我们再用一下江恩上升趋势角度线中的3×1、4×1的支撑线，在上图中连接前面上升趋势的低点与高点，作江恩上升趋势角度线如图：

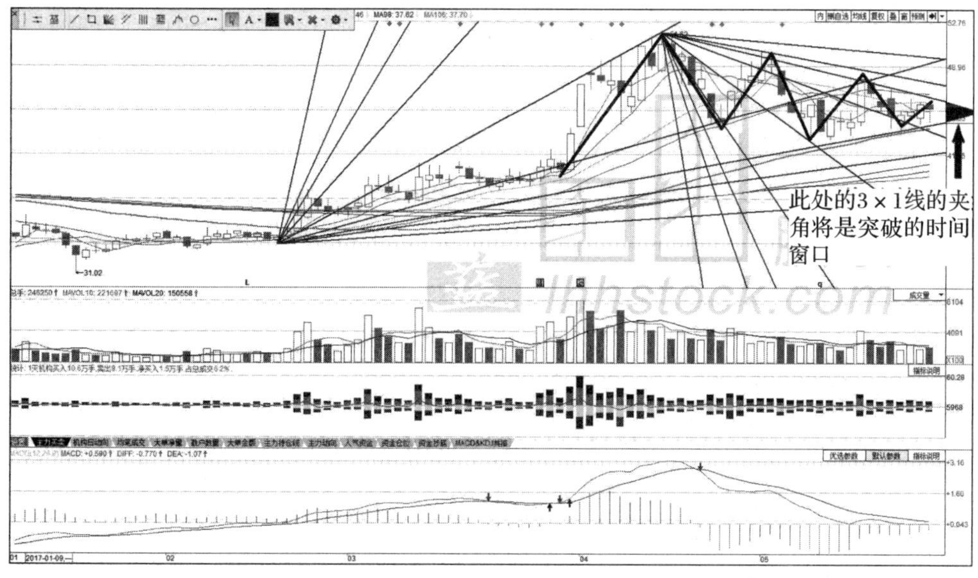

图中可以看出股价在上升趋势角度线的3×1线处二次止跌反弹，而在下跌趋势角度线的3×1线处二次遇阻回落，即始终在即将交叉的二根3×1线之间来回震荡，3×1线的交叉之处也就是股价突破之时。这就是江恩角度线的神奇之处。

再看看前面002383合众思壮的例子，我们在其K线中作江恩上升趋势角度线和下跌趋势角度线，如图：在图中可以看出股价在3×1线夹角处突破向上。

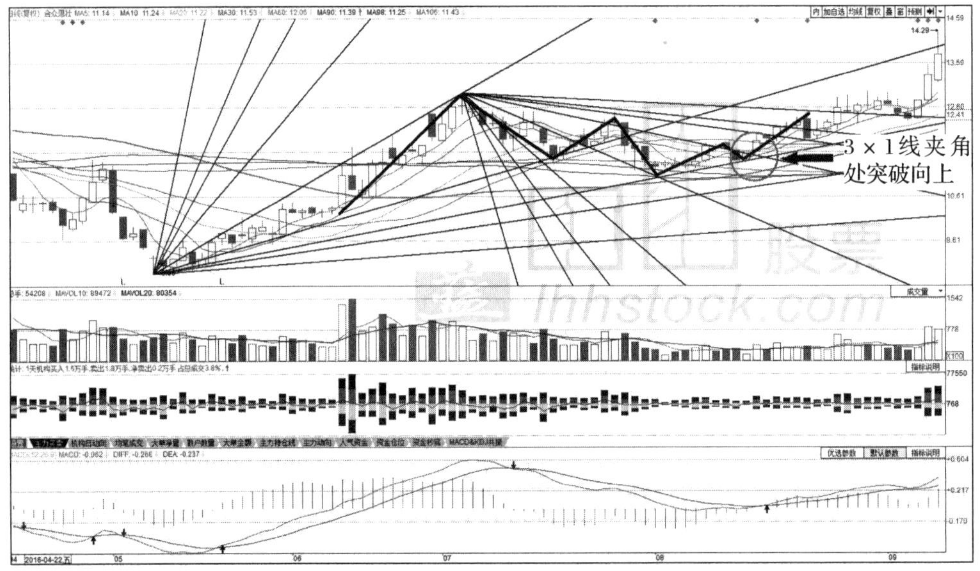

同样，在上升三角旗形中用江恩角度线也可以识别突破的时间点，原理是一样的。

总之，在上升旗形判断压力位及突破时间点时，用江恩角度线的3×1线作支撑或压力线及二线交叉的时间点作为突破的时间窗口，有其神奇的效果。

为什么矩形整理后往往会虚晃一枪

矩形整理也叫箱形整理，是一种典型的横盘整理形态。股价在两条水平直线之间上下波动，作横向延伸的波动。在上升过程中称为上升矩形整理；在下跌过程中称为下跌矩形整理。

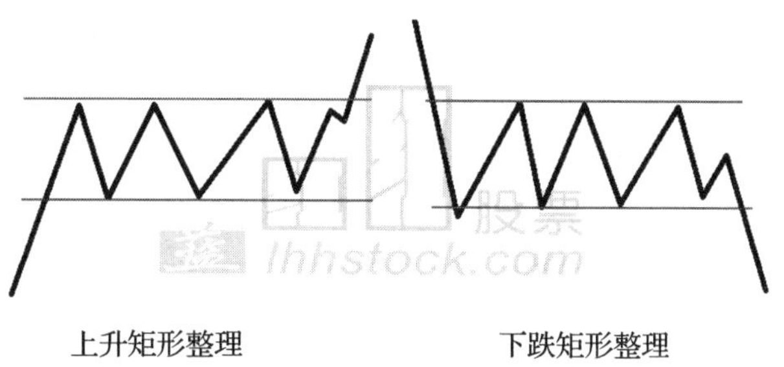

矩形在形成的过程中，起初多空双方全力投入，各不相让。空方在价格涨到某个位置就抛出，多方在股价下跌到某个价位就买入，时间一长就形成两条明显的上下界线。随着时间的推移，一方在某一因素或者也可以无故地发动突袭打破市场的平衡，使股价出现新的趋势运动。

上升矩形整理，即在多空双方交战，其结果是多方获胜，股价在多方买盘的推进下，继续沿着上升趋势运行；下跌矩形整理即在多空双方交战，其结果是空方获胜，股价在空方抛盘的打压下，继续沿着下跌趋势运行。

300157恒泰艾普在2013年11月份出现了上升过程中的矩形整理，来回几个回合后，股价突破上轨，继续上涨趋势。

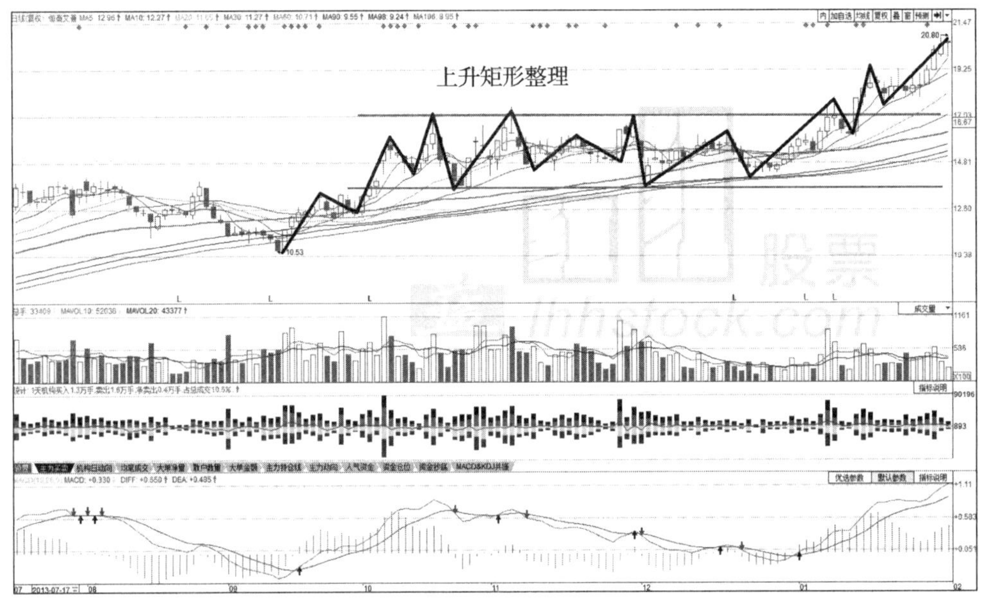

300302同有科技在2016年9月份出现了下跌过程中的矩形整理，来回几个回合后，股价突破下轨，继续下跌趋势。

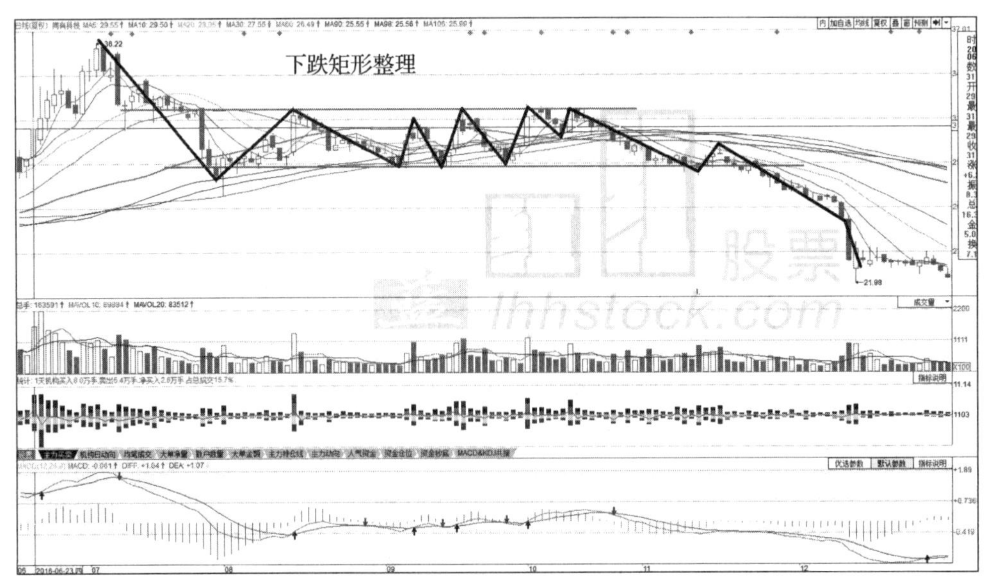

上升矩形整理往往有时会失败，转而进入跌势。

002713东易日盛在2017年3月份在上涨的平台出现了矩形整理，然而在整理过程中直接跌破下轨，扭转了上涨趋势，进入下跌趋势。

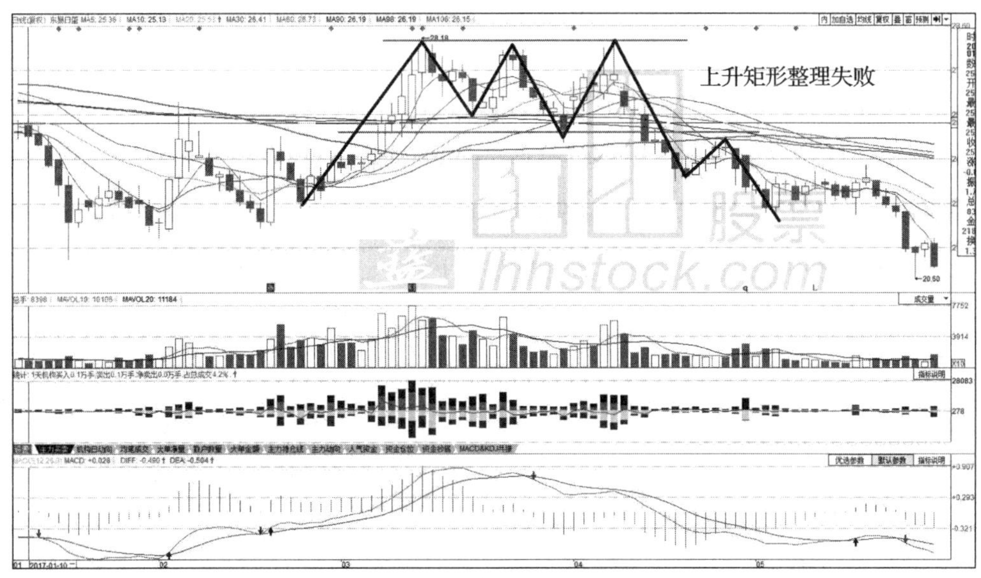

下跌矩形整理有时也会扭转跌势，开始上涨。

600405动力源在2014年6月出现了下跌中的矩形整理形态，然而在整理过程中，直接突破上轨，扭转了下跌趋势，进入上涨趋势。

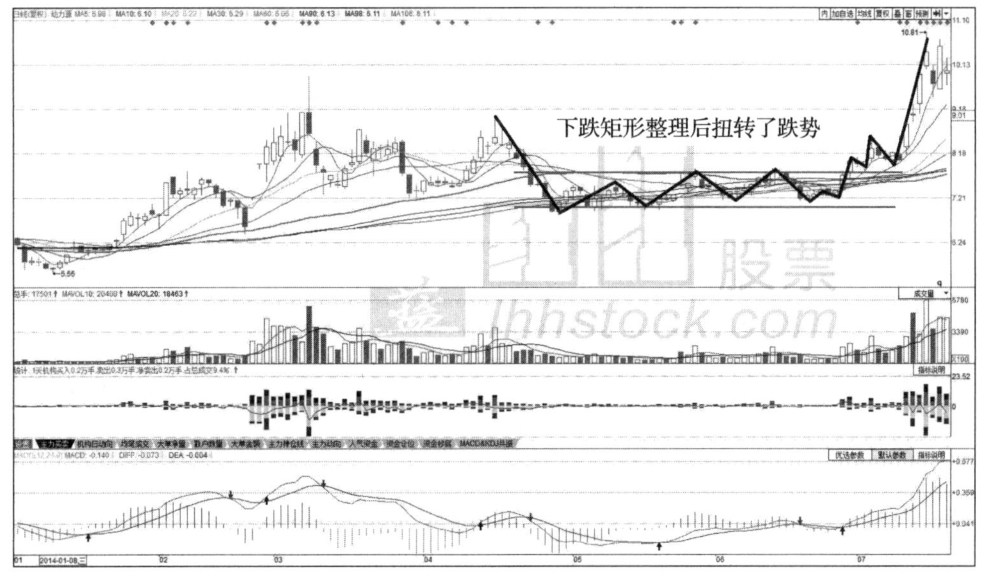

前面几个例子都属于矩形整理后直接突破上轨或下轨进入新一轮趋势的情况。但是，矩形整理往往过程比其他的整理形态时间要长一些，而主力手上的筹码也比较充裕。这样导致主力会制造一些陷阱忽悠股民，使一些专门研究突破图形的股民上当受骗。一旦上当，则损失只是大小的问题，及时止损则损失小点，死扛则可能后果很严重。

300487蓝晓科技2015年12月在一轮新股炒作中，股价在两个月内从34元炒到77元，之后用了六周构筑上升矩形整理平台，在77元处四次冲顶未果，但是最后一次冲顶突破并且站上上轨，直接以涨停报收，大有冲关气势。然而，第二天却低开收阴，之后股价重新跌回上轨并且跌穿下轨，进入下跌趋势中。

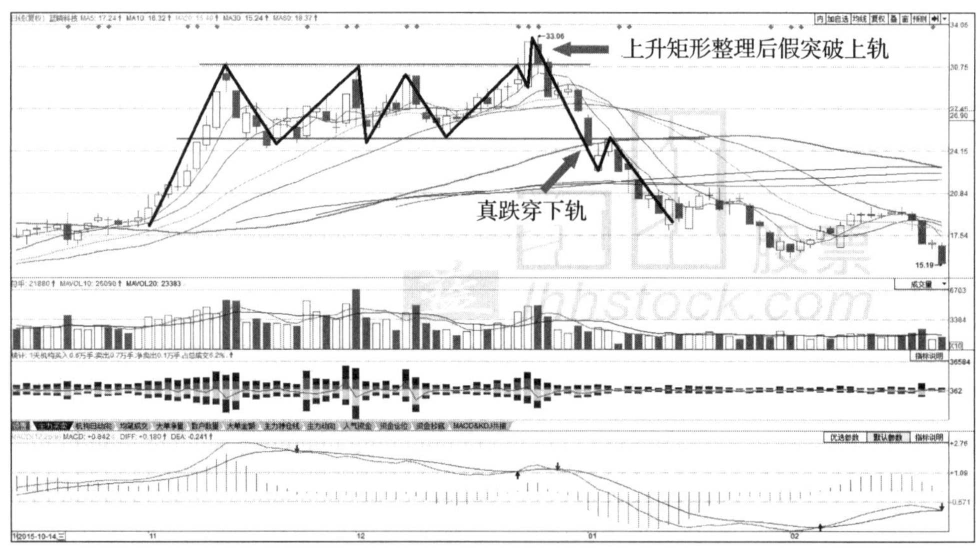

000582北部湾港在2010年10月份股价在一轮的上涨过程中出现了上升矩形整理，股价二次突破上轨，而且在上轨有一周的时间。但是，一根长阴直接打到下轨，第三天就跌穿下轨，之后下轨就是压力线，最后当然是形成下跌趋势。

上面两个例子是上升矩形整理中主力利用向上假突破与真跌穿来忽悠股民，所以上升矩形整理虽然有突破也要注意风险的控制。

下面我们再看一个向下假跌穿真突破的例子。

300157恒泰艾普2014年5月份在下跌过程中出现了矩形整理平台，但是在6月19日却跌破下轨，之后又重新爬上下轨并且突破上轨，形成上涨趋势。这就是所谓的假跌穿真突破。

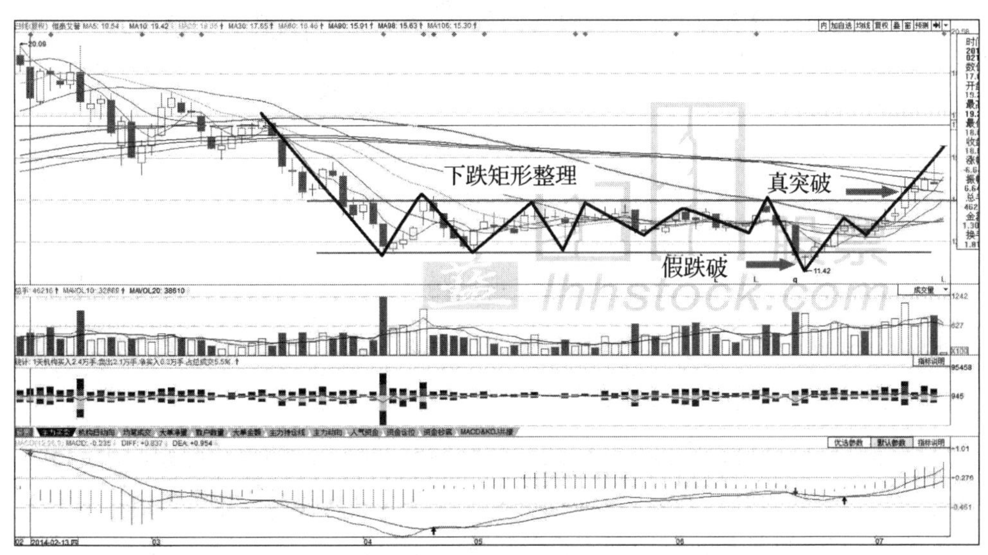

总之，矩形整理中的虚晃一枪，股民要千万当心啊。

为什么菱形整理形态称之为钻石形态

在所有的整理蓄势形态中可以说“美誉度”最高的是被称之为钻石形态的菱形整理形态，也就是钻石级别了。当然其中一个重要的原因就是其形态由两个不同的三角形形态组成，一个扩散三角形和一个收敛三角形，形似“钻石”而得其美誉。如图：

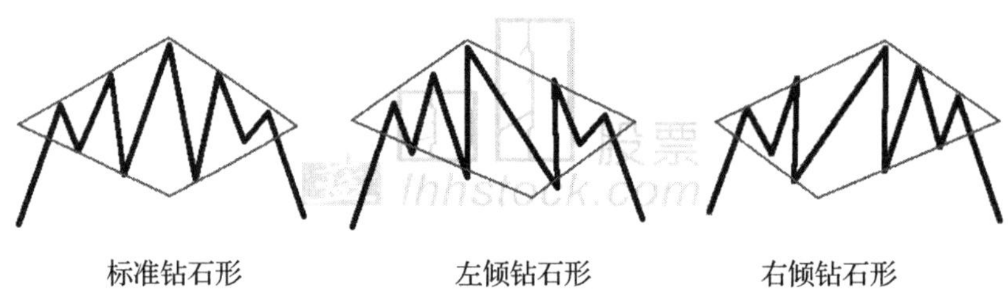

在图中不同的形状中，虽然两个三角形在组成上有一些倾斜，但是其先发散后收敛的特性是一致的。所以从股民的心理角度来看，扩散三角形和收敛三角形正好揭示了两种不同的状态。市场在形成扩散三角形的时候，往往反映参与的股民变得越来越情绪化，使得行情的震荡逐渐加剧。而当行情处于收敛三角形整理阶段时，由于市场暂时正在进行方向的选择，会导致越来越多的股民转向观望。因此当菱形形态出现的时候，说明市场正由一个比较活跃的时期逐渐萎缩下来。也因为这个阶段的市场参与者在不断减少，一般认为行情经过菱形调整后，大多时候会选择向下调整。

上面是从股民的心理状态及情绪变化来分析其菱形后的走势。不知你注意了没有，菱形整理酷似一种叫头肩顶的顶部形态，头肩顶形态具有的反转性是众所周知的，就是说菱形整理具有顶部反转的可能性很大。因此，无论从其前面的心理分析还是酷似头肩顶的特性来感觉，会认为菱形整理后下跌的可能性大。其实，我想给菱形整理说句公道话，应该说高位的菱形整理下跌的可能性大。

002140东华科技在2014年4月份出现了高位的菱形整理，之后向下跌破下轨。

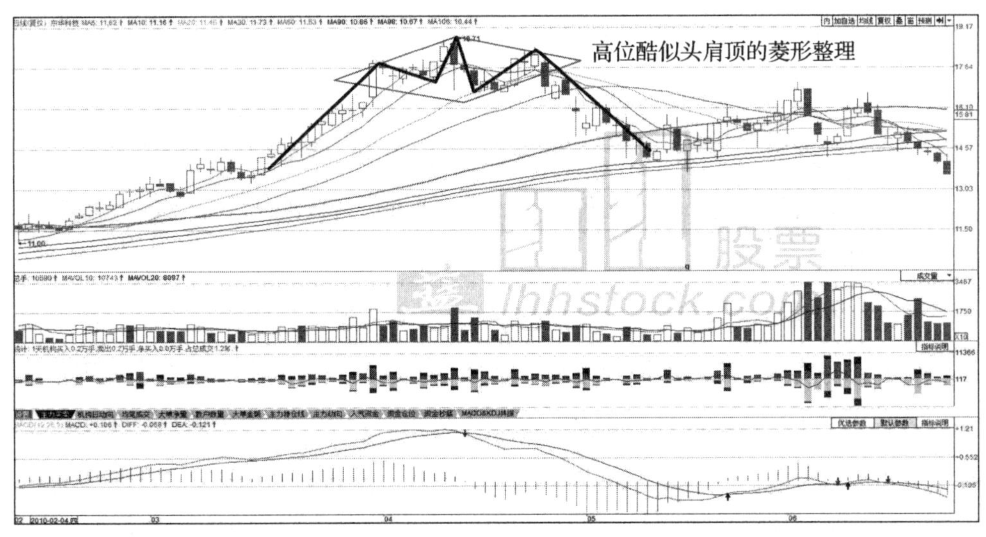

002665首航节能在2015年12月在上涨过程中出现了菱形整理，之后跌穿菱形下轨，反转下跌。

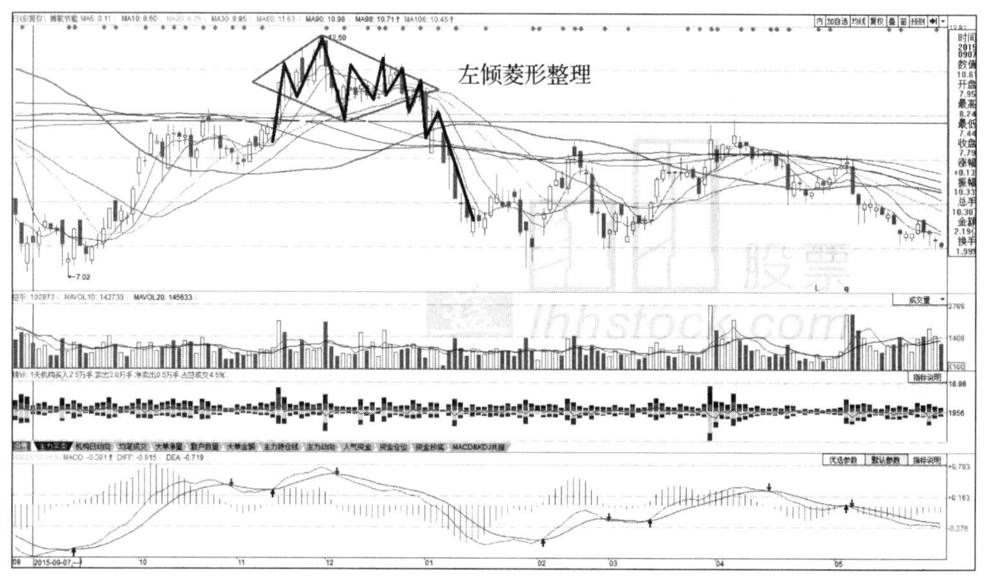

因为人们的第一感觉菱形整理后会选择向下突破，所以遇上菱形整理后的向上突破人们就会觉得这是稀有品种，是难得一遇的。我想这可能是称之为钻石的另一个原因吧。

其实，在股价的运行中，无论什么样的图形，整理后的突破都会有两种选择。在不同的境遇下会有不同的选择，这里有大盘的因素也有个股自身的因素，至于图形的形状是否决定股价的根本走势，笔者不太认同。因为图形在主力机构眼里完全可以捏造，一些坑坑洼洼都是主力为散户设的陷阱，况且，其他整理形态向上突破前的股民心态也都是在观望中。所以一些股价在低位的、股票的基本面不错的、大盘处在牛市初期的菱形整理上涨的可能性也是蛮大的。

002345潮宏基在2014年12月股价在底部足足盘整了7周左右，完成左倾的菱形整理后却没有选择向下而是选择向上，成为了一颗亮晶晶的大钻石。

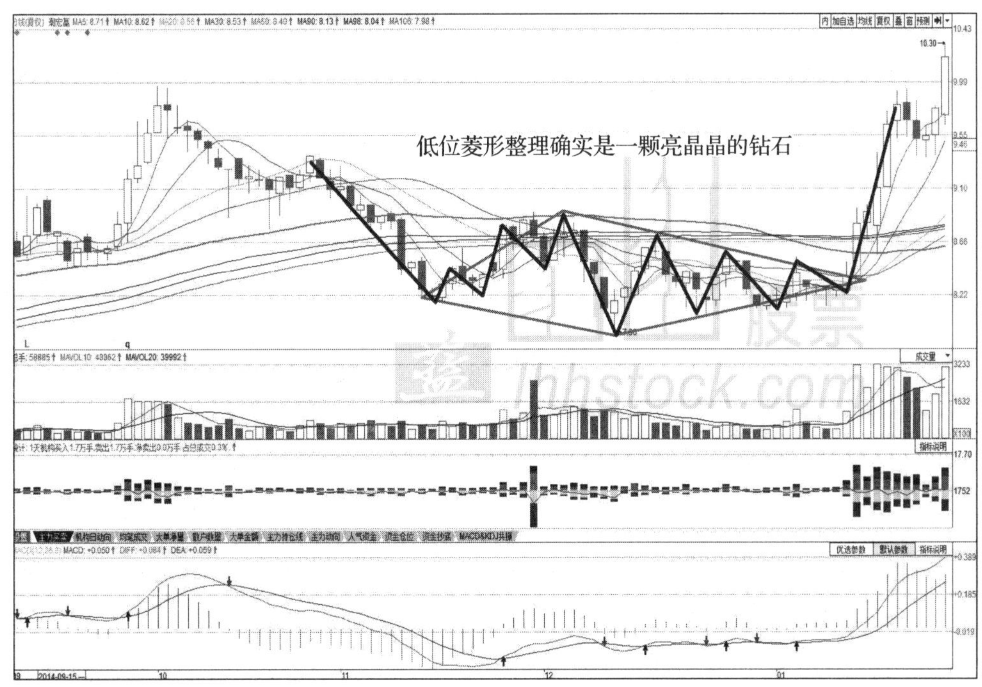

002285世联行在2015年2月份正值大牛市的4浪调整期，其也随大盘作了菱形整理，之后也没有选择向下而是选择向上，成为了一颗亮晶晶的大钻石。

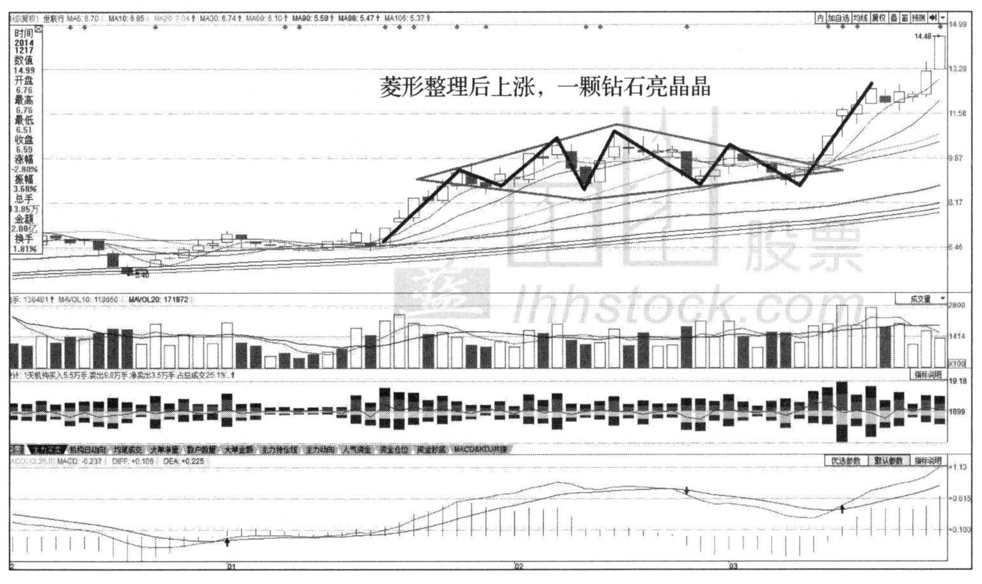

300136信维通信在2016年12月凭借其自身良好的基本面，在大盘弱势下跌的情况下，股价却在菱形整理后，并没有选择向下而是选择向上突破，也是钻石亮晶晶。

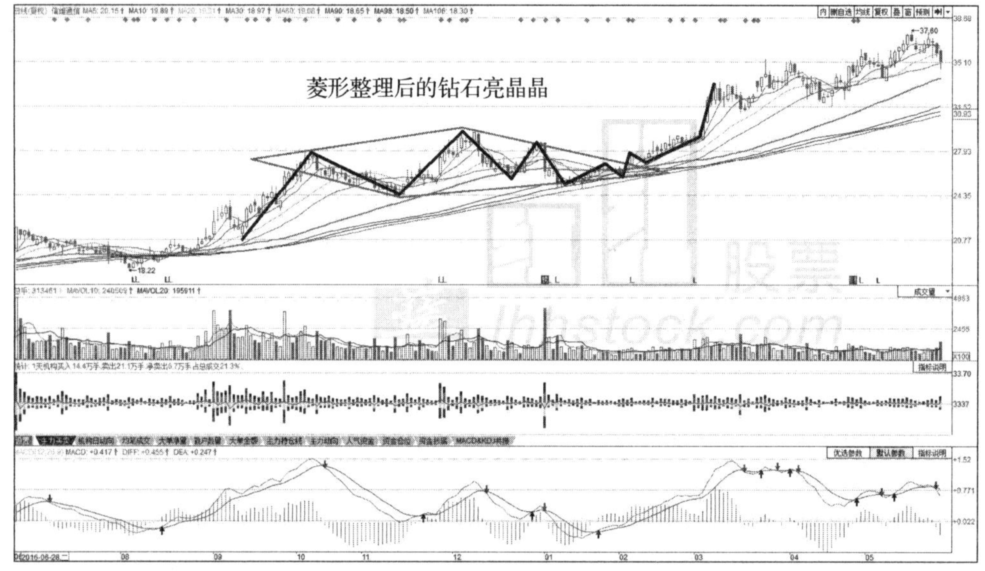

总之，真正的菱形整理形态并不一定是下跌的标志，也许是上涨前或途中的整理。只是有的头肩顶形态把它错当成了菱形整理，从而造成文章前面认为的菱形整理形态后往往会选择向下调整，难得有一涨。其实，菱形整理形态也可以看成头肩底形态，只是这种形态出现的概率很小，因此赋予钻石的美誉是有一定道理的。

为什么老鸭头的本质是整理后的上涨

老鸭头这名字乍一听还以为是下酒的小菜呢，把它用在股票的K线上当然是别有深意。这是一个比较形象的比喻，就是股价的走势形成一个像老鸭头一样的图形，即称之为老鸭头，便于人们熟记。

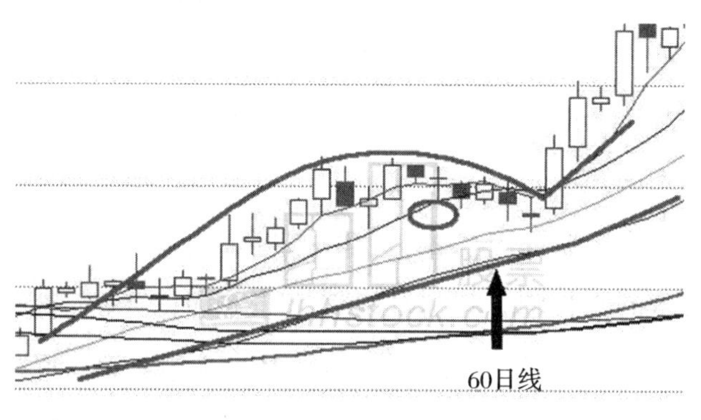

老鸭头

老鸭头的技术特征是以5日、10日、60日平均线为参照，要求股价爬上5日、10日短期均线和60日季均线，并且60日线拐头向上形成名副其实的多头排列。而股价在爬上60日线有了一定的涨幅之后，大部分都要有个回档整理，股价会慢慢地重新再靠近60日线，这时股价由于均线系统多头排列的助涨效应，好像触底反弹似的，会重新展开升势。这时由于60日线的向上及股价的回落组成一个像鸭头似的图形。

000921海信科龙在2015年2月股价从60日线之下爬上后，并且扭转了该均线使得该均线拐头向上形成了中短期均线多头排列，而股价在有了一定的涨幅后又向60日线靠拢，由于多头排列的均线系统的助涨作用，股价重新开始展开升势。

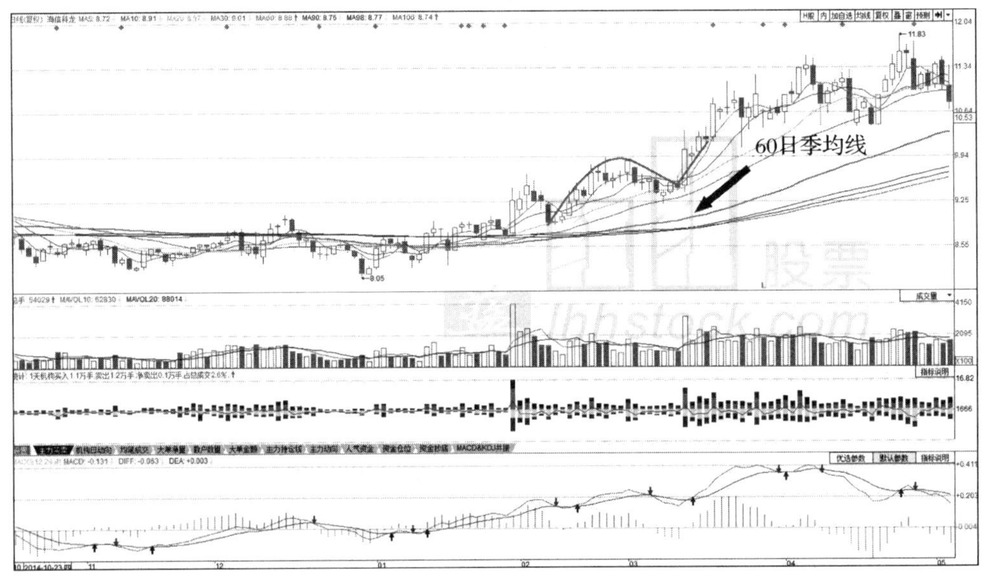

其实，股价爬上60日线回档整理后的上涨形式有很多种，前几章我们说的上升三角形、上升旗形、上升收敛三角形甚至菱形整理，等等，都是在60日线之上会产生的整理形态。整理后5日均线快速穿过10日均线，而又重拾升势，这是一种比较理想的情况。如果一味地追求5日线快速穿过10日线，可能会得不偿失，因为有时老鸭头的图形可能不太标准，甚至是看似失败的图形。股价有时会沿着5日、10日线上下震荡，使得5日、10日线来回交叉，从而使得老鸭嘴特别长，弄得股民不知所措。

600690青岛海尔2016年7月份股价爬上60日线后，形成了老鸭头的鸭脖子。但是在形成鸭头的时候似乎成功却是失败了，重新进入整理模式，而且整理过程还相当漫长，看似老鸭头要失败了，然而最终整理后还是进入了上涨模式。

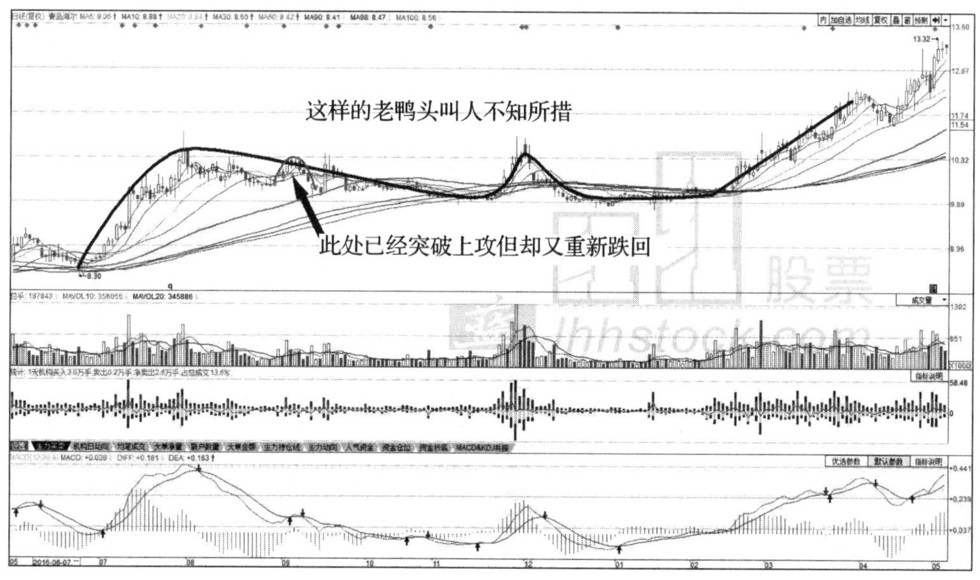

所以，在60日线之上的整理过程中的各种整理形态也就应该看成老鸭头的一部分。不仅仅拘泥于鸭鼻孔及鸭嘴通气道的大小，只要是整理形态的一种，我们就应该静候突破。

300072三聚环保在2016年的4月份股价从60日线下爬了上来后，出现了回档整理。第一次5日线穿过10日线产生第一个鼻孔后，股价又重新回了下来，甚至回到了涨幅的二分之一，靠近了60日线。之后股价又涨了起来，形成了第二个鼻孔。此时的鸭头基本成形。但是股价涨到前面高点又回了下来，鸭嘴闭合了不叫了，通气道压缩了。然而鸭气没有断，第三个鼻孔产生了，鸭子嘎嘎叫了，股价突破二前高上涨了，与其说是一个老鸭头后的上升三角形产生了，倒不如说是一个老鸭头与上升三角形的混血儿出现了。三角形的左半部分是鸭头，右半部分是鸭嘴。

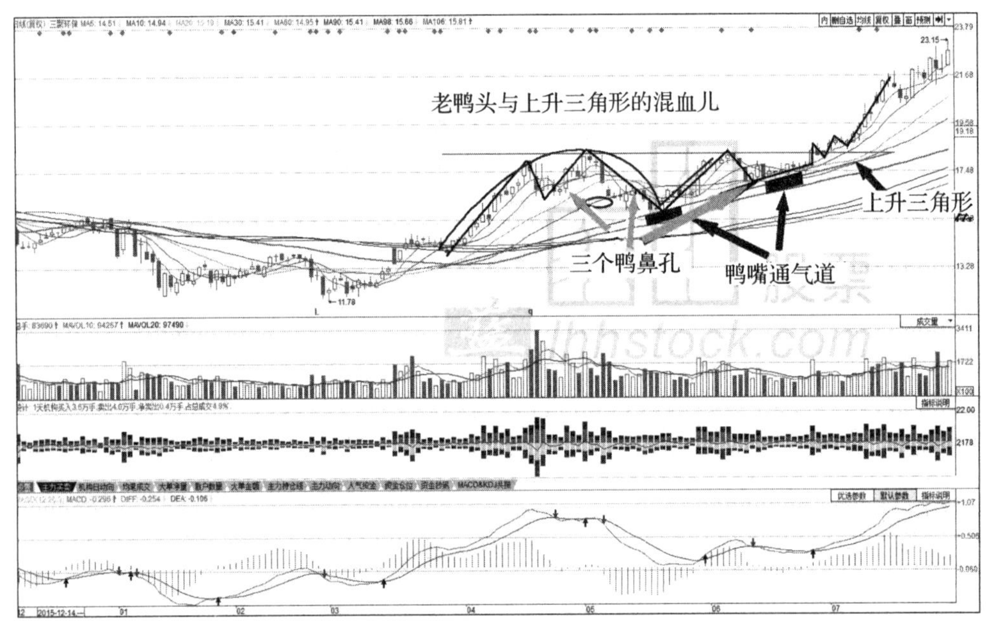

600780通宝能源在2014年10月份股价跌破60日线后重新回上该线上涨，上涨过程中出现了整理走势，但是同样低点止跌后，重拾升势。纵观该走势图形，也可以画出老鸭头与下降三角形的混合体，如图。图中鸭头断了两口气，但是并不影响鸭头复活后的嘎嘎叫声，股价依然上涨。正因为鸭头的断气才形成了上升趋势中的下降三角形，才出现两者的混血儿。

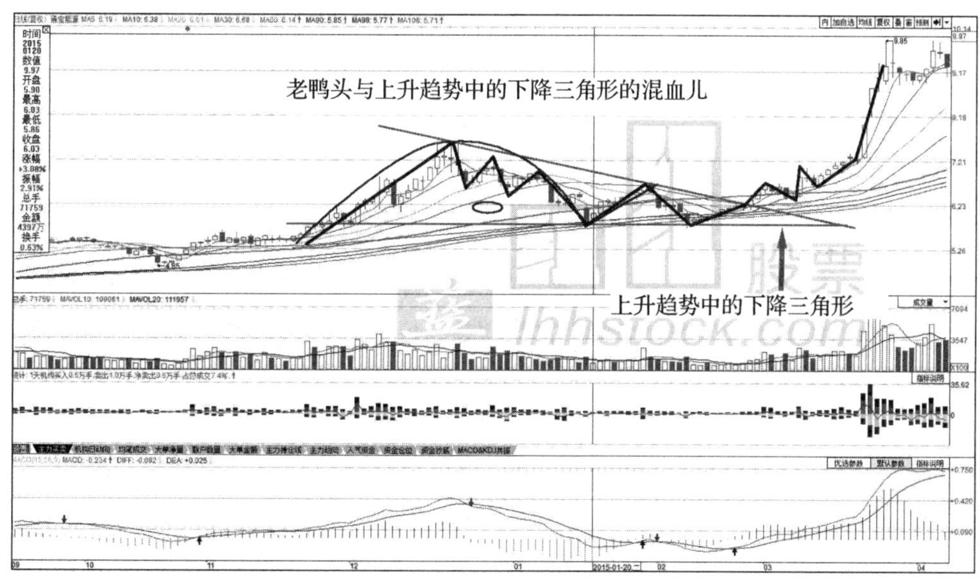

可以说老鸭头只有在60日线上才会产生，也就是说，股价在60日线上回档整理并向该线靠近后再开始起涨的这一段走势，可以画出一个鸭头似的形状，而冠以“老鸭头”的名称。

在股价的整个中长期走势中，60日线为中长期走势的生命线，它决定中长期走势的概率很高，60日线一旦上翘，那么预示着股价的中长期走势会向好，当然，要把握好上涨途中的回档整理的过程，识别老鸭头这样的图形及其他的整理的图形尤为重要，取名“老鸭头”也是让人们对60日线上的整理图形引起重视，不要错失多头趋势下回档中的买入机会。

典型的老鸭头也是一种很漂亮的图形，真的像一只嘎嘎叫的鸭头。而且在牛市的起涨阶段，很多股票的走势都是这样的图形。

在2014年的7月大盘牛市的起步点，600410华胜天成配合大盘起动，股价踏上60日线整理后上涨，形成了漂亮的嘎嘎叫的“老鸭头”。

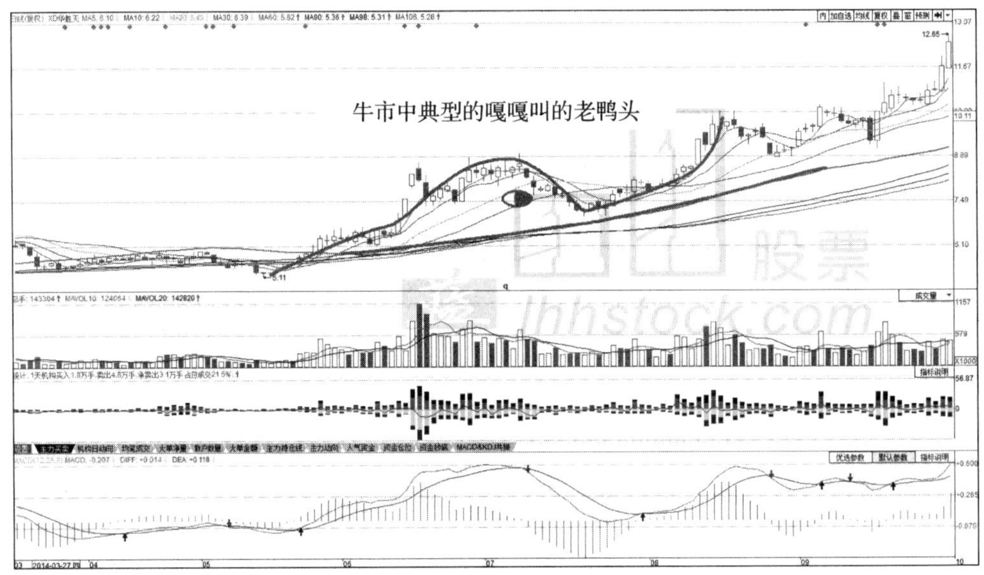

不信你可以自己找找牛市初期的个股走势，可以说鸭头遍地。

总之，老鸭头本质就是告诉人们，股价在60日线上整理极易上涨。

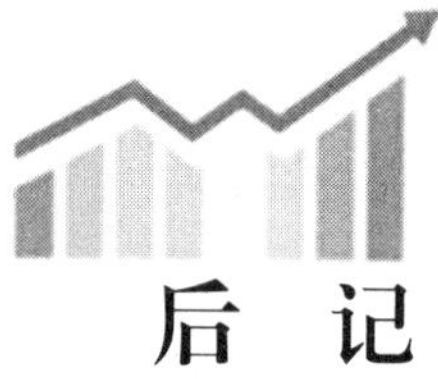

后 记

虽然一部拙作得以完成，但是在写作创作中，得到了出版社编辑部的大力支持与帮助，尤其是何朝霞老师的精辟指点，想在此深表谢意。

股市中的涨跌规律是人类的难解之谜，但偶尔还是会有一些股神出现，那必是经过长久的历练才得以形成的。我们在股市探索的路上可能会遇到想象不到的挫折与困难，但是，只要坚持总会有收获。当然书中的一些看法与不成熟的见解，如果能在你探索之路上起到一丁点儿的作用，也是作者莫大的欣慰了。

在前言中，叙述了本书的主要内容是对股民心理、股市理论、技术指标及一些经典图形的分析，想必阅后能体会和感悟到一些短线交易中的不确定性。不知你是否感觉得到，书中会屡屡提起股票的基本面，其实，这也是作者在本书中提而不解的话题。主要有两个原因，一个是篇幅的关系。另一个是作者还在准备之中，毕竟再拙的作品也要有个酝酿期，敬请期待。

最后，希望在阅读本书后，有些共鸣的股民在股市的操作中，能够鸿运高照、赢利不断、财运亨通。

作者：沈蓝

2017年10月